사회복지실천론

이영실 오동록 김병 임승희 김한태 조명희 고은주 이찬영 공저

양서원

머리말

사회복지실천은 사회복지사가 개인, 집단, 지역사회를 대상으로 이들의 욕구문제를 해결하기 위해 펼치는 전문적 활동이며 사회적 안녕 상태를 이루기 위해 필요한 구체적 서비스들을 서비스가 요구되는 현장에서 실천에 옮기는 활동이다.

대표 저자는 30년 이상 대학(대학원)에서 학생들을 가르치고, 사회복지실천분야에서 활동하였다. 학부나 대학원에서 사회복지를 전공하는 학생들이 사회복지실천론을 배움으로써 사회복지현장에서 전문적인 서비스를 접목할 수 있는 능력과 자질을 강화하는 것이 무엇보다 중요함을 절실히 알게 되었다. 이러한 점들을 감안하여 지금까지 사회복지실천의 이론과 경험을 갖춘 공동저자를 구성하여 『사회복지실천론』을 집필하게 되었다.

본서는 한국사회복지교육협의회 사회복지학 교과목지침서를 근거로 하여 집필하였는데, 총 13장으로 구성되었고 사회복지실천론을 배우는 대학이나 대학원의 수강생들과 1급 사회복지사 시험을 대비하는 예비사회복지사들이 효율적으로 학습할 수 있도록 만들어졌다. 본서의 구성 내용은 다음과 같다.

제1부에서는 사회복지실천의 토대를 다루었다. 제1장에서는 사회복지실천의 개념 및 정의에서는 사회복지실천의 정의와 목적, 사회복지실천의 이념과 철학적 배경, 사회복지와 사회복지실천으로 구성되었고, 제2장은 사회복지실천의 가치 및 윤리를 다루는데, 사회복지실천의 철학적 기반, 사회복지전문직의 가치와 윤리강령, 사회복지실천 현장의 가치갈등 그리고 제3장은 사회복지실천 현장의 이해에서는 사회복지실천의 장, 우리나라 사회복지실천 현장과 인력, 사회복지사의 역할 등의 내용으로 구성되었다.

제2부에서는 사회복지실천의 접근방법을 다루었다. 제4장의 사회복지실천의 관점, 즉 통합적 접근에서는 사회복지실천의 지식 기반, 통합적 접근의 등장배경 및 개념, 통합적 접근의 주요 이론(일반체계이론, 생태체계이론, 사회체계이론)과 사회복지실천에 대한 통합적 접근(4체계 모델, 6체계 모델, 문제해결 모델, 생활 모델, 단일화 모델) 등의 내용으로 구성되었고, 제5장의 사례관리는 사례관리의 철학 및 개념, 사례관리 과정, 사례관리자의 역할 등의

내용으로 구성되었다. 제6장 체계수준별 사회복지실천에서는 개인체계와 사회복지실천, 가족체계와 사회복지실천, 집단체계와 사회복지실천 등의 내용으로 구성되었고, 제7장 관계형성의 이해에서는 사회복지실천에서의 관계형성, 관계형성의 구성요소, 관계형성의 장애요인 등의 내용으로 구성되었다. 그리고 제8장 면접의 방법과 기술에서는 면접의 개념·특성 및 목적, 면접의 종류, 면접의 요건, 면접의 기술, 면접을 위한 기록 등의 내용으로 구성되었다.

제3부에서는 사회복지실천의 과정을 다루었다. 제9장 접수 및 자료수집단계 등의 내용으로 구성되었고, 제10장 사정단계에서는 사정의 개념 및 특성, 사정단계의 과정, 사정도구 등으로 구성되었다. 제11장 계획단계는 개입목표 설정단계 및 계약단계 등의 내용으로 구성되었고, 제12장 개입단계는 개입단계의 이해, 직접적 개입 및 간접적 개입 등의 내용으로 구성되었다. 그리고 제13장 종결 및 평가단계에서는 종결단계, 평가단계, 평가설계 등의 내용으로 구성되었다.

본서는 앞으로 사회복지실천론에서 나온 내용을 체계화시키기 위하여 새롭게 대두되는 이론이나 연구 등을 개발할 뿐만 아니라 사회복지실천론 관련 자료들을 계속 보완해 나갈 것이며 지속적으로 사회복지실천론을 포함한 사회복지 관련 저서들을 집필할 수 있는 교수들과 실무자들 중심으로 상호협력 하에 저서들을 집필하고자 한다.

본서의 집필을 위해 함께 힘든 작업을 하면서 소중한 시간을 할애해준 공동저자인 오동록 교수, 김병 교수, 임승희 교수, 김한태 교수, 조명희 교수, 고은주 교수, 이찬영 교수에게 감사드린다. 끝으로 본서를 집필하도록 기회를 주시고 격려와 지지를 아끼지 않았던 양서원 출판그룹 박철용 회장님과 편집부 선생님들에게 진심으로 감사의 뜻을 표하며, 사회복지의 비전을 통해 함께 나눔의 삶으로 인도해주신 하나님께 모든 영광을 드리고 싶다.

2021년 3월

대표저자 이영실

차 례

제1부 사회복지실천의 토대

제2부 사회복지실천의 접근방법

차 례

제 1 부

사회복지실천의 토대

제 1 장 사회복지실천의 개념 및 정의

1. 사회복지실천의 정의와 목적

1) 사회복지실천의 정의

사회복지실천에 관하여 Richmond(1922)는 「개별사회사업이란 무엇인가(What is social casework)」에서 개별사회사업이란 "개인 대 개인, 그리고 인간과 그의 사회환경 사이에서 의식적 조정을 통해 개개인의 인격 발달을 도모하는 여러 가지 과정"이라고 했다.

공식적인 최초의 정의는 1958년 전미사회복지사협회(NASW)[1]의에 의해 내려졌다. 전미사회복지사협회(NASW)의 정의에 따르면 인간과 사회환경 부조화로 인해 나타나는 개인이나 집단의 문제를 해결하거나 최소화하며, 이러한 문제를 미리 예방하며 개인, 집단, 지역사회의 잠재력을 최대화하는 것을 목적으로 하는 원조활동이라고 강조했으며, 이러한 정의의 특징은 개인이나 집단의 문제 예방을 거론하였다. 즉, 가치, 목적, 사회적 승인, 지식, 그리고 방법론의 집합적 영역에서 사회복지실천의 작업적 정의

1) 전미사회복지사협회(NASW: National Association of Social Workers), 미국사회복지교육협의회(CSWE: Council of Social Work Education), 미국사회복지사협회(AASW: American Association of Social Workers) * NASW를 미국사회복지사협회로 번역하기도 하지만 본서에서는 전미사회복지사협회라고 함.

를 내렸다고 본다. 또한 1973년에 다시 전미사회복지사협회(NASW)가 사회복지실천의 정의를 내렸는데, 이 협회의 정의를 보면, "개인, 집단 또는 지역사회가 사회적 기능(social functioning)을 향상시킬 수 있는 자신들의 능력을 회복하거나 증진시키고, 자신들의 목표달성을 위한 사회조건을 스스로 만들어 갈 수 있도록 돕는 전문 활동"이라고 했다. 1973년의 정의를 1958년의 정의와 비교해볼 때, 개인, 집단, 지역사회의 사회기능 향상 및 회복을 돕는 역할을 강조하면서도 최초로 사회복지실천이 전문직이라는 것을 강조하는 더욱 발전된 정의라고 볼 수 있다. 이처럼 1958년과 1973년 2차에 걸쳐 전미사회복지사협회(NASW)는 사회복지실천의 정의, 목적, 승인, 지식, 가치, 그리고 특성화에 대해 공식적 입장을 표명하는 내용을 발표하면서 사회복지실천의 정의를 재정립하고자 하였다.

Bohem(1959)은 "개인 한 명 또는 개인들 집단의 사회기능을 향상하는 것으로 여기서 사회기능이란 개인과 그 상호작용을 이루는 사회관계의 활동(손상된 능력의 복귀, 개인적 또는 사회적 자원의 제공, 사회적 역기능의 예방 등)"이라고 했다.

Pincus와 Minahan(1973)은 사회복지를 "사람과 자원체계 간의 연결(linkage)과 상호관계"라고 정의하였는데, 이는 사회복지실천의 목적, 개인의 문제해결 능력향상, 개인에게 부족한 자원의 연결 원조, 기관이 클라이언트의 욕구에 부응하는지 감시, 개인과 환경 간의 상호작용 촉진, 기관과 기관 간의 상호작용 촉진, 사회·환경 정책을 개발하고 수정하는 데 영향력을 행사하는 것으로 보았다.

그 이후로 1977년과 1981년 2차에 걸쳐 전미사회복지사협회(NASW)는 사회복지실천의 정의, 목적, 승인, 지식, 가치, 그리고 특성화에 대해 공식적 입장을 밝히는 내용을 발표하면서 사회복지실천의 정의를 재정립하고자 하였다. 이 정의에 따르면 사회복지실천은 "사람들의 삶의 질 향상 목적을 위해 사람과 그들의 사회 단위가 정신적·사회적 기능(psycho-social functioning)이 향상되도록 활동을 변화시키는 전문적으로 무장된 체계"라고 했다. 이처럼 개인과 사회 환경과의 상호작용에 초점을 두면서 삶의 질 향상을 목적으로 하는 1977년의 정의는 그 이전의 정의에 비해 상당히 발전된 것으로서 사회복지의 사회통제(social control), 사회개혁(social reform)의 기능이 보완된 것이라 할 수 있다.

전미사회복지사협회(NASW)의 사회복지실천에 대한 정의를 종합해보면, 첫째, 인간과 사회환경 간의 생태계적 관점에 기초하여 개인, 집단, 가족이 자신들의 문제해결 능력과 대처능력을 향상시키는 것이다. 둘째, 인간이 필요로 하는 사회자원, 서비스, 기회 등의 환경체계가 원활하게 상호작용할 수 있도록 도와주는 것이다. 셋째, 자원과 서비스를 제공하는 다양한 사회복지기관이나 조직이 클라이언트에게보다 좋은 서비스를 제공할 수 있도록 효과적이고 효율적인 운영을 추구하는 것이다. 넷째, 새로운 사회정책의 개발과 향상을 목적으로 하는 실천 활동으로 정의할 수 있다.

1994년 미국사회복지교육협의회(CSWE: Council of Social Work Education)는 사회복지실천을 삶의 질을 향상시키고 억압을 감소시키기 위해 공적인 영역과 사적인 영역으로부터 권한을 위임받아 다양한 분야에서 사회적 서비스를 제공하는 전문직이라고 정의를 내렸는데, 이 정의는 삶의 질 향상과 전문성을 강조한 것이 특징이다.

Dolgoff(1997)는 "인간복지(human well-beng)의 향상, 빈곤과 억압의 경감, 최상의 삶의 질 향상을 위해 업무를 수행하는 전문직"이라고 정의하였는데, 이는 삶의 질 향상이 대두되고 전문성을 강조한 것이 두드러져 보인다. 그리고 기타 사회복지실천의 정의를 살펴보면, 첫째, 사회복지사가 클라이언트의 욕구와 문제해결을 돕기 위해 일정한 개입목표와 과정을 통해 활동하는 것이며 둘째, 정부의 제도 안에서 개인, 집단, 지역사회를 대상으로 이들의 욕구 외 문제를 해결하기 위해 펼치는 전문적 활동이다. 셋째, 사회복지사가 사회적 안녕 상태를 이루는 데 필요한 구체적 서비스들을 그 서비스가 요구되는 현장에서 실천에 옮기는 활동으로 정의를 내릴 수 있다.[1]

2) 사회복지실천의 목적과 기능

(1) 사회복지실천의 목적

사회복지실천의 목적을 정의하고자 하는 노력은 사회복지실천의 출현 이래 계속됐다. 이러한 노력이 구체화되기 시작한 것은 1929년의 밀포드(Milford) 회의였다. 특히 Freud(1923)의 정신분석적 관점이 실천영역에서 채택되면서 사회복지 전문직에 대한 성찰이 이루어지게 되었고, 1960년대를 거치면서도 역시 사회복지 전문직의 위상문제가 쟁점이 되었다. 결국, 1960년대 미국 사회의 불안이 극대화되고, 이에 따라 기존 개별사회사업 접근이 한계를 드러내면서 1970년대에는 본격적으로 사회복지실천의 정체성이나 위상 면에서도 재도전이 이루어지게 되었다.

미국사회복지사협회(AASW)가 1958년에 발표한 사회복지실천의 목적은 다음과 같다. 첫째, 개인과 집단이 그들과 환경 간에 불균형 상태가 발생했을 때 문제를 찾아내어 문제의 어려움 정도를 감소시키거나 해결하도록 도와주는 것이다. 둘째, 개인이나 집단이 그들과 환경 간에 불균형 상태가 일어날 수 있는 잠재적 문제를 미리 발견하여 예방하는 것이다. 셋째, 개인과 집단, 그들과 환경 간에 불균형 상태가 일어날 수 있는 잠재력을 발견하여 확인하고, 또 이를 강화해 주는 것이라고 했다. 1977년 이 협회가 다시 사회복지실천의 목적을 '모두 개개인의 삶의 질을 향상하기 위해 개인과 사회 간 상호 유익한 관계를 증진하거나 회복시키는 것이다'라고 했는데, 이는 인간의 삶의 질 향상과 개인과 사회 간의 상호 유익한 관계 즉, 사회구성원의 사회적 기능증진에 초점을 둔 것이 특징이다.

Pincus와 Minahan(1973)은 사회복지실천의 목적을 첫째, 개인의 문제해결 능력과 대처능력을 향상하고 둘째, 사람들을 자원과 서비스 및 기회를 제공하는 체계와 연결하며, 셋째, 이 체계들이 효과적·인도적으로 운영되게 장려하고, 마지막으로 사회정책 개발과 발전에 이바지하는 것이라고 하였다. 이 견해의 특징을 보면, 클라이언트 문제에 대한 대처능력 향상이 언급되었고 체계 개념으로 자원, 기회, 서비스의 개념이 소개되었으며, 효과성을 언급함으로써 평가의 중요성이 대두되었다. 그리고 처음으로 사회복지정책을 언급하여 사회복지실천이 사회정책과 접목되었음을 알 수 있다. 따라서 기존의 견해와 차이점을 보면, 사회복지실천을 개인의 심리치료에 초점을 맞춘 미시적인 개입에서 지역주민과 주변 자원, 개인과 이를 둘러싼 전체 체계를 보는 거시적 개입으로 확장한 것이다.

한편 사회복지실천의 목적에 관한 실질 성명(Working Statement on the Purpose of Social Work Social Work, 1981)에 따르면 사회복지실천의 목적은 모든 사람의 삶의 질적 제고, 사회적 기능의 향상, 사회적 역기능을 겪고 있는 사람에 대한 개입이라고 강조하였고 Minahan(1981)은 사회복지실천의 목적을 첫째, 사람의 문제해결기술과 적응능력을 향상하며 둘째, 자원을 활용하도록 돕고 셋째, 조직이 사람의 욕구를 충족시키도록 하며 넷째, 개인과 환경과의 상호작용을 향상하는 것으로 보았다. 다섯째, 조직과 기관 간의 상호작용에 영향력을 행사하며 여섯째, 사회와 환경정책에 영향을 미친다고 강조하였다.

이후 미국사회복지교육협의회(CSWE, 1994)에 따르면 사회복지실천의 목적을 다음과 같이 정의하고 있다.

첫째, 개인, 가족, 집단, 조직 그리고 지역사회가 목적을 달성하고 고통을 완화하며 자원을 활용할 수 있도록 도와줌으로써 이들의 사회기능을 촉진, 회복, 유지, 강화하는 것이다. 둘째, 인간의 기본욕구를 충족시키고 인간이 갖고 있는 잠재력 및 가능성을 개발하는 것을 돕는 데 필요한 사회정책, 서비스, 자원, 프로그램을 계획, 공식화, 시행하는 것이다. 셋째, 곤궁에 처한 집단에 힘을 실어주고, 사회적·경제적 정의를 실현하기 위해 조직적 또는 행정적 옹호 그리고 사회적 또는 정치적 운동을 통해 정책, 서비스, 자원 프로그램을 추구하는 것이다. 넷째, 이러한 목적과 관련된 모든 전문적 지식과 기술을 개발하고 시험하는 것이다. 이처럼 미국사회복지교육협의회(CSWE)의 견해의 특징은 사회복지실천의 목적에 역량 강화(empowerment)의 개념을 추가했으며, 광범위하고 포괄적으로 정의했음을 알 수 있다.

Hepworth(2009) 등은 사회복지실천의 목표를 보다 구체적으로 다음과 같이 설명하였다.[2]

① 사회적 기능의 향상

사회복지사의 활동목적은 개인, 가족 그리고 지역사회 삶의 질을 향상하고 사회적 기능을 향상하기 위함이다. 이러한 활동에는 세 가지 영역이 포함된다.

첫째, 예방의 기능으로서 취약성을 가진 개인에게 역기능이 발생하기 전 서비스를 제공함으로써 문제를 예방한다. 이러한 서비스에는 가족계획, 육아교육, 부모교육, 결혼 전 상담, 퇴직상담, 부부상담 등이 포함된다. 둘째, 복귀의 기능으로서 신체적, 정신적으로 기능 손상이 초래된 클라이언트의 재활을 목적으로 서비스를 제공한다. 셋째, 치료의 기능으로서 결혼문제, 도벽, 학교 부적응, 사회적 고립, 아동학대, 물질남용 등 삶의 문제를 제거하거나 감소시키는 것을 말한다.

② 개인의 역기능 치료

클라이언트의 환경 사이에 가지고 있는 문제들은 단지 환경에 의해서만 초래된 것은 아니다. 많은 클라이언트의 역기능은 가능한 자원들을 철저히 사용하지 못하는 데서 기인한 것이다. 대인관계의 문제, 자신감의 결여, 사회적 고립감 등의 어려움을 가진 클라이언트에게 문제해결 능력과 대처기술을 습득하게 하고 사회적 자신감을 느끼도록 돕는 것 등이 사회복지실천의 목적이다. 〈표 1-1〉은 클라이언트에게 필요한 자원의 목록을 표시한 것이다.

표 1-1 클라이언트에게 필요한 자원의 목록

인간의 욕구	자원
긍정적 자아개념: 정체성, 자존감, 자기확신	돌봄, 수용, 사랑 중요한 타자로부터 긍정적 환류 (부모, 친척, 교사, 친구, 집단)
정서적 욕구: 타인으로부터의 인정, 동료의식, 소속감	부모, 배우자, 친구, 형제, 기타 사회적 관계망
자기성취: 교육, 레크리에이션 성취, 심리적 만족, 종교	교육, 취미, 종교, 직업, 기타 사회적 기관
신체적 욕구: 음식, 의복, 주거, 건강, 안전, 보호	경제, 법률, 신체적 건강, 공식적 기관(사회복지기관, 법률기관, 그리고 응급구조기관)

출처 : Hepworth, Rooney, Strom-Gottfried, & Larsen, 2009.

③ 사회정의 실현 향상

사회복지실천의 중요한 목적 가운데 하나는 사회정의 실현을 향상하는 것으로 법, 정부의 정책, 사회복지 프로그램 등을 통하여 모든 사회구성원에게 동등한 자원과 기회를 제공할 수 있도록 노력하는 것이다. 사회복지실천 현장에서는 클라이언트를 대신하여 그들의 권리를 찾아 주고 서비스를 제공한다. 따라서 실천 현장에서의 사회정의 실현은 클라이언트의 옹호와 전문적 조직을 통한 사회행동으로 한정될 수 있다.

(2) 사회복지실천의 기능

사회복지실천의 목적과 목표는 그것의 기능과 밀접하게 연관되어 있다. 사회복지실천 기능은 크게 사회적 기능증진과 사회적 정의 향상 두 가지로 나눌 수 있다. 즉, 하나는 예방, 재활, 치료 활동을 통해 욕구가 있는 개인의 사회적 기능을 증진하는 기능이고, 다른 하나는 사회복지사가 불의의 결과를 이해하고 개별적 그리고 집단적 사회정의를 달성하도록 개입하여야 하며 또한 옹호 활동을 하면서 사회정의를 향상하는 기능이다. 그리고 사회복지실천의 기능 중에서 사회정의 향상은 표출된 욕구와 직접 관련이 있지 않은 사람들이 대상이 되는 것으로, 주로 개인, 가족, 집단 또는 지역사회 전체가 대상이 된다. 그리고 사회복지사들이 사회정의를 실현하는 방법은 사회제도가 제공하는 기회와 적절한 교육, 정치적 참여, 건강, 경제적 안정 등 자원을 확대하는 데에 이바지하는 것이다.

미국사회복지사협회(AASW)는 사회적 기능증진과 사회적 정의라는 두 가지의 사회복지실천 기능을 다음의 여섯 가지 기능으로 세분화하여 제시하였다.[3]

① 자신감을 고양하고 문제해결과 대처능력을 향상하도록 돕는다.
② 자원을 취득하도록 돕는다.
③ 조직이 사람에게 반응하도록 한다.
④ 개인과 환경 내의 사람, 조직과 상호 관계하도록 촉진한다.
⑤ 조직과 제도 간의 상호 관계에 영향력을 행사한다.
⑥ 사회정책과 환경정책에 영향을 미친다.

위의 제시는 이분법적이고 이중적인 사회복지실천의 기능에서 벗어나 사회의 다양성과 시민들의 상호 의존성을 고려한 보다 포괄적이고 보완적인 기능을 제안한 것으로 보인다.

그 외 사회복지실천의 다양한 기능들을 살펴보면, 사람들의 자신감을 높여 주고 문제해결 능력과 대처능력을 향상하도록 원조하며 자원을 취득하도록 도우며 조직이 사람에게 반응하도록 하며 개인과 환경 내의 다른 사람 및 조직과의 상호 관계를 촉진하며 마지막으로 사회정책과 환경정책에 영향을 미치는 것 등이다.

2. 사회복지실천의 이념과 철학적 배경

사회복지실천의 이념은 매우 다양하다. 사회복지실천이 사회 통제적 성격을 띠기도 하고 사회변화를 목적으로 하므로 이념적 배경이 서로 대립하기도 한다. 또한 역사적 흐름으로 볼 때 사회복지실천의 전문직이 발달함에 따라 이념과 철학이 추가되거나 변화되어 왔다. 그리고 사회복지실천은 다양한 철학적 배경에 따라 역사적으로 기본적 가치의 지향성이 나타나고 있지만, 시대에 따라 약간씩 다른 이념과 철학을 바탕을 두기도 한다. 사회복지실천이 다양한 이념과 철학을 배경으로 하고 있으나 가장 영향을 준 이념과 철학적 배경들을 살펴보면 다음과 같다.[4]

1) 상부상조 및 종교적 윤리

(1) 상부상조(정신)

사회복지 발생 이전에 있었던 빈곤 문제에 대처하는 가장 원초적인 제도로 품앗이, 두레 등이 있다.

(2) 종교적 윤리의 전통

서구 사회에서 자선은 기독교의 실천에, 박애는 그리스-로마 전통에 뿌리를 두었다. 기독교에서는 빈민과 무능력자를 돌보는 의무가 강조됐고, 특히 교회와 수도원을 중심으로 한 구빈활동의 역사가 매우 오래되었으며 중요시됐다. 이러한 배경이 사회복지실천에 영향을 주게 됨으로써, 사회복지실천이 전문화되기 이전, 사회복지 활동은 종교적 윤리를 토대로 베풀거나 남을 돕는 일을 하였다. 따라서 자선, 사랑 등의 종교적 윤리 등도 사회복지실천의 이념 또는 철학적 배경이 된다.

(3) 자선

자선은 비이기적이고 직접적인 도움의 행위이고 기독교에서 신성하게 생각하는 자비를 베푸는 행위를 말한다. 그리고 빈민 등 욕구가 있는 사람의 직면한 욕구에 대응해서 무엇인가를 베푸는 행위를 말한다.

2) 인도주의 및 박애사상

사회복지실천은 1601년 영국의 구빈법(Elizabethan Poor Law)에 그 기원을 두고 있어, 구빈법에 따른 우애방문자(friendly visitors)가 사회복지사의 시작으로 볼 수 있다. 이들은 대부분 자원봉사자였으며 박애주의·인도주의를 가장 주된 이념으로 갖고 있었고, 이러한 사상은 사회복지실천의 기본 정신이 되었다.

박애 사상은 인종·종교·신분·풍습·이해관계 등의 현실적 차별을 초월하고 인간성을 기초로 하여 어려움을 같이 나누려는 인간애를 말하는 것이며, 인도주의는 모든 인간은 동등한 자격을 갖추고 있다는 생각에서, 인류의 공존을 꾀하고, 복지를 실현시키려는 사상을 의미한다. 즉, 인간의 인격과 인간성을 존중하고, 평등사상에 따라 인종, 종교, 습관, 국적 등을 초월한 인간애를 말한다. 그리고 자선조직협회(C.O.S)에서 실시한 우애 방문 활동의 기본 철학이었다. 이러한 두 가지 사상은 우애방문자 이후 사회복지실천의 주요 정신으로 실천 현장에서 사회적인 약자, 빈곤자에게 이타적 봉사 정신으로 나타났다.

3) 사회진화론

사회진화론은 사회 적합계층은 살아남고, 사회 부적합계층은 자연스럽게 소멸한다는 이념이다. 부유층은 우월하고 빈민층은 열등하므로 가난하게 살 수밖에 없다고 보았는데, 즉 생태계의 적자생존 자연법칙이 사회에도 적용된다는 것이다. 그리고 사회진화론은 사회복지실천의 사회통제적 측면에서 나타난다. 예를 들면, 자선조직협회의 우애 방문원 활동 등이다.

4) 민주주의 및 사회주의

사회진화론과 달리 민주주의(democracy)는 모든 인간은 평등하다는 것을 인정한다. 따라서 클라이언트도 대우받을 권리가 있음을 표방하고 민주주의의 등장으로 클라이언트에 대한 선택적 봉사 철학이 강화되었다.

또한 민주주의의 영향으로 클라이언트에 대한 시혜를 결정하는 데 클라이언트가 적극적으로 참여해야 한다는 사회적 움직임이 나타났고 민주주의는 현대에 오면서 클라이언트의 자기결정권이라는 실천윤리에 영향을 주었으며, 사회복지관 활동에도 영향을 주었다. 즉 빈곤계층에도 나름대로 가치관이 있고 이를 동등하게 인정해주는 것에서부터 시작하는 인보관 운동의 이념으로 자리를 잡았다. 따라서 민주주의는 사회복지실천에서 가장 중요한 이념적 배경 중 하나로 국가의 주권이 국민에게 있고 국민을 위하여 정치를 행하는 제도 및 사상이라고 할 수 있다.

특히 민주주의는 각 개인이 가능성을 최대한 실현하고 적극적인 사회 참여를 통해 개인의 사회적 책임을 수행하는 사회복지실천의 가치에 영향을 주었다. 민주주의를 기반으로 하여 사회변화를 꾀하려는 운동과 제2차 세계대전 및 미국의 대공황은 사회복지실천에 사회주의 이념을 받아들이게 하는 계기가 되었다.

사회주의(socialism)는 생산수단의 사회적 소유와 사회적 관리의 수단에 의하여 자유·평등·사회정의를 실현할 것을 목적으로 하는 사상 또는 운동으로 사회복지실천에 정부의 개입을 강조하는 사상이다. 이는 후에 사회복지실천에 정부의 책임을 강조하는 사상으로 발전하였다. 특히 정부의 책임증가는 빈곤계층에 관한 관심과 서비스의 증가로 나타났다.

5) 실증주의 및 경험주의

사회복지실천 전문직이 발달하면서, 사회복지의 관심은 점점 조사연구와 사회복지실천가의 사명을 규정하는 지식의 창조로 바뀌고 있다. 그러나 사회복지실천에 대한 '과학적' 접근과 전문적 지식기반의 발전이 전문성 발전에 이바지했어도, 사회복지실천이 과학을 수용해온 방법에 대해 상당한 논쟁이 있었다.

실증주의(Positivism)는 형이상학적인 사변을 배격하고 관찰이나 실험 등으로 검증 가능한 지식만을 인정하는 인식론적 방법론으로 사회복지실천에서의 실증주의는 자선조직의 전성기인 19세기 후반에 처음 발견되었다. 이 시기의 많은 우애 방문자는 과학적 우애가 빈민을 이해하는 가장 좋은 가능성을 제공하고 과학적 방법은 개별사례를 체계적으로 연구하고 치료하는 데 사용된다고 믿었다. 특히 Richmond의 「사회진단」(1917)의 발간으로 사회복지실천은 전환기를 맞이했으며, 과학적 문제해결의 과정으로 사회진단이 묘사되었다. 또한 사회문제에 대한 과학적 방법의 영향으로 사회조사 운동이 일어났다.

경험주의(Empiricism)는 인식·지식의 근원을 오직 경험에서만 찾는 철학적 경향으로 실증주의는 경험주의의 분파로 볼 수 있다. 사회복지실천은 대부분 역사에서 실증주의 전통을 따라왔으며 사회복지 연구가 주로 사례연구, 단일사례 설계, 프로그램 평가, 사회조사 등의 형태를 띠게 되었다.

1980년대에는 사회복지 조사연구에서 실증주의의 역할에 대해 논쟁이 있어오면서, 실증주의에 대한 여러 대안이 제시되었다. 대안으로 제시된 여러 모델은 다양한 질적 방법론과 양적 방법론, 그리고 다중데이터 사용 등의 요소를 포함하여, 질적 접근, 발견적 접근, 해석학적 접근 등의 대안이 등장하였다.

6) 개인주의

개인주의는 '개인권리존중'과 함께 '수혜 자격축소'에 영향을 주었고 개인의 권리와 의무를 강조하면서도 빈곤 문제는 개인의 책임임을 고려하여 '최소한 수혜자 자격원칙'을 만들었다. 그리고 개인주의는 클라이언트의 개인적 특성 즉, 개별화를 중시하는 데 이바지했다.

3. 사회복지와 사회복지실천

1) 학문으로서의 사회복지

학문으로서의 사회복지에는 체계적 이론, 사회학, 심리학, 정신의학 등 사회복지학과 인접 학문, 응용학문 등이 있는데, 그 내용은 다음과 같다.[5]

(1) 체계적 이론

사회복지학은 인간의 욕구를 충족시키기 위해 과학적인 지식과 기술을 사용하고 체계적인 이론을 바탕으로 하므로 자선이나 박애 등과는 다르다. 또한 사회복지학은 인접 사회과학의 이론과 지식을 바탕으로 하여 출발했지만, 독자적인 이론적 체계와 지식을 축적해오고 있다.

(2) 사회복지학과 인접 학문

① 사회학

사회학은 사회문제의 원인과 결과를 과학적인 방법을 통해 규명하는 것에 초점을 두는 반면, 사회복지학은 사회문제나 개인의 문제를 해결하는 구체적인 방법을 개발하여 적용하는 데 초점을 둔다.

② 심리학

심리학은 개인에게 영향을 미칠 수 있는 다양한 요인들을 밝히는 데 주력하여 심리치료 서비스를 주로 제공한다면, 사회복지학은 클라이언트의 심리 정서적 문제를 해결하기 위한 상담서비스 외에 사회적, 경제적 서비스를 제공한다는 점에서 차이가 난다.

③ 정신의학

정신의학은 정신질환의 진단, 치료, 예방을 연구하고 개인의 질병을 치료하는 것을 강조하고, 사회복지학은 개인과 가족, 사회의 기능을 향상하는 것을 강조한다.

④ 정치학

정치학은 정부와 정치제도의 과정, 원칙, 구조를 연구하며 사회복지정책을 제시한다는 측면에서 사회복지실천과 연관성을 갖는다. 또한 복지정책에 대한 정부의 역할, 행정조직, 전달체계 등의 개선 및 발전에 필요한 지식을 제공하는 데 이바지한다.

⑤ 경제학

경제학은 상품의 생산, 분배, 소비를 연구하며 생활수준의 측정과 결정, 조세와 사회복지서비스 및 정책과의 관계, 임금과 시장체계, 노동문제 등에 관해 필요한 지식과 이론적 기반을 제공한다는 측면에서 사회복지와 관련이 있다.

⑥ 문화인류학

고고학적, 언어학적, 사회적 심리학적 자료 등을 기반으로 하여 인간문화를 연구하고 분석 방법을 연구한다.

(3) 응용학문

사회복지학은 각 클라이언트의 상황에 따라서 응용학문을 적용하므로, 사회학, 심리학, 정신의학 등 위에 언급된 학문 외에도 다른 학문과 밀접한 관계를 맺고 있다. 어떤 학문의 어떤 이론이라도 클라이언트의 사회적 기능을 향상하는 사회복지실천의 목적에 직접 적용될 수 있으면 사회복지의 지식기반으로 적용될 수 있다.

2) 사회복지와 사회복지실천

(1) 사회복지와 사회복지실천의 정의

사회복지(social welfare)는 사회사업(social work)보다 더 포괄적인 개념으로, 사회복지가 사회사업을 포함한다고 볼 수 있지만, 최근에는 이러한 구분 없이 사용하고 있다.

사회사업이란 개인, 집단, 지역사회를 도와 그들의 사회적 기능의 역량을 강화 또는 회복시키고 그들의 목적에 유리한 사회적 조건을 창출하도록 하는 전문적 활동이라고 정의를 하고 있는데, 이러한 사회사업의 정의는 사회복지실천의 정의와 같은 맥락으로 볼 수 있다. 다음은 사회복지의 정의에 관한 내용이다.[6]

① 사회복지의 정의(사전적 의미)

사회복지는 국민의 생활 안정과 교육·직업·의료 등의 보장을 포함하는 복지를 추구하기 위한 사회적 노력으로써 넓은 의미에서 볼 때 광범위한 사회적 시책의 총체라고 할 수 있다. 그리고 사회복지는 사회적으로 잘 지내는 행복한 상태 또는 만족스러운 상태와 그것을 지향하는 활동의 의미를 포함하고 있다.

② 사회복지실천의 정의

과거의 사회복지실천은 개별사회사업, 집단사회사업, 지역사회조직 등의 전통적 방법으로 실천됐는데, 최근에 사회복지실천은 통합적 방법으로서 일반사회복지란 개념으로 많이 사용되고 있다.

사회복지실천(social work practice)의 정의를 살펴보면, 첫째, 사람들에게 실체적 서비스를 획득하도록 도우며 둘째, 개인, 가족, 집단에 상담 및 정신적 치료를 제공하며 셋째, 지역사회나 집단에 사회서비스 및 건강서비스를 제공하거나 개선하도록 돕는다. 그리고 넷째, 관련 입법절차나 과정에 사회복지의 가치·원칙·기법을 적용하는 것을 말한다고 볼 수 있다.

(2) 잔여적 복지와 제도적 복지

Wilensky와 Lebeaux(1958) 따르면 산업화의 진행에 따라 사회복지의 의미가 잔여적 개념에서 제도적 개념으로 변화했는데, 각각의 개념을 설명하면 다음과 같다.[7]

① 잔여적 개념

개인의 욕구를 충족하는 기능은 우선으로 가족과 시장경제이다. 잔여적 개념(residual concept)은 가족과 시장경제가 개인의 욕구를 충족시키지 못하는 경우에 한하여 그들이 제 기능을 수행할 수 있을 때까지 국가가 일정 기간 개입해서 기본적인 삶을 유지해주는 보완적인 기능이다. 즉, 사회복지 서비스는 한 개인의 욕구가 가족과 시장경제 등의 중요한 사회제도로는 적절히 충족되지 않을 때만 공급되어야 한다는 관점이다. 이 관점에 따르면, 사회서비스와 경제적 원조는 개인과 그의 자원을 포함한 다른 모든 수단 또는 노력이 소진될 때까지 공급되어서는 안 된다.

잔여적 개념은 사회에서 실패하거나 낙오한 사람들에게 정부가 시혜의 의미로 서비스를 제공한다는 의미가 있어서 서비스를 받는 클라이언트들은 서비스를 받는 것을 수치 또는 낙인(stigma)으로 생각한다.

② 제도적 개념

제도적 개념(institutional concept)에서는 국가나 사회는 모든 사람이 그들의 능력을 최고로 발휘할 수 있도록 원조해야 한다는 것을 전제로 하며 개인과 사회의 복지를 국가가 책임진다는 것을 강조하고 있다. 또한 실패한 사람을 지원한다는 뜻보다는 사회문제를 예방하고 완화하며 문제해결에 이바지한다는 의미가 있고 포괄적이며 보편적인 서비스라고 할 수 있다.

그리고 제도적 개념에서는 개인이 자신의 능력과 자아를 최대한 계발하고 발전시키기 위해서 사회복지의 혜택을 받는 것은 정상적이며, 서비스 수혜자는 비정상 또는 이탈자라는 수치감을 느끼지 않는다. 다시 말하면 제도적 개념은 광의의 사회복지를 의미하며, 현대국가의 복지 이념을 수립하는 기초가 된다.

(3) 사회복지 개념의 변화

Romanyshyn(1971)은 서구 사회를 중심으로 전 산업사회로부터 19세기 자유방임 자본주의를 거쳐 후기 산업사회로 변화함에 따라 사회복지개념도 자선과 교정, 복지국가, 복지사회로 변화됐다고 말하고 있다.

Romanyshyn은 전 산업사회에서 후기 산업사회로의 이행과정에서 사회복지의 관점 변화를 다음과 같이 세분하여 설명하고 있다.

① 잔여적 관점에서 제도적 관점으로

응급적이고 일시적인 사회복지의 개념, 도움이 필요한 사람들의 기능의 부족을 강조하는 잔여적 개념에서 제도적 개념으로 변화하였다. 즉, 정상적인 사회제도로서 정당한 지위를 가지게 되는 사회복지의 필요성이 강조되고 있다.

② 자선에서 시민의 권리로

19세기 중산층의 자선 관을 반영한 복지개념은 19세기 말 시민계급으로 성장한 노동자들이 사회복지를 시민권의 개념으로 획득하게 되었다.

③ 특수성에서 보편성으로

사회복지는 빈민에 대한 특별한 서비스가 아니라 많은 사람이 보편적으로 가지고 있는 욕구를 충족시키는 프로그램으로 보게 되었다.

④ 최저수준에서 적정수준으로

사회복지의 보장수준은 최저수준에서 적정수준으로 변화되었는데 그 배경에는 첫째, 사회의 생산력 발전과 둘째, 절대적인 빈곤개념을 상대적 빈곤개념이 대체한 것이다.

⑤ 개인으로부터 사회개혁으로

사회복지의 근거가 되는 문제 발생 요인을 개인의 도덕적 혹은 기능적 결함에서 발견하던 초기의 관점에서부터 구조적인 사회제도의 결함에서 찾게 되는 관점으로 이행하였다.

⑥ 자발적 자선에서 공공으로

영국의 빈민법(16세기 말~17세기 초)이나 19세기 말 혹은 20세기 초의 미국의 경우 자발적인 사회복지 활동에 크게 의존하였다. 그러나 이러한 자발적인 자선의 한계로 인해 점차 정부의 개입이 증가하였다.

⑦ 빈민에 대한 복지로부터 복지사회로

초기의 사회복지 개념은 빈민에 대한 복지의 개념이었다. 그러나 이제 모든 사회제도가 모든 개인의 발전에 얼마나 이바지하는가의 복지사회로 개념이 변화되었다.

3) 사회복지실천 방법의 분류

사회복지실천 방법의 분류에는 클라이언트체계의 크기에 따른 분류(미시 수준의 사회복지실천, 중간 수준의 사회복지실천, 거시 수준의 사회복지실천)와 클라이언트의 접촉에 따른 분류(직접실천, 간접실천) 두 가지로 나누는데, 다음과 같다.[8]

(1) 클라이언트체계의 크기에 따른 분류

① 미시(micro) 수준의 사회복지실천

개인의 가장 친밀한 일상생활에서의 상호작용 과정에 개입하는 사회복지사의 실천 활동으로서 개인, 부부, 가족을 포함하는 다양한 클라이언트체계를 대상으로 한다. 주로 사회복지사는 클라이언트와 일대일로 접촉하면서 직접서비스를 전달하지만 일대일 접촉에만 제한되지는 않는다. 그리고 미시 수준에서의 활동은 일반적으로 사회복지사가 개입하여 클라이언트를 직접 만나서 이루어지기 때문에 직접실천이라고도 한다. 예를 들면, 개인의 심리·사회적 상태, 부모와 아동 사이의 관계, 부부관계, 동료와의 관계, 기타 가족 구성원들 간의 관계 등에 문제가 있을 경우이다.

② 중간 수준(중범위, mezzo) 수준의 사회복지실천

중간 수준에서의 실천이란 미시 수준과 거시 수준의 중간 수준에서 활동하는 것을 말하며 미시 수준환경에 직·간접적으로 영향을 주어 미시 수준환경의 성격과 기능을 결정하는 환경인데, 그 환경은 학교, 직장, 교회 등의 일반적 환경 특성과 일상생활의 필요 때문에 접하게 되는 각종 집단이 될 수 있다.

중간 수준은 개인이나 가족생활보다는 덜 밀접하게 관련된 대인관계, 조직과 기관의 대표들 사이보다는 더 의미 있는 관계, 자조집단이나 치료집단의 구성원을 포함한 관계, 학교나 직장, 이웃에서의 동료 간의 관계 등이다. 중간 수준의 개입에는 클라이언트에게 직접적 영향을 미치는 가족, 또래집단, 학급과 같은 체계를 변화시키는 것, 자조집단이나 치료집단의 소집단 활동을 통한 사회복지실천이 해당한다.

③ 거시(macro) 수준의 사회복지실천

거시 수준의 사회복지실천은 클라이언트의 삶에 영향을 미치는 전체사회, 지역사회, 기관이나 조직 혹은 국가의 체계를 대상으로 하는 사회복지실천 활동이다. 주로 국가나 사회의 정책개발, 사회복지정책개발, 정책분석, 정책대안의 발굴 및 제시, 기관이나 조직의 행정체계 및 프로그램과 관련된 대안 제시, 지역사회 자원의 개발, 취약계층의 권익 옹호 등이다. 또한 다양한 집단 간의 교섭과 타협이나 협상, 의사 결정에 소비자가 참여할 수 있도록 격려하고 클라이언트에게 직접 영향을 줄 수 있는 법안제정이 이루어질 수 있도록 추진하고 법률 및 규정의 틀에 영향을 줄 수 있도록 계획된 각종 업무를 수행한다. 그리고 거시 수준의 사회복지실천은 클라이언트를 직접 만나기보다는 특정 대상의 클라이언트를 염두에 두고 클라이언트와 멀리 떨어진 상태에서 간접적인 사회복지 서비스 지원 형태로 이루어지기 때문에 간접실천이라고 할 수 있다.

(2) 클라이언트의 접촉에 따른 분류

개별 클라이언트의 문제에 대한 전문가의 개입방식은 크게 대면적 접촉을 통해 서비스를 제공하는 직접실천과 자원연계나 환경적 조정과 같은 개입을 하는 간접실천으로 나누고 있다.[9]

① 직접 실천(direct practice)

클라이언트와 직접 관계를 맺으면서 개입하는 실천방식으로, 주로 개인, 집단, 가족을 대상으로 클라이언트를 직접 대면하여 개입하는 미시적 실천이다. 그러나 때에 따라서 지역사회의 집단이나 단체에 제공하는 거시적 방법의 측면을 포함하기도 한다. 그리고 클라이언트가 환경과 원활한 상호작용을 할 수 있는 능력인 사회적 기능을 향상하는 것을 주요 목표로 한다.

직접실천에는 개별실천, 집단실천, 가족치료, 그리고 사례관리 등이 해당하는데, 간단히 살펴보면 다음과 같다.

가. 개별실천

개인적 또는 사회적 문제에 직면해 있는 개인을 일대일로 만나 문제해결 원조하며 클라이언트가 주변 환경에 적응하도록 도움을 제공한다. 또한 개인에 영향을 미치는 사회, 경제적 결핍상태를 완화하는 것이 주된 목적인데, 여기에는 사회복지 전담공무원, 사회복지사, 의료사회사업가, 정신건강사회복지사 등이 해당하고 주된 업무는 생활보호 업무, 자활 관계 업무, 상담 등이다.

나. 집단실천

집단사회복지실천을 통해 개인의 지적, 정서적, 사회적 발달을 향상하며, 개인의 사회화 촉진, 정보 교환, 문제대처방법의 교환, 비행 예방, 잘못된 행동, 가치 등을 교정한다. 그리고 집단치료를 통해 집단구성원 간의 상호작용과정이나 집단 내의 역동성을 활용해 개인이 가진 사회적, 행동적, 정서적 문제를 해결한다.

다. 가족치료

가족구성원 간의 관계나 가족 구성원의 행동 또는 정서, 심리상의 문제에 개입하여 문제해결 또는 경감시키기 위해 노력하며, 가족을 하나의 역동적인 체계로 간주한다. 가족구성원 개인이 나타내는 문제의 원인을 개인적 요인에서 찾지 않고, 가족 구성원 간의 상호작용, 관계 양상에서 찾고자 노력한다. 그리고 문제해결도 개인적 변화보다는 가족구성원의 상호작용 방식 변화에 초점을 두고 있다.

라. 사례관리

사례관리란 복합적인 문제를 가진 노인이나 장애인 등 클라이언트들의 욕구에 신속, 정확, 효과적·효율적 비용 중복 없는 서비스를 받도록 서비스망 내에서의 논리적 절차인 동시에 서비스 제공 기관의 상호작용 과정으로 볼 수 있다. 또한 클라이언트에게 적절한 서비스를 쉽게 접근하도록 하는 동시에 서비스의 지속성을 촉진하며 개인의 변화(직접실천), 환경의 변화(간접실천), 또는 모두 변화시키려고 노력한다. 사례관리에서는 중개자, 옹호자, 협상자 등으로서의 기술을 활용한다.

② 간접실천(indirect practice)

간접실천은 지역사회 복지기관과 같은 곳에서 클라이언트의 주변체계에 개입하여 사회복지체계나 관련 자원을 활용하는 방법이다. 일반적으로 클라이언트에게 직접 개입하지 않는다. 사회복지사가 직접 클라이언트를 대면하지 않으면서 클라이언트의 문제해결에 간접적으로 도움을 제공하는 것이다. 또한 지역사회를 중심으로 클라이언트를 둘러싼 환경체계에 개입하여 사회적 지지체계나 자원들을 발굴 또는 연계하는 방법을 활용하거나, 서비스를 제공하는 제도나 기구, 정책 등에 초점을 둔다. 여기에는 지역사회조직, 사회복지정책이나 사회복지행정 등이 있다.

제 2 장 사회복지실천의 가치 및 윤리

1. 사회복지실천의 철학적 기반

1) 가치

(1) 가치의 개념

가치(values)는 크게 두 가지 의미로 사용된다. 사실(fact)과 구별되는 것으로 경험적인 방법으로는 인식할 수 없는 것을 의미하는 다소 포괄적인 의미와 다른 의미로는 악(evil)과 경시(disvalue)의 반대 의미로 좋은 것(good) 혹은 소중한 것(valuable)을 의미하는 다소 좁은 의미이다. 즉, 가치는 믿음, 신념과 같은 것으로 주관적 선호, "좋다/싫다", "바람직하다/나쁘다" 등 인간행동의 방향과 동기를 제시하는 개념으로 볼 수 있다.

Sills(1972)는 가치는 개인이 지니는 여러 지속적인 목표들의 전체적인 서열화를 토대로 한 만족, 충동, 질서를 위해 사회문화적 체계와 개인이 함께 원하는 요구, 사회생활 전체로서의 집단과 타인의 관심을 존경하고자 욕구 따위를 통제한다고 밝히고 있다. 즉 가치란 인간이 자신의 생활에서 추구하는 특정 목표라 할 수 있다.

이처럼 가치는 인간에 의한 선호하는 착상, 인간을 위한 선호하는 결과, 인간을 대하기 위한 선호하는 수단이라 할 때 사회복지실천 가치는 실체가 드러나지 않으면서 사회복지실천을 안내하는 확고한 신념으로 간주할 수 있다.

Pumphrey(1985)에 의하면 개인의 가치는 개인이나 사회집단이 선택한 선호적 행동의 공식화이다. 이는 종종 인간의 삶에 관련된 특정한 수단과 목적, 그리고 조건에 관한 보편적 선호를 의미한다고 했고 Rockeach(1989)는 가치의 고전적 정의로서 존재의 어떤 방식이나 궁극적 상태가 그 반대 방식이나 궁극적 상태보다 개인적으로나 사회적으로 선택할 만하다는 지속적인 신념이라고 제시한다.

이런 측면에서 가치는 지식, 기술과 더불어 사회복지실천의 3대 중심축의 하나로, 사회복지실천이 추구해야 하는 방향성을 제시하고 또한 사회복지실천은 가치를 기반으로 동기화되거나 기능화되기 때문에 가치라는 개념을 중요시한다. 즉, 사회복지실천 가치는 클라이언트의 욕구나 문제를 해결하기 위해 돕는 활동에서 사회복지실천가가 지녀야 할 정신적 목표라 할 수 있다. 예컨대 인간으로서 클라이언트의 존엄성과 개별성, 서비스를 받을 수 있는 클라이언트의 권리와 서비스를 제공해야 할 사회의 책임을 들 수 있다. 사회복지실천 가치란 사회복지사가 클라이언트를 돕는 과정에서 경험하는 여러 가지의 작은 목표가 될 수 있다.[1]

(2) 사회복지 목적과 관련된 가치들

Pumphrey는 사회복지 목적과 관련된 세 가지 가치들 즉, 추상적인 목적과 관련된 궁극적 가치, 이러한 목적을 달성하기 위해서 사용할 수 있는 수단인 도구적 가치, 그리고 이 두 가지 사이에 추상적 가치를 좀 더 구체화한 차등적 가치로 범주화하였는데, 그 내용은 다음과 같다.[2]

① 궁극적 가치

궁극적 가치(ultimate values)는 가장 추상적이고 가장 쉽게 다수에 의해 동의를 얻을 수 있는 내용이다. 예를 들면, 자유, 인간의 존엄성, 정의 등을 들 수 있다.

② 수단적(도구적) 가치

수단적(도구적) 가치(instrumental values)는 목적을 위해 요구되는 수단들을 명확하게 하는 것이며, 궁극적 가치를 달성하기 위한 수단이다. 예를 들면, 비난하지 않는 태도,

자기결정, 비밀보장, 고지된 동의, 수용 등을 들 수 있다.

③ 차등적 가치

차등적 가치(proximate values)는 추상적인 궁극적 가치와 구체적 행위나 상황과 관련된 도구적 가치 사이에 있으며 궁극적 가치를 좀 더 구체화한 가치이다. 사회문화적 영향이나 개인의 경험에 따라 찬반이 가능한 가치이며, 특수하고 단기적인 목표를 제시하는 중간 수준의 가치이다. 예를 들면, 보건의료서비스, 치료를 거부할 수 있는 환자의 권리, 낙태나 동성애에 대한 가치 등을 들 수 있다.

(3) 사회복지 차원에 따른 가치

사회복지 차원에 따른 네 가지 가치 즉, 개인적 가치, 사회적 가치, 기관의 가치, 전문적 가치로, 그 내용은 다음과 같다.[3]

① 개인적 가치

개인적 가치는 가족, 문화, 사회의 가치에서 비롯된다. 또한 개인적 가치는 종교적, 문화적 가치로부터 강력히 영향을 받으므로 각 개인의 환경에 따라 다르게 형성될 수 있다.

② 사회적 가치

사회적 가치는 개인적 가치에 영향을 미치며 시대의 변화에 따라 변하는 특성이 있다. 이는 그 사회의 일반화된 정서적 공감대를 반영하는 것으로 역사적으로 형성되었으며 경험에서 비롯된다.

③ 기관의 가치

기관의 가치는 각 사회복지기관은 역할, 기능, 책임에 따라 고유한 가치를 갖는다. 이러한 기관의 가치는 종종 클라이언트의 가치와 갈등을 빚을 수 있다.

④ 전문적 가치

전문적 가치는 어떠한 직업이 전문직으로 인정되는 과정에서 그 전문직의 독특한 실천 활동과 관련하여 요구되는 가치로서 기본적으로 해당 전문직 활동의 평가와 책임소재의 근거가 된다. 전문적 가치는 하나의 직업이 사회적 차원에서 전문직으로 인정받는 과정에서 주어지는 것이므로 일반적으로 전문직이 속한 사회의 가치를 반영하게 된다.

1996년 개정된 전미사회복지사협회(NASW, 1995)의 윤리강령에서 제시하는 사회복지의 6가지 핵심가치와 원칙은 다음과 같다.

가. **서비스 제공** : 사회복지사의 궁극적인 목표는 도움을 필요로 하는 사람들을 돕고 사회적 문제들에 대응하는 것이다.

나. **사회정의 증진** : 사회복지사의 사회적 불의와 대결하여야 한다.

다. **인간에 대한 존엄성과 가치** : 사회복지사는 타고난 인간의 존엄성과 가치를 존중하여야 한다.

라. **인간관계의 중요성** : 사회복지사는 인간관계가 가진 중요성을 인식하여야 한다.

마. **신뢰성 확립** : 사회복지사는 신뢰받을 수 있게 행동하여야 한다.

바. **능력 증진** : 사회복지사는 자신의 능력 범위 내에서 실천 활동을 하여야 하며 자신의 전문적 기술을 개발하고 향상해야 한다.

2) 사회복지실천의 주요 가치

사회복지실천의 주요 가치는 본질적 가치, 기본적 가치, 전문적 가치 등으로 나누어 다음과 같이 설명할 수 있다.[4]

(1) 본질적 가치

사회복지실천의 본질적 가치는 크게 '인간의 존엄성 존중'과 '배분적인 사회정의'로 나눌 수 있는데, 이를 사회복지실천의 이중가치체계(double value system)라고도 한다.

① 인간존엄성 존중

인간존엄성 존중이란 인간을 존엄한 존재라고 생각하는 것으로, 클라이언트의 개별화, 자기결정권, 비밀보장 등을 존중하는 수단적 가치와 직업적인 윤리의 기초가 된다. 즉, 모든 인간을 가치가 있는 존재로 인정하는 데에서 사회복지실천의 서비스가 제공된다는 것을 의미한다.

② 배분적인 사회정의

배분적인 사회정의는 사회의 책임성과 참여를 중요시하는 것으로, 개인의 문제는 사회적 자원의 결핍이나 사회환경의 역기능적 영향에 의해 발생하는 것이기 때문에 사회는 개인의 발전을 위해 최소한의 사회적 자원을 공평하게 배분해주어야 한다는 신념이라고 할 수 있다.

또한 개인의 능력이나 노력에 따라 빈부의 차이가 있음을 인정하면서도 사람들이 인간적인 삶을 영위하기 위해서는 최소한 사회적 자원이 필요하다고 믿기 때문에 사회복지사는 모든 사람에게 기본적인 사회자원을 공평하게 배분해주어야 한다고 믿는 가치이다.

(2) 기본적 가치

Friedlander(1980)는 사회복지실천의 기본 가치를 인간의 존엄성, 인간의 자율성, 기회의 균등성, 사회적 책임성으로 보았고 전미사회복지사협회(NASW, 1995)는 개인의 가치와 존엄성, 개인에 대한 존경심, 개인의 변화가능성, 클라이언트의 자기결정 및 비밀보장, 사생활보장, 적절한 자원과 서비스 제공, 역량 강화, 동등한 기회 보장, 비 차별성, 다양성 존중 등으로 간주하였다.

사회복지실천의 기본 가치는 일반적으로 기본적 권리에 대한 존중, 인간의 사회적 책임감, 개인적 자유에 관한 헌신성, 자기결정에 대한 지지, 인간의 잠재적 능력을 인정, 인간 고유의 존엄성을 존중받을 가치, 자기결정권, 분배적 사회정의와 평등, 연대성, 인도주의 등으로, 이중 주된 기본적 가치는 다음과 같다.

① 기본적 권리에 대한 존중

모든 인간은 삶의 목표를 달성하고, 문제를 예방하거나 경감시키며, 자신의 잠재력을 충분히 실천시키는 데 도움이 될 자원과 서비스에 관해 동등한 접근성을 가져야 한다.

② 인간의 사회적 책임감

가족, 교육, 정보 그리고 사회복지와 같은 사회적 제도는 인간의 욕구에 관해 인간적이고 반응적이어야 한다.

③ 개인적 자유에 관한 헌신성

사람들 사이에는 상당한 개인차가 있다는 것을 인식하고, 사회는 그 구성원에게 사회적 통제를 최소화해야 한다.

④ 자기결정에 대한 지지

사람들은 자기 자신에 관해서 스스로 선택할 권리를 가지며, 자신의 삶을 선택할 자유를 갖지 못한 사람들은 가능한 한 언제든지 선택을 할 수 있도록 능력을 고취시켜야 한다.

이러한 가치에 대한 신념은 사회복지사의 일상적인 활동에 반영되어 전문직의 실천 방향을 제시해준다.

(3) 전문적 가치

Levy(1973)는 사회복지 전문적 가치를 사람우선 가치, 결과우선 가치, 수단우선 가치로 나누어 다음과 같이 설명하였다.

① 사람우선 가치

사람우선 가치는 인간에 대한 바람직한 개념으로, 전문직이 갖추고 있어야 할 기본적인 가치로서 인간의 본성을 제시해줄 수 있는 가치이다. 또한 인간의 가치와 존엄성 존중에 대한 믿음, 건설적 변화 의지와 능력에 대한 믿음, 상호적 책임, 소속의 욕구, 독특성, 일반적인 인간적 욕구 등을 인정하는 가치이다. 다시 말하면 사람우선 가치는 클라이언트를 하나의 개별화된 인간으로 보고 능력을 인정해 주며 그에 따라 권한을 인정해 주는 가치관이라고 볼 수 있다.

② 결과우선 가치

결과우선 가치는 목표로 하는 결과에 대한 개념으로, 사회가 개인의 발전을 위해 사회참여의 기회를 동등하게 제공해야 한다는 사회적 책임에 대한 믿음이다. 즉, 인간의 기본욕구, 부적절한 교육이나 주택문제 등의 사회문제 제거로 사람에 대해 서비스를 제공했을 때 초래되는 결과에 대한 가치로서 바람직한 결과 성취를 위해 지녀야 하는 가치이다.

③ 수단우선 가치

수단우선 가치는 인간을 대하는 바람직한 방법으로서, 서비스를 수행하는 방법과 수단, 그리고 도구에 대한 가치이다. 또한 인간은 존경과 존엄성으로 다루어져야 하며, 자기결정의 권리를 가져야 하고, 사회변화에 참여하도록 촉진되며, 하나의 독특한 개인으로 인정되어야 한다는 믿음이다. 즉 사회복지사는 클라이언트의 자기결정권을 존중해야 하며 비심판적 태도를 지녀야 한다.

미국사회복지교육협의회(CSWE)에서는 사회복지전문직의 가치요인으로 첫째, 개인의 가치와 인간의 존엄성, 수용, 비밀보장, 정직, 책임성이며 둘째, 클라이언트의 자기결정권, 원조과정에서의 적극적 참여권리 존중이며 셋째, 클라이언트체계가 필요한 자원을 획득할 수 있도록 원조할 책임성이다. 넷째, 사회제도가 인도적으로 운영되고 인간의 욕구에 부응하도록 만드는 노력 즉, 사회제도 개선의 책임이며 다섯째, 다양한 집단의 고유한 특성을 존중하고 수용하여 이를 위해 이해할 수 있는 문화, 계층, 성별, 성적 취향, 종교, 장애, 나이 등 교육내용의 필요성 인정이며 여섯째, 사회복지사 자신이 행한 윤리적 행위와 실천 내용에 대한 책임, 전문적인 지식과 기술을 발전시키는 노력 즉, 전문직업적 특성 개발을 위한 노력 등이다.

이처럼 사회복지사는 모든 인간은 그들의 삶의 문제를 다루고 잠재적인 능력을 개발하는데 필요한 자원을 가질 가치가 있고 모든 인간은 고유의 가치와 존엄성이 있다는 본질적 및 기본적 가치 전제 아래 수용, 판단유보, 개방성, 가치 명확화 등 전문적 가치를 지녀야 한다는 것을 알 수 있다.

3) 사회복지실천 가치의 발달

사회복지실천의 가치는 역사와 사회의 변화와 더불어 발전되어 왔는데, Reamer(1999)는 사회복지실천 가치의 발달을 다음과 같이 4단계로 설명하였다.[5]

(1) 제1단계: 19세기 말

전문적인 사회복지실천의 태동 및 자선조직협회 등이 활동하던 시기로서, 구제활동과 빈곤에 대한 대응이 가장 중요한 임무였다. 사회복지실천은 전문직이나 실무자의 도덕성 또는 윤리에 관한 것보다는 클라이언트의 도덕성에 더 많은 관심을 가졌다. 도덕적으로 교화시키는 것을 최고의 가치로 여겼지만, 인간의 기본적 권리에 대한 가치는 고려되지 못했다. 당시 원조활동의 기반은 간섭적 온정주의(paternalism)이다. 우애방문원의 활동도 간섭적 온정주의[1)]의 영향을 많이 받았다.

(2) 제2단계: 20세기 초

인보관 운동의 시작 및 진보의 시기로서, 사회복지의 목적과 가치지향이 빈곤자의 도덕성에서 주택, 건강, 위생, 교육, 고용, 빈곤과 관련된 광범위한 사회문제를 개선하기 위한 요구로 바뀌어 갔다. 진보주의와 함께 빈곤자의 도덕성 결여보다 빈곤 발생의 사회 구조적 문제에 초점을 두었다. 그리고 사회복지는 케이스워크, 정신치료, 사회복지정책과 행정, 지역사회조직, 사회개혁 등의 전문성을 개척하는 것에 중점을 두었다.

(3) 제3단계: 1940~1950년대 초

전문직의 도덕적 차원에 관한 관심이 집중된 시기로서 사회복지 전문직의 가치와 윤리가 본격적으로 언급되기 시작하였다. 초기에 클라이언트의 도덕성에 관심을 가졌

---

1) '간섭적 온정주의'적 접근은 19세기 말과 20세기 초 자선조직협회의 우애 방문원 활동으로 상징되는 미국사회활동 초창기의 대표적 윤리관으로, 이 윤리관은 문제와 욕구를 가진 개인이나 집단을 돕는 것이 인간에게 주어진 본질적인 소명이라는 기본적인 도덕적 관점을 견지하였다. 이 관점에서 바라보는 사회복지의 사명은 건전하지 못한 도덕성을 가진 클라이언트를 계몽, 교회시켜서 바람직한 도덕성을 가진 사람으로 바꾸는 데 있다.

던 것과는 달리 전문직과 실천가들의 도덕성 및 윤리 문제에 더 큰 관심을 두게 되었다. 적절한 실천을 향상하기 위하여 전문가 윤리지침이 개발되기 시작하였다. 그리고 1947년 미국사회사업가협회(AASW)의 대표자 회의에서 윤리강령을 채택하였다. 따라서 이 시기는 전문가 윤리라는 주제가 사회복지의 분수령을 이루는 시기가 되었다.

(4) 제4단계: 1960년대 이후

사회적 평등, 인권, 복지권, 차별, 억압 등 일련의 가치를 사회복지실천과 교육에 접목한 격동의 시기로서, 1960년 전미사회복지사협회(NASW)는 최초 윤리강령[2)]을 공식 채택하였고, 사회복지 가치와 윤리에 관한 관심이 증폭하였다. 1976년 Levy의 『사회복지 윤리학(Social Work Ethics)』 출간으로 가치와 윤리의 관심은 더욱 확산되었다.

2. 사회복지전문직의 가치와 윤리강령

1) 가치와 윤리

가치(value)는 어떤 행동이 좋고 나쁘며, 바람직하고 바람직하지 못하다는 도덕적 판단의 기준이 되는데, 이는 객관적으로 증명할 수 없고 주관적으로 선호하는 것으로 믿음이나 신념과 같은 것으로 인간의 적절한 행동을 선택하는 데 있어서 지침이나 기준이 된다.

윤리(ethics)는 사회적 의식의 한 형태로 인간이 마땅히 따라야 하는 규범의 총체를 의미하는 것으로, 이는 가치에서 비롯되나 무엇이 옳고 그른가를 판단하여 주는 도덕적 지침이 된다. 사회복지실천의 윤리에서 가치문제를 중요하게 다루는 것은 윤리이

2) 전미사회복지사협회(NASW)는 첫 윤리강령을 1951년 미국사회복지사협회(AASW: American Association of Social Workers)에서 채택했으나 이를 공식적인 최초의 윤리강령으로 보지 않는다. 당시에는 사회복지사들이 서로 다른 전문조직에 속해 있어서 미국사회복지사협회가 사회복지사를 대표하는 단일 조직이 아니었기 때문이다. 따라서 전미사회복지사협회(NASW)로 통합한 후 최초의 공식적 협회가 윤리강령을 공포한 것은 1960년이다.

론[3)]을 바탕으로 사회복지사의 가치가 생기고 이러한 가치가 사회복지사의 윤리적 원칙들을 만들기 때문이다.

표 2-1 가치와 윤리의 차이

구분	가치	윤리
개념	객관적으로 증명할 수 없고 주관적으로 선호하는 것으로서 인간의 적절한 행동을 선택하는 데 있어서 지침이나 기준	가치에서 비롯되나 무엇이 옳고 그른가를 판단하여 주는 도덕적 지침
관심	선하고 바람직한 것에 관한 관심	올바르고 정확한 것에 관한 관심
표현	인간의 생각 속에서만 그치기도 함	행동으로 나타나는 것
기준	하나의 신념으로 과학적 근거가 없으며 규범적 기준이 필요하지 않음	행동에 대한 사회적 태도가 규범적인 것
개입	인간관계가 개입되지 않기도 함	인간관계의 상호작용 속에서만 해당됨

가치와 윤리의 차이점은 〈표 2-1〉에서 보는 바와 같이 가치는 '무엇이 좋고 바람직한가'와 관계되는 반면, 윤리는 '무엇이 옳고 그른가'를 다루는 것이다. 즉, 가치는 방향을 제시해주고, 윤리는 가치에서 나오기 때문에 가치와 조화를 이루어야 한다. 사회복지실천의 윤리에서 가치문제를 중요하게 다루는 이유는 사회복지의 가치에서 윤리적 원칙이 나오기 때문이다. 그리고 사회복지실천에서 전문직 가치는 실천현장에서 필요한 윤리적 원칙을 세우는 지침을 제공한다. 예를 들면, 사회복지사가 문제해결을 위한

3) 윤리이론은 크게 절대주의와 상대주의, 도덕적 다원주의로 나눌 수 있음.
 (1) 절대주의와 상대주의
  • 절대주의 : 윤리적 행위를 인도하고 그런 행위를 판단하기 위한 보편적인 기준이 있다는 믿음. 이런 믿음에서 윤리학의 목표는 객관적이고 보편적인 행위규범이나 삶의 이상을 발견하는 것임.
  • 상대주의 : 20세기에 들어 보편적 원리와 규범이 있다는 믿음이 흔들리고, 문화상대주의에 의해 이는 더욱 강화되었음. 문화상대주의에 따라 초래된 윤리적 상대주의는 서로 다른 문화권의 가치와 규범은 비교할 수 없고 하나의 원리로 환원될 수 없다는 견해임.
 (2) 도덕적 다원주의
  • 도덕적 다원주의는 상대주의와 같이 다양한 도덕적 가치들을 추론해 내는 하나의 최고 원리를 인정하지 않음. 그러나 상대주의와는 달리 도덕적 가치의 다양성은 무관한 것이 아니며, 그 원리를 제한하는 일정한 이성적 요인들이 존재한다고 믿음. 따라서, 다원주의는 도덕적 가치와 비도덕적 가치를 판가름할 객관적 기준을 세울 수 있으며, 그에 따른 이성적 조건을 제시할 수 있음.

개입을 하기 위하여 상담 면접을 녹화하게 될 때 클라이언트로부터 사전 동의를 얻는 이유는 사회복지실천의 윤리규칙이 사생활을 존중하는 사회적 가치에 기반을 두고 있기 때문이다.[6]

2) 사회복지실천 윤리

(1) 사회복지 윤리학의 개념과 범위

사회복지 가치 및 윤리와 관련된 연구 분야는 통일된 명칭은 없으며 연구자에 따라 각각 사회복지 가치 및 윤리연구, 사회복지 윤리학, 사회복지 도덕철학, 사회복지 윤리 의사결정론, 윤리적 사정평가론 등으로 다양하게 불리고 있다.

① Levy(1976)의 정의

사회복지실천 윤리는 다양한 배경을 지닌 사회복지사들이 복잡한 실천분야에서 직면할 수 있는 다양한 윤리적 쟁점에 대하여 올바른 판단을 내릴 수 있도록 하는 체계적인 준거틀이라고 하였다.

② Loewenberg & Dolgoff(1996)의 정의

사회복지 윤리란 사회복지 실무자가 무엇이 윤리적으로 올바른 실천방법인가를 인식할 수 있게 도와주며 전문적인 사회복지 실천상황에서 초래되는 윤리적 측면과 관련된 올바른 실천 행위를 결정하고 행동에 옮기는 방법이라고 하였다.

③ 종합적 정의

사회복지사는 전문가로서 사람을 돕는 일을 펼쳐 나감에 있어 윤리적 결정을 내려야 하는 다양한 상황에 직면하게 된다. 전문가로서 전문적 견해와 기술을 바탕으로 내린 결정도 윤리와는 무관할 수 없다. 주어진 상황에서 도덕적으로 마땅히 해야 할 옳은 일은 무엇인가? 그 상황에서 사회복지사는 비윤리적인 행동을 어떻게 피할 수 있는가? 등 사회복지실천 과정에서 다양한 문제에 부딪히게 되는데 이런 상황에서 판단의 근거나 방향을 제시해줄 수 있는 것이 사회복지실천윤리이다. 다시 말하면, 사회복지

실천윤리란 사회복지실천과정에서 직면할 수 있는 다양한 윤리적 쟁점에 대하여 올바른 판단을 내릴 수 있도록 하는 체계적 준거틀이라고 할 수 있다. 즉, 사회복지의 기본적 사명과 그에 근거한 제반 실천 활동의 도덕적 측면들에 대한 개념, 원칙, 이론 등을 정립하고 이를 정당화하고자 하는 체계적인 노력이다.

(2) 사회복지실천 윤리의 필요성

사회복지사 등 전문가의 가치관과 클라이언트, 동료전문가 등 다른 사람들의 가치관 사이에 존재하는 공통점과 차이점을 체계적으로 확인하기 위해 사회복지실천 윤리가 필요하다. 또한 윤리적 갈등을 이해하고 이에 대처하는 능력을 갖추는 데 필요하고, 서로 다른 가치관들 사이의 관계정립 또는 위계설정을 위해 필요하며, 현행 사회복지의 주류 가치가 얼마나 정당한지를 반성할 뿐만 아니라 시대적 조류에 맞는 가치를 정립하기 위해 사회복지실천의 윤리가 필요하다. 그리고 사회복지실천방법을 개발하거나 전문가의 전문경력을 발전하기 위해서도 사회복지실천의 윤리가 필요하다.

3) 사회복지사의 윤리강령

(1) 윤리강령의 기능

사회적 가치관과 개인의 가치관 및 윤리관이 급격하게 변하면서 이전에는 나타나지 않았던 다양한 갈등이 발생하게 되었고 이를 해결하기 위해 윤리강령이 등장하게 되었는데, 윤리강령은 전문직이 윤리적 실천을 수행할 수 있도록 구체적인 지침을 규정으로 정해놓은 것으로서, 외부의 규정으로부터 보호해 주고, 전문직의 사명이나 방법론과 관련된 규범을 수립하는 기준을 제시한다.

사회복지사 윤리강령은 사회복지사가 행동하는 데 지침이 되도록 고안한 것으로서, 사회복지 가치 기준에 맞는 실천을 하였는가에 대한 행동기준 및 판단 기준이 된다. 또한 사회복지실천의 윤리강령은 전문직의 추상적인 가치를 행동강령으로 구체화한 것으로 사회복지사가 수행하는 모든 일을 전문가의 윤리와 책임이라는 관점에서 우선으로 검토하도록 돕는다. Lowenberg와 Dolgoff(1992)가 강조한 윤리강령의 기능을 살펴보면, 첫째, 실무자가 윤리적 문제를 포함한 딜레마에 직면했을 때 안내하며 둘째, 무능력한 실무자로부터 대중을 보호하며 셋째, 정부의 통제로부터 전문직을 방어하며 넷째, 동료들 간의 관계를 건전하게 유지하며, 다섯째, 소송으로부터 전문가를 보호한다.

(2) 사회복지사의 기본적 윤리기준

사회복지사는 실천현장에서 다양한 수준에서의 윤리성을 요구받고 있으며, 또한 실천 순간마다 윤리적 딜레마를 겪으면서 전문직을 수행하고 있다. 윤리적 딜레마의 양상은 실천 현장마다 매우 다르게 나타나기도 해서 일일이 열거하기 쉽지 않다.

4) 전미사회복지사협회(NASW)의 사회복지사의 윤리강령

전미사회복지사협회(NASW)에서는 전문적 근본 가치에 기초하면서 클라이언트에 대한 윤리적 책임, 동료에 대한 윤리적 책임, 실천현장에서의 윤리적 책임, 전문가로서의 윤리적 책임, 직업에 대한 윤리적 책임, 더 넓은 사회에 대한 윤리적 책임에 관해 상세하게 행동기준을 기술했다. 다시 말하면 전미사회복지사협회(NASW) 윤리강령에서는 사회복지 전문직의 핵심가치로 사회복지사라는 전문직의 추상적 가치를 행동강령으로 구체화한 것이다. 사회복지사가 실천의 현장에서 수행하는 모든 일들에 대해서 전문가의 윤리와 책임이라는 관점에서 원칙과 지침, 평가와 책임 소재의 근거가 되고 있다. 1996년에 개정된 전미사회복지사협회(NASW) 윤리강령에서 제시하는 6가지 전문가 핵심가치와 윤리적 원칙인데, 그 내용은 다음과 같다.[7]

(1) 전미사회복지사협회(NASW) 윤리강령

① 사회복지의 임무는 핵심가치를 기반으로 한다.
② 사회복지 전문직의 핵심가치를 반영하며, 사회복지실천을 이끄는 일련의 윤리기준들을 총괄하는 윤리원칙을 요약한다.
③ 전문직의 의무에 갈등이나 윤리적 불확실성이 발생할 때 사회복지사가 적절한

판단을 내리도록 돕는다.

④ 일반 대중이 사회복지 전문직의 책임으로 간주할 수 있는 윤리기준을 제공한다.

⑤ 사회복지에 대한 임무, 가치, 윤리기준, 윤리원칙에 생소한 사회복지사에게 지침을 제공한다.

⑥ 사회복지 전문직 자체에서 사회복지사가 비윤리적인 행위를 했는지 사정하는 데 사용되는 기준을 규정한다.

(2) 사회복지 전문직 활동과 관련된 사회복지사의 윤리기준

① 클라이언트에 대한 사회복지사의 윤리적 책임

② 동료에 대한 사회복지사의 윤리적 책임

③ 실천 현장에 대한 사회복지사의 윤리적 책임

④ 전문직으로서의 사회복지사의 윤리적 책임

⑤ 사회복지 전문직에 대한 사회복지사의 윤리적 책임

⑥ 더 넓은 사회에 대한 사회복지사의 윤리적 책임

(3) 전미사회복지사협회(NASW) 윤리강령의 핵심가치와 윤리적 원칙

1996년 개정된 전미사회복지사협회(NASW) 윤리강령에서 제시하는 6가지 전문가 핵심가치와 이들 핵심가치에서 도출되는 윤리적 원칙은 다음과 같다.

표 2-2 NASW(1996) : 윤리강령의 핵심가치와 윤리적 원칙

핵심가치	윤리적 원칙
서비스 제공 (요구가 있는 사람 대상)	사회복지사의 궁극적인 목표는 도와야 하는 사람을 돕고 사회적 문제들에 대응하는 것이다.
사회정의 증진	사회복지사는 사회적 불의와 대결해야 한다.
인간에 대한 존엄과 가치	사회복지사는 타고난 인간의 존엄과 가치를 존중해야 한다.
인간관계의 중요성 인식	사회복지사는 인간관계가 가진 중요성을 인식해야 한다.
신뢰성 확립(충실)	사회복지사는 신뢰받을 수 있게 행동해야 한다.
능력증진	사회복지사는 자신의 능력 범위 내에서 실천 활동하여야 하며, 자신의 전문적 기술을 개발하고 향상해야 한다.

5) 우리나라 사회복지사의 윤리강령

우리나라에서는 1992년 10월 22일 3차례의 개정을 통하여 한국사회복지사의 윤리강령을 채택하였고, 2001년 재개정하였다. 그 내용은 인간의 존엄성과 사회적 정의 및 공평 등의 가치를 추구하면서 균등하고 차별 없는 서비스를 받을 클라이언트의 권리와 사회복지사 개인의 이익을 배제하고 전문적 지식과 기술개발을 위해 계속해서 노력할 것과 팀워크, 전문인으로서의 책임성 등을 강조하고 있다.

사회복지사 윤리강령 개정(안)은 전문과 강령 부분으로 구분되어 있으며 그 주요 내용 및 우리나라 사회복지사의 윤리강령[4] 내용을 살펴보면 다음과 같다.

(1) 사회복지사의 기본적 의무와 원리

① 전문직의 책임

전문직의 책임에는 전문가로서 품위와 자질 유지 및 업무에 대한 책임, 개인이나 집단에 대한 차별대우금지, 개인적 언행 유의, 업무수행과정에서의 부당한 압력과의 타협 금지, 인가되지 않고 자격이 없는 사회복지실천행위 금지, 전문적 가치와 판단에 따른 자율적인 업무수행, 사회정의 실현과 개인의 복지증진을 위한 국가와 사회에 요구하는 노력 등을 포함하고 있다.

② 전문성 개발을 위한 노력

전문성 개발을 위한 노력에는 전문직의 가치를 바탕으로 한 지식과 기술개발, 전문적 실천지식을 개발·활용·전파할 책임, 클라이언트의 복지증진을 위한 연구수행, 클라이언트의 자발적이고 고지된 동의에 기초한 연구, 전문성 개발 명목으로 서비스 제공에 소홀한 금지, 한국사회복지사협회가 제공하는 재교육 및 보수교육에 성실한 참여 등을 포함하고 있다.

---

4) 우리나라 사회복지사의 윤리강령은 한국사회복지사협회 홈페이지(www.kasw.or.kr)에 소개되어 있으며, 본 책에서 언급된 우리나라 사회복지사의 윤리강령 내용은 2010년 12월 기준이다.

③ 경제적 이득에 대한 태도

경제적 이득에 대한 태도에는 공정하고 합리적인 수수료 책정, 부당한 방법에 따른 경제적 이익 취득 금지 등을 포함하고 있다.

사회복지사의 기본적 윤리기준

① 전문가로서의 자세

가. 사회복지사는 전문가로서의 품위와 자질을 유지하고, 자신이 맡고 있는 업무에 대해 책임을 진다.

나. 사회복지사는 클라이언트의 종교·인종·성·연령·국적·결혼상태·성 취향·경제적 지위·정치적 신념·정신, 신체적 장애·기타 개인적 선호, 특징, 조건, 지위를 이유로 차별 대우를 하지 않는다.

다. 사회복지사는 전문가로서 성실하고 공정하게 업무를 수행하며, 이 과정에서 어떠한 부당한 압력에도 타협하지 않는다.

라. 사회복지사는 사회정의 실현과 클라이언트의 복지증진에 헌신하며, 이를 위한 환경 조성을 국가와 사회에 요구해야 한다.

마. 사회복지사는 전문적 가치와 판단에 따라 업무를 수행함에 있어, 기관 내외로부터 부당한 간섭이나 압력을 받지 않는다.

바. 사회복지사는 자신의 이익을 위해 사회복지 전문직의 가치와 권위를 훼손해서는 안 된다.

사. 사회복지사는 한국사회복지사협회 등 전문가단체 활동에 적극 참여하여, 사회정의 실현과 사회복지사의 권익옹호를 위해 노력해야 한다.

② 전문성 개발을 위한 노력

가. 사회복지사는 클라이언트에게 최상의 서비스를 제공하기 위해, 지식과 기술을 개발하는데 최선을 다하며 이를 활용하고 전파할 책임이 있다.

나. 클라이언트를 대상으로 연구하는 사회복지사는 저들의 권리를 보장하기 위해, 자발적이고 고지된 동의를 얻어야 한다.

다. 연구과정에서 얻은 정보는 비밀보장의 원칙에서 다루어져야 하고, 이 과정에서 클라이언트는 신체적, 정신적 불편이나 위험·위해 등으로부터 보호되어야 한다.

라. 사회복지사는 전문성을 개발하기 위해 노력하되, 이를 이유로 서비스의 제공을 소홀히 해서는 안 된다.

마. 사회복지사는 한국사회복지사협회 등이 실시하는 제반교육에 적극 참여하여야 한다.

③ 경제적 이득에 대한 태도

가. 사회복지사는 클라이언트의 지불능력에 상관없이 서비스를 제공해야 하며, 이를 이유로 차별대우를 해서는 안 된다.

나. 사회복지사는 필요한 경우에 제공된 서비스에 대해 공정하고 합리적으로 이용료를 책정해야 한다.

다. 사회복지사는 업무와 관련하여 정당하지 않은 방법으로 경제적 이득을 취하여서는 안 된다.

(2) 사회복지사와 클라이언트의 관계

① 클라이언트와의 관계

클라이언트와의 관계에는 클라이언트의 권익 최우선, 클라이언트의 인간존엄성 존중, 자기결정권 보장, 사생활보호와 비밀유지, 클라이언트의 알 권리존중, 자발적인 클라이언트 동의하에 정보 활용, 클라이언트 요구 시 기록 공개, 클라이언트와의 전문적 관계 악용금지, 클라이언트와 성적 행위 금지, 클라이언트를 사회복지 증진을 위한 동반자로 인정 등을 포함하고 있다.

② 동료사회복지사의 클라이언트와의 관계

동료사회복지사의 클라이언트와의 관계에는 적절한 절차에 의한 동료 혹은 다른 기관의 클라이언트에 대해 전문적 책임 수행, 긴급한 사정으로 인한 동료의 클라이언트에게 자신의 클라이언트와 동등한 서비스 제공 등을 포함하고 있다.

사회복지사의 클라이언트에 대한 윤리기준

① 클라이언트와의 관계

가. 사회복지사는 클라이언트의 권익옹호를 최우선의 가치로 삼고 행동한다.
나. 사회복지사는 클라이언트에 대하여 인간으로서의 존엄성을 존중해야 하며, 전문적 기술과 능력을 최대한 발휘한다.
다. 사회복지사는 클라이언트가 자기결정권을 최대한 행사할 수 있도록 도와야 하며, 저들의 이익을 최대한 대변해야 한다.
라. 사회복지사는 클라이언트의 사생활을 존중하고 보호하며, 직무 수행과정에서 얻은 정보에 대해 철저하게 비밀을 유지해야 한다.
마. 사회복지사는 클라이언트가 받는 서비스의 범위와 내용에 대해, 정확하고 충분한 정보를 제공함으로써 알 권리를 인정하고 존중해야 한다.
바. 사회복지사는 문서·사진·컴퓨터 파일 등의 형태로 된 클라이언트의 정보에 대해 비밀보장의 한계·정보를 얻어야 하는 목적 및 활용에 대해 구체적으로 알려야 하며, 정보 공개 시에는 동의를 얻어야 한다.

사. 사회복지사는 개인적 이익을 위해 클라이언트와의 전문적 관계를 이용하여서는 안 된다.
아. 사회복지사는 어떠한 상황에서도 클라이언트와 부적절한 성적 관계를 가져서는 안 된다.
자. 사회복지사는 사회복지 증진을 위한 환경조성에 클라이언트를 동반자로 인정하고 함께 일해야 한다.

② 동료의 클라이언트와의 관계

가. 사회복지사는 적법하고도 적절한 논의 없이 동료 혹은, 다른 기관의 클라이언트와 전문적 관계를 맺어서는 안 된다.
나. 사회복지사는 긴급한 사정으로 인해 동료의 클라이언트를 맡게 된 경우, 자신의 의뢰인처럼 관심을 갖고 서비스를 제공한다.

(3) 동료와의 관계

① 동료

동료와의 관계에서는 동료에 대한 존중과 신뢰, 동료와의 협력에 의한 전문직으로서의 이익과 관심사 증진, 동료의 윤리적, 전문적인 행위촉진 및 공식적인 절차에 의한 비윤리적인 행위에 대처, 개인적 결함이 있는 사회복지사에게 적절한 조치 수행, 전문직 내 다른 구성원의 비윤리적 행위에 대한 적절한 조치 수행, 동료 사회복지사 및 타 전문직 동료와 민주적인 직무 관계 수립 등을 포함하고 있다.

② 지도 감독자

지도감독자와의 관계에서는 지도감독자의 지위 악용금지, 전문적인 기준에 의한 공정한 책임수행, 평가공유, 지도감독자의 전문적 지도, 원조 수행 및 이에 대한 사회복지사의 존중, 인격적으로 수치심을 주는 행위 금지 등을 포함하고 있다.

사회복지사의 동료 및 슈퍼바이저에 대한 윤리기준

① 동료

가. 사회복지사는 존중과 신뢰로서 동료를 대하며, 전문가로서의 지위와 인격을 훼손하는 언행을 하지 않는다.

나. 사회복지사는 사회복지 전문직의 이익과 권익을 증진시키기 위해 동료와 협력해야 한다.

다. 사회복지사는 동료의 윤리적이고 전문적인 행위를 촉진시켜야 하며, 이에 반하는 경우에는 제반 법률규정이나 윤리기준에 따라 대처해야 한다.

라. 사회복지사가 전문적인 판단과 실천이 미흡하여 문제를 야기시켰을 때에는, 적절한 조치를 취하여 클라이언트의 이익을 보호해야 한다.

마. 사회복지사는 전문직 내 다른 구성원이 행한 비윤리적 행위에 대해, 제반 법률규정이나 윤리기준에 따라 조치를 취해야 한다.

바. 사회복지사는 동료 및 타 전문직 동료의 직무 가치와 내용을 인정·이해하며, 상호간에 민주적인 직무관계를 이루도록 노력해야 한다.

② 슈퍼바이저

가. 슈퍼바이저는 개인적인 이익의 추구를 위해 자신의 지위를 이용해서는 안 된다.

나. 슈퍼바이저는 전문적 기준에 의해 공정하게 책임을 수행하며, 사회복지사·수련생 및 실습생에 대한 평가는 저들과 공유해야 한다.

다. 사회복지사는 슈퍼바이저의 전문적 지도와 조언을 존중해야 하며, 슈퍼바이저는 사회복지사의 전문적 업무수행을 도와야 한다.

라. 슈퍼바이저는 사회복지사·수련생 및 실습생에 대해 인격적·성적으로 수치심을 주는 행위를 해서는 안 된다.

(4) 사회복지사의 사회적 책임

① 인간의 평등 및 사회적 약자를 옹호하고 대변하는 일에 대한 책임, ② 국가 사회 정책 형성, 개발, 입법, 집행에 적극적인 참여, ③ 국가의 정책과 법규제정 요구, 옹호 등을 포함하고 있다.

사회복지사의 사회에 대한 윤리기준

① 사회복지사는 인권존중과 인간평등을 위해 헌신해야 하며, 사회적 약자를 옹호하고 대변하는 일을 주도해야 한다.
② 사회복지사는 필요한 사회서비스를 개발하기 위한 사회정책의 수립·발전·입법·집행에 적극적으로 참여하고 지원해야 한다.
③ 사회복지사는 사회 환경을 개선하고 사회정의를 증진시키기 위한 사회정책의 수립·발전·입법·집행을 요구하고 옹호해야 한다.
④ 사회복지사는 자신이 일하는 지역사회의 문제를 이해하고, 그것을 해결하는 일에 적극적으로 참여해야 한다.

(5) 사회복지사와 기관과의 관계

① 기관정책 목표달성, 서비스 효율성과 효과성 증진, ② 기관목표를 위해서만 기관자원 활용, ③ 기관의 부당한 정책이나 요구에 대한 공식적 절차 활용, ④ 소속기관과 한국사회복지사협회 등 전문 단체활동에 적극적인 참여 등을 포함하고 있다.

사회복지사의 기관에 대한 윤리기준

① 사회복지사는 기관의 정책과 사업 목표의 달성·서비스의 효율성과 효과성의 증진을 위해 노력함으로써, 클라이언트에게 이익이 되도록 해야 한다.
② 사회복지사는 기관의 부당한 정책이나 요구에 대하여, 전문직의 가치와 지식을 근거로 이에 대응하고 즉시 사회복지윤리위원회에 보고해야 한다.
③ 사회복지사는 소속기관 활동에 적극 참여함으로써, 기관의 성장발전을 위해 노력해야 한다.

(6) 사회복지윤리위원회의 구성과 운영

① 한국사회복지사협회의 윤리적 권고와 결정 존중, ② 한국사회복지사협회의 사회복지윤리 실천을 위한 노력, ③ 한국사회복지사협회 윤리위원회의 공식적 절차에 의한 비윤리적 행위대처 등을 포함하고 있다.

사회복지윤리위원회의 구성과 운영

① 한국사회복지사협회는 사회복지윤리위원회를 구성하여, 사회복지윤리실천의 질적인 향상을 도모하여야 한다.
② 사회복지윤리위원회는 윤리강령을 위배하거나 침해하는 행위를 접수받아, 공식적인 절차를 통해 대처하여야 한다.
③ 사회복지사는 한국사회복사협회의 윤리적 권고와 결정을 존중하여야 한다.

3. 사회복지실천 현장의 가치갈등

1) 윤리적 갈등(윤리적 딜레마)의 개념

윤리적 갈등(ethical dilemmas)이란 사회복지사가 전문가로서 지켜야 하는 윤리적 의무와 책무가 서로 충돌함에 따라 어떠한 실천 행동을 선택하는 것이 윤리적으로 올바른 것인지 판단하기 힘든 상태를 말한다.

사회복지사는 클라이언트의 자기결정권을 존중해줌으로써 클라이언트의 주체성을 회복하도록 도와야 하지만 이러한 클라이언트의 자기결정권은 때로 한계에 부딪힌다. 클라이언트의 수용 능력에 따라, 법과 윤리에 따라, 혹은 사회복지기관의 기능에 따라 제한을 받게 된다. 이처럼, 사회복지사는 클라이언트의 자기결정권과 그 한계 사이에서 윤리적 갈등을 경험하게 된다. 즉, 사회복지사는 두 가지 이상의 상충하는 윤리적 갈림길에서 한 방향을 선택해야 할 때 혹은 선택하고자 하는 각 대안들이 한 사람 혹은 여러 사람에게 바람직하지 못한 결과를 초래하게 될 때 윤리적 갈등을 겪게 된다.

이때, 사회복지사는 두 가지 이상의 도덕원칙 또는 의무가 동등하게 유용하다고 여겨지지만, 이 원칙들이 서로 모순되거나 충돌하는 상황, 즉 윤리적 갈등상황에서는 '최선의 선택'을 해야 한다.

윤리적인 딜레마를 다소 해소할 수 있는 것으로 Reamer(1999)의 윤리적 지침과, Lowenberg와 Dolgoff(1992)의 의사결정 원칙이 있다.

2) 사회복지실천에서의 윤리적 갈등

사회복지실천에서의 윤리적 갈등은 윤리 자체가 문제가 아니라 문제의 윤리적 측면에서 발생한다. 즉, 사회복지의 윤리적 갈등은 사회복지사가 클라이언트와 혹은 기관과의 갈등에서 발생할 뿐 아니라 클라이언트의 문제 자체가 윤리적 측면을 내포하고 있는 경우도 많기 때문이다.

사회복지실천에서 경험하는 윤리적 갈등은 주로 윤리적인 원칙과 위배되는 상황에서 발생하는데, 그 내용은 다음과 같다.[8]

(1) 직접적인 실천 활동과 관련된 윤리적 갈등

사회복지사는 개인, 가족, 혹은 집단을 대상으로 직접적인 개입실천을 수행하는 과정에서 여러 가지 윤리적 갈등에 직면한다. 사회복지사가 지켜야 하는 윤리적 의무나 원칙 가운데 이와 같은 범주에 속하는 것으로 대표적인 것은 비밀보장, 클라이언트의 자기결정, 온정주의, 진실의 의무 등이 있다. 그리고 윤리적 가치나 의무들은 어느 정도까지 보장하여야 하느냐는 형태의 갈등구조를 지니고 있다.

(2) 사회복지정책 및 프로그램 차원의 갈등

사회복지정책 및 프로그램을 기획하고 실행해 나가는 과정에서 발생하는 것으로 간접적인 사회복지실천의 활동으로 분류되는 영역에서 제기된다. 대표적으로 '분배문제'를 들 수 있는데 제한된 자원을 누구에게 어떻게, 얼마만큼 배분하는 것이 가장 정당한 것인가를 결정하는 윤리적 기준의 문제가 쟁점이 된다.

(3) 사회복지조직체 및 동료 사회복지사와 관련된 윤리적 갈등

사회복지조직체 및 동료 사회복지사 사이의 관계와 관련된 것으로 한 조직체의 일원, 즉 고용된 사람으로서의 사회복지사가 겪을 수 있는 갈등이다.

3) 사회복지실천과 가치갈등

사회복지실천에 임하는 사회복지사는 개인적 가치, 전문적 가치, 클라이언트와 클라이언트집단의 가치, 사회의 가치에 의해 영향을 받으며, 이러한 가치갈등으로 윤리적 딜레마에 빠지게 된다. 사회복지사가 겪게 되는 다양한 가치갈등의 유형은 다음 다섯 가지로 정리할 수 있다.[9]

(1) 가치 상충

가치 상충은 윤리적 갈등이 가장 빈번히 야기될 수 있는 상황으로 사회복지사가 두 개 또는 그 이상의 경쟁적 가치와 직면했을 때 윤리적 갈등에 빠지게 된다. 예를 들면, '클라이언트의 자기 결정'이라는 가치와 '인간의 생명보호'라는 가치 사이에서 어떤 윤리적 결정을 내려야 하는 상황이다. 심각한 유전 질병이 있는 남편이 부인에게 이 사실을 알리지 않고 자녀를 갖기를 원하는 경우, 사회복지사는 클라이언트의 자기 삶의 결정권이라는 가치와 장애아 출산 예방이라는 가치 사이에서 윤리적인 갈등에 빠지게 된다.

(2) 의무 상충

사회복지사는 기관에 대한 의무와 클라이언트에 대한 의무 사이에서 갈등하게 된다. 즉 사회복지사는 자신이 속한 기관의 정책을 따라야 하지만, 기관의 목표가 클라이언트 이익과 어긋날 때에는 윤리적인 갈등에 직면하게 된다. 클라이언트의 이익이 최선이라는 가치에도 불구하고 기관에 자원이 부족하므로 클라이언트에게 최선의 서비스를 제공하지 못하는 경우가 많다.

(3) 클라이언트체계의 다중성

아동학대 문제, 심각한 부부갈등, 구타 등의 복합적인 문제를 가진 이혼부부의 자녀 문제를 다룰 때 사회복지사는 누가 클라이언트인가를 결정하는 데 어려움을 겪는다. 누구의 이익을 최우선으로 고려하고, 어떤 문제에 먼저 개입해야 하는가를 결정하는 것은 어려운 일이다. 판사의 관점, 사회의 관점, 아동의 관점, 어머니 관점에 따라 문제에 접근할 때 다양한 윤리적 갈등을 겪게 된다.

(4) 결과의 모호성

사회복지사가 내린 윤리적 결정의 효과가 모호할 때 사회복지사는 선택의 딜레마에 봉착하게 된다. 특히 클라이언트가 아동일 때 어떻게 결정하는 것이 아이를 위한 최선인지, 앞으로 5~10년 후에도 최선일 수 있는지, 무슨 권리로 사회복지사가 아동에 관한 결정을 해야 하며 바른 윤리적 결정이 어느 것인지 모호한 상황에 사회복지사는 종종 봉착하게 된다. 예를 들면, 해외입양이 아동을 위한 최선의 결정인지를 확신할 수 없으므로 해외입양 담당 사회복지사는 자주 갈등을 겪게 된다.

(5) 힘 또는 권력의 불균형

사회복지사와 클라이언트의 관계가 권력적으로 평등하지 않다는 것은 사실이며, 이것이 기본적으로 윤리적 딜레마를 일으킨다. 클라이언트는 도움을 구하는 위치에 있으므로 전문가에 의존하는 관계가 되기 쉽다. 따라서 비록 사회복지사들이 클라이언트의 자기결정권, 클라이언트 이익의 최우선성, 의사결정에서 클라이언트 참여 우선성 등의 요인들에 높은 가치를 두고 있지만, 사회복지실천 과정에서 이를 충분히 반영하지 못하는 경우가 생길 수 있다. 특히 미성년자나 정신지체 등의 요인으로 클라이언트 능력이 제한되어 자신의 결정과 선택을 전문가에게 의존할 수밖에 없으므로 클라이언트의 알 권리와 자기결정권의 포기가 생길 수 있다.

4) 윤리적 갈등의 쟁점

사회복지실천과정에서 경험하게 되는 다양한 윤리적 쟁점을 살펴보면 다음과 같다.[10]

(1) 클라이언트의 자기결정권

클라이언트의 자기결정권으로 사회복지사는 자신의 전문적 지식과 경험, 자신에게 근거하여 자기 생각과 이념을 클라이언트에게 강요하지 않는다. 클라이언트 스스로 자신에게 가장 좋다고 생각되고 최선의 것을 선택할 수 있는 권리로서 사회복지실천 과정에서 매우 중요한 원칙이지만 절대적 가치가 되지는 못한다. 왜냐하면, 사회복지사는 상황에 따라 클라이언트의 자기결정의 원칙을 제한해야만 하는 처지에 처하게 되기도 한다. 이러한 상황에 관한 판단을 어떻게 하느냐에 있다. 일반적으로 클라이언트의 자기결정권은 클라이언트의 능력과 법, 관습과 타인의 권리, 자신에게 해를 끼칠 것으로 예상하는 상황이나 생명에 위험을 초래하는 결정 등에서 어느 정도로 제한을 받게 된다. 그러나 위와 같은 상황이 명백할 때는 크게 문제가 되지 않지만 그렇지 않을 경우 사회복지사는 어려움을 겪게 된다. 즉 자기결정권을 제한하는 결정은 사회복지사에게 어려운 문제이며 윤리적 딜레마를 유발하게 된다.

(2) 온정주의

온정주의로 사회복지사는 클라이언트의 복지증진을 위해 최선을 다하고자 하는 자신의 전문적 가치에 의해 영향을 받을 것이다. 사회복지사는 클라이언트의 결정을 그대로 존중해야 할지 아니면 사회복지사의 전문적 지식과 통찰력에 의하여 클라이언트의 권리를 제한하는 것이 정당화될 수 있는지, 또는 사회복지사는 클라이언트가 더 나은 선택을 할 수 있도록 클라이언트에게 정보를 제공할 때 사회복지사의 가치관에 의해 영향을 주는 것이 정당한지를 끊임없이 갈등하게 된다. 온정주의는 사회복지사가 클라이언트를 존중할 때는 적당할 수 있지만, 클라이언트가 자발적으로 선택하지 않을 방향으로 움직이려고 노력할 때 조종이 될 수 있다.

(3) 비밀보장

클라이언트와의 전문적 관계에서 비밀보장은 기본적인 윤리적 원칙이다. 그러나 클라이언트의 비밀보장 권리도 자기결정권과 마찬가지로 절대적 권리가 될 수는 없다. 클라이언트의 비밀보장권리가 제삼자의 자유와 안녕 또는 기본적 권리를 심각하게 위협하는 범법 행위일 때 클라이언트의 비밀보장권리를 더 이상 존중할 수 없으며, 비밀정보를 발설하여 제삼자의 알 권리를 더욱 존중해야 하는 상황이 발생할 수 있다. 이럴 때 사회복지사가 당면하는 어려움은 그 비밀을 요하는 정보가 다른 사람에 대한 위협과 얼마나 심각한지를 결정하는 문제이다. 또한 교육목적이나 슈퍼비전을 위한 전문가 회의 등의 전문적 이유에서도 클라이언트의 내용이 공개될 수 있으나 이런 경우 사회복지사는 클라이언트의 개인적 권리를 최대한 보장해 주도록 노력해야 한다.

(4) 진실성 고수와 알 권리

어떤 사람이 클라이언트를 상대로 한 말이나 행동을 비밀로 간직하고 있을 때, 그 사실을 클라이언트에게 알려 주어야 하는지, 알려 준다면 그 사람의 비밀보장에 관한 권리는 어떻게 되는지에 대한 것이다. 클라이언트의 알 권리와 사회복지사의 진실성 고수라는 면에서 볼 때 당연히 클라이언트에게 알려 주어야 하지만 그렇다고 해서 모든 사실을 클라이언트에게 사실대로 알려 주는 것이 항상 바람직한 것만은 아니라는 것도 고려해야만 한다.

(5) 동료와의 윤리적 갈등

동료와의 윤리적 갈등으로 사회복지사는 함께 일하는 동료 사회복지사와 다른 전문가들을 존중하여야 한다. 그러나 동료 사회복지사가 전문가로서 능력과 자질이 부족하거나 전문직의 윤리적 원칙을 준수하지 못하여 클라이언트나 전문직에 해를 끼치는 행동을 했을 때, 사회복지사는 동료에 대한 존중과 클라이언트와 전문직의 보호 사이에서 갈등적 상황에 놓이게 될 것이다. 특히 우리나라처럼 사회복지직이 전문직으로 완전한 사회적 인정을 받지 못하고 있는 상황에서 동료의 비전문적 실천이나 비윤리적 행위의 공개는 사회적으로 사회복지 전문직의 위상을 떨어뜨릴 우려가 있으므로 사회복지사가 이를 공론화하는 것에 대한 갈등을 겪게 된다.

(6) 기관의 관료주의

기관의 관료주의로 관료제는 효과적 조직의 운영과 목표달성을 위한 것이나 반면 관료제는 조직에 있어서 개인의 소외현상, 수단과 목적의 전도 현상, 무사안일주의 등이 나타나게 되는 문제점을 안고 있다. 특히 관료제는 고도의 전문성을 요구하는 전문가의 활동에 있어서 그의 전문성을 발휘할 수 있는 충분한 환경을 제공하지 못하고 오히려 장애가 될 수도 있다.

(7) 한정된 자원의 분배

한정된 자원의 분배로 사회복지실천과정에서 사회복지사는 활용 가능한 자원을 분배하여 클라이언트에게 제공할 때 원칙적으로 형평성의 원리를 따라 클라이언트 모두에게 동등하게 자원을 분배해야 하는 윤리적 의무를 져야 하지만 이 형평성의 기준을 찾는 것은 매우 어려운 일이며 자원이 한정되어 있으면 동등한 분배가 어려워진다. 한정된 자원의 분배를 위한 원칙을 세우는 일에도 가치가 개입될 것이며, 또한 세워진 원칙에 따라 분배하는 과정에서도 사회복지사는 윤리적 문제에 부딪힐 수 있을 것이다.

(8) 전문직업적 관계의 한정적 성격

전문적 원조 관계는 사회복지사가 필요한 원조를 위해 개인의 행동 혹은 환경에 초점을 맞추어 자연스럽고 친근감 있게 허용적 상호 관계를 형성하고 유지하는 것으로 대부분 사람이 소중히 하는 일반적인 인간관계와 대조되는 한정적 관계이다. 그러나 클라이언트가 전문적 도움 이상의 원조관계가 요구된다고 할 때 윤리적 문제가 발생하게 된다.

(9) 클라이언트의 이익과 사회복지사의 이익

클라이언트의 이익과 사회복지사의 이익으로, 클라이언트에게 도움을 주는 사회복지실천과정에서 사회복지사는 자신의 이익을 위해 행동해서는 안 되지만 클라이언트를 돕다가 자신의 생명이 위태롭다든지 자신의 이익을 추구하는 것 사이에서 갈등을 경험하게 된다.

(10) 상충되는 의무와 기대

상충되는 의무와 기대로 사회복지사는 다양한 역할이 기대되지만, 클라이언트와 동료 사회복지사와 상사, 기관과 사회 등이 서로 상충하는 기대를 하게 될 때, 사회복지사는 어느 대상에 초점을 맞추어 그 기대에 부응하는 의무를 행사해야 하는지 갈등상황에 부딪히게 된다. 또한 사회복지사가 소속되어 있는 기관의 정책이나 규칙을 준수하여야 한다. 그러나 문제해결을 위해 사회복지실천과정에서 내린 결정사항이 기관의 정책에서 벗어날 때 사회복지사는 갈등 상황에 놓이게 된다.

5) 윤리적 갈등의 조정 및 해결

사회복지사는 두 가지의 정당한 가치나 윤리 사이에 갈등이 존재할 때, 하나의 가치나 윤리를 우선으로 결정해야 하는 윤리적 갈등을 경험하게 된다. 다양한 윤리적 갈등상황에서 결정을 내려야 하는데 이때는 사회복지사가 도움을 받을 수 있는 의사결정과정(혹은 의사결정 모델)과 윤리적 결정지침은 다음과 같다.

(1) 윤리적 의사결정 모델

의사결정 모델은 의사결정 과정의 형식에 해당하는 것으로서 어떤 절차를 거치면서 의사결정을 내리는 것이 윤리적으로 의사결정을 내리는 데 도움이 되는지를 제시해준다. Lowenberg와 Dolgoff(1996)이 제시하는 의사결정모델은 단지 윤리적 의사결정에만 한정되어 사용하는 것이 아니라 일반적인 의사결정 단계의 한 모델인데 사회복지실천에서 윤리적 의사결정을 내리는 데 훌륭한 지침이 된다.[11]

표 2-3 Lowenberg와 Dolgoff의 윤리적 의사결정모델

단계	내용
1단계	문제가 무엇인지 그리고 문제를 야기하는 요인은 무엇인지를 확인한다.
2단계	클라이언트, 피해자인지, 지지체계, 다른 전문가 등 해당 문제와 관련된 사람과 단체는 누구인지 확인한다.
3단계	2단계에서 확인된 다양한 주체들이 주어진 문제와 관련해서 어떤 가치가 있는지 확인한다.
4단계	문제해결 또는 완화 등과 같은 개입목표를 명확히 한다.
5단계	개입수단과 개입대상을 확인한다.
6단계	확정된 목표에 따라 설정된 각각의 개입 방안의 효과성과 효율성을 평가한다.

단계	내용
7단계	누가 의사결정에 참여할 것인가 결정한다.
8단계	개입방법을 선택한다.
9단계	선택된 개입방법을 수행한다.
10단계	실행 중인 개입방법을 검토하며, 의외의 결과가 나타나는지 주의를 기울인다.
11단계	결과를 평가하고 추가적인 문제들이 무엇인지 확인한다.

(2) 의사결정의 지침

윤리적 의사결정 모델이 의사결정 과정의 형식이라면 의사결정의 지침은 내용에 해당한다. 의사결정을 진행해 나가는 과정 속에 담겨야 할 구체적인 내용의 측면이다. 앞에서 제시한 절차를 밟아가되 지침에서 제시하는 내용을 검토해야 한다.[12]

① Reamer의 윤리적 결정지침

Reamer(1995)는 사회복지실천 현장에서 직면하는 윤리적 갈등의 유형을 분류하고 각각 사회복지사가 우선으로 고려해야 하는 윤리적 가치와 그에 근거한 의무 및 행위를 다음과 같이 제시하였다.

첫째, 삶, 건강, 복지, 생활필수품에 대한 권리는 부, 교육, 여가와 같은 추가적인 재화에 대한 기회와 비밀에 대한 권리에 우선한다.

둘째, 개인의 복지에 대한 기본적인 권리는 다른 사람의 사생활·자유·자기결정에 대한 권리에 우선한다. 따라서 아이들이 의료적인 치료를 받을 권리와 욕구 '개인의 복지권'는 부모가 종교적 신념으로 치료를 중지할 권리 '타인의 자기결정권'에 우선한다.

셋째, 자기결정에 대한 권리는 그들의 기본적인 복지에 대한 권리에 우선한다. 이 원칙은 관련 지식을 참고하여 자발적으로 결정했다는 것이 인정되고, 그들이 내린 결정의 결과 다른 사람의 복지를 위협하지 않는다는 조건으로 받아들여질 수 있다.

넷째, 복지에 대한 사람들의 권리는 법·정책·조직의 질서를 번복할 수도 있다. 어떤 정책이 클라이언트나 사회복지사의 복지에 해를 주거나 부당할 때 법, 정책, 혹은 절차를 어기는 것은 정당화될 수도 있다.

표 2-4 Reamer의 윤리적 결정지침

삶, 건강, 복지, 생활필수품의 권리	→	추가적 재화에 대한 기회, 비밀에 대한 권리
개인의 복지권	→	타인의 사생활, 자유, 자기결정권
개인의 자기결정권	→	개인의 복지권
개인의 복지권	→	법·정책·조직의 질서

② Lowenberg와 Dolgoff의 윤리적 원칙(윤리원칙 준거틀)

윤리적 의사결정은 너무나 복잡하므로 단순히 "어떻게"라는 방법론적 문제해결 방향을 제시하기는 어렵지만, 일반적으로 가치의 우선순위에 대한 윤리적 의사결정의 기준을 서열화하는 모델을 따를 수 있다. 비록 윤리적 원칙을 서열화하는 것이 쉬운 일이 아니지만 이를 통해 지침을 제공해 줄 수 있다는 면에서 필수적인 작업이다.

Lowenberg와 Dolgoff(1996)는 윤리적 의무들이 서로 갈등을 빚는 상황에서 어떤 원칙이나 법적 의무를 우선시해야 하는지를 결정하는 것을 돕기 위해 '윤리원칙 준거틀'과 '윤리적 의사결정 모델'을 활용할 것을 권고하였다.

윤리원칙 준거틀은 윤리적 원칙을 서열화하여 한 가지 이상의 윤리적 원칙이 상충되었을 때에는 상위의 원칙이 우선으로 고려되어야 한다는 것이다. 예를 들면 법원이 클라이언트와 비밀리에 공유하고 있는 정보를 공개해 달라는 요청을 할 때 법원소환 요구에 불응하거나 무시할 수 있다. 왜냐하면, 성실의 원칙(윤리원칙 7)은 비밀보장의 원칙(윤리원칙 6)보다 윤리적 중요성이 더 낮은 것으로 판단되기 때문이다. 즉, '윤리원칙 6'과 '윤리원칙 7'은 사회복지사가 준수해야 할 의무가 있지만, 사회복지사가 최종적으로 따라야 하는 의무는 '윤리원칙 6'과 관련된다.

윤리적 의사결정 모델은 단지 윤리적 의사결정에만 한정되어 사용하는 것이 아니라 일반적인 의사결정 단계의 한 모델로서 사회복지실천에서 윤리적 의사결정을 내리는 데 훌륭한 지침이 된다.

표 2-5 Lowenberg & Dolgoff의 윤리원칙 준거틀

윤리원칙 1	생명보호의 원칙	인간의 생명보호가 다른 모든 것보다 우선한다.
윤리원칙 2	평등 및 불평등의 원칙	동등한 사람들은 평등하게 처우되어야 하는 권리를 가진다.
윤리원칙 3	자율과 자유의 원칙	자율성과 독립성, 그리고 자유를 신장시키는 실천적 결정을 해야 한다.
윤리원칙 4	최소한 불이익의 원칙	선택 가능한 대안이 유해할 때 가장 최소한으로 유해한 것을 선택해야 한다.
윤리원칙 5	삶의 질의 원칙	지역사회는 물론이고 개인과 모든 사람의 삶의 질을 좀 더 증진시킬 수 있는 것을 선택해야 한다.
윤리원칙 6	사생활 보호와 비밀보장의 원칙	사회복지사가 클라이언트에 대해서 알게 된 사실을 다른 사람에게 공개해서는 안 된다.
윤리원칙 7	성실과 개방의 원칙	클라이언트와 여타의 관련된 당사자에게 오직 진실만을 이야기하며 모든 관련 정보를 완전히 공개해야 한다.

제 3 장 사회복지실천 현장의 이해

1. 사회복지실천의 장

1) 사회복지실천 현장의 개념

사회복지실천 현장은 넓은 의미에서 분야 또는 영역을, 좁은 의미에서는 클라이언트의 문제해결을 위해 사회복지사들이 활동하는 장소를 뜻한다. 넓은 의미에서의 실천 현장은 사회복지실천 분야(fields of practice) 또는 서비스의 초점이 되는 문제 영역(problem area)을 포괄하는 개념으로서, 클라이언트에게 서비스를 제공하기 위해 직접적, 간접적으로 관련되는 모든 현장을 뜻한다. 이때의 실천 현장은 물리적 '장소'의 개념을 넘어 사회복지실천이 이루어지고 있는 전문분야를 일컫는다. 특정 서비스 대상이나 사회문제에 초점을 두고 서비스를 제공하는 사회복지기관들이 늘어나면서, 사회복지실천 현장은 점차 세분되고 있다. 분야 중심의 실천 현장에 대한 이해를 높이는 것은 특정 클라이언트집단이나 유사한 형태의 사회적 문제에 관해 구체적이고 전문적인 지식과 기술을 갖추게 함으로써 보다 효과적인 서비스 전달을 가능하게 한다.

실천 분야를 기준으로 사회복지실천 현장을 분류하는 경우, 일반적으로 아동, 노인, 청소년, 여성과 같은 대상별 분야나 약물 남용으로 인한 의료복지, 정신건강복지, 교정복지 등의 문제영역별 분야가 포함된다. 또한 교정이나 의료, 학교, 산업복지와 같은 분야는 주로 교도소, 병원, 학교, 기업과 같이 특정 현장에 국한되어 서비스가 제공되는 특성 때문에 장(setting)에 따라 분류되기도 한다.

한편 좁은 의미에서 실천현장은 클라이언트에게 사회복지서비스를 직접 또는 간접적으로 제공하는 사회복지기관을 의미한다. 사회복지사는 기관을 클라이언트의 문제해결 과정에 중요한 영향력을 미치며 사회복지들의 활동을 규정하는 환경으로 이해하는 것이 필요하다. 특히, 기관의 조직적 특성과 맥락을 이해하는 것은 사회복지사가 기관을 이용하는 클라이언트를 위해 정확하고 구체적인 정보를 토대로 개입 계획을 세우고, 업무수행에 필요한 자원을 활용하여 효과적 개입을 가능하게 함으로써 인접기관이나 환경변화에도 적절히 대처할 수 있도록 해준다.[1]

2) 사회복지실천 현장의 분류

사회복지실천 현장의 분류를 살펴보면 기관의 기능 혹은 목적에 따른 분류, 기관 설립 주체와 재원 조달방식, 서비스 제공 방식, 주거서비스 제공 여부, 개별사회복지 실천 현장 분류 등으로 나누어 설명할 수 있는데, 그 내용은 다음과 같다.[2]

(1) 기관의 기능 혹은 목적에 따른 분류

① 1차 현장

기관의 주된 기능과 목적이 사회복지서비스를 제공하는 것이다. 일반적으로 사회복지사들이 중심이 되어 활동한다. 예를 들면, 지역사회의 종합사회복지관, 노인복지관, 사회복귀시설 등이 있다.

② 2차 현장

기관의 일차적인 기능은 따로 있으며, 필요 때문에 사회복지서비스를 제공한다. 사회복지서비스가 기관의 목표 달성과 서비스의 효과성에 미치는 긍정적 영향이 인정되어 사회복지실천이 부분적으로 수행되는 실천 현장을 말한다. 예를 들면, 학교, 병원, 교정시설, 기업, 의료기관, 보육시설, 읍·면·동사무소 등이 있다.

(2) 기관 설립 주체와 재원 조달방식

① 공공기관

정부의 지원으로 운영되며, 사회복지사의 업무는 정부 규정이나 지침에 의해 규정되고, 서비스를 계획하고 관리, 지원하는 행정체계와 서비스를 직접 제공하는 집행 체계로 나뉜다. 예를 들면, 읍·면·동사무소 등이 있다.

② 민간기관

사회복지 관련 사업을 목적으로 하는 기관으로서 기부금이나 후원금, 재단 전입금, 기타 서비스 이용료 등을 주요 재원으로 한다. 서비스를 직접 제공하는 사회서비스 기관과 간접서비스나 행정지원을 위해 조직된 협의체로 나뉜다. 예를 들면, 사회복지법인이나 재단, 사단법인, 종교단체, 시민사회단체 등이 있다.

(3) 서비스 제공 방식

① 행정기관 : 간접서비스

사회복지서비스 전달체계를 효율적으로 운영하기 위해 행정업무를 수행하고 기관 간 연계 및 협의 업무를 담당한다. 업무상 사회복지사의 개입이 필요하거나 혹은 사회복지실천 현장과의 교류가 필요하므로 사회복지실천 현장으로 중요하다. 중앙정부의 사회복지행정기관으로는 보건복지부, 노동부, 여성가족부, 문화체육관광부 등이 있고, 민간 행정조직기관으로는 한국사회복지협의체 등이 있다.

② 서비스 기관 : 직접서비스

주요 대상이나 문제영역에 따라서 서비스 기관이 분류되며 클라이언트에게 직접서비스를 제공하는 것을 목적으로 한다. 예를 들면, 아동상담소, 지역사회복지관, 보육시설 등이 있다.

(4) 주거서비스 제공 여부

① 생활시설

사회복지실천 현장에서 생활시설은 클라이언트가 개인적으로 활동을 할 수 없거나 부양가족의 능력이 부족하여 주거를 포함하여 제반 사회복지서비스를 제공하는 기관을 말한다. 예를 들면, 장애인생활시설, 보육시설, 청소년 쉼터, 노인전문요양시설, 그룹 홈 등이 있다.

② 이용시설

사회복지실천 현장에서 이용시설은 주거서비스는 제공하지 않으며, 지역사회에 거주하는 클라이언트를 대상으로 사회복지서비스를 제공하는 기관을 말한다. 예를 들면, 종합사회복지관, 장애인복지관, 노인복지관, 재가복지센터, 청소년상담센터, 치매주간보호센터, 영·유아보육시설 등이 있다.

(5) 개별사회복지 실천 현장 분류

Bartlett(1971)는 개별사회복지 실천현장을 서비스체계, 관심 문제, 클라이언트, 지식·가치·기술 등으로 다음과 같이 분류하였다.

① 서비스체계

개별사회복지 실천 현장에서의 서비스체계에서는 사회복지 정책·프로그램, 공공·민간기관, 정부·비정부 기관, 이용·생활 시설 등이 있다.

② 관심 문제

개별사회복지 실천 현장에서의 관심 문제는 물질남용, 학대, 빈곤, 비행, 가족 갈등, 노숙 등이 있다.

③ 클라이언트

개별사회복지 실천 현장에서의 클라이언트는 주로 아동, 청소년, 노인, 여성, 장애인 등이다.

④ 지식 · 가치 · 기술

개별사회복지 실천 현장에서의 사회복지사의 지식 · 가치 · 기술은 관점의 차이, 접근 방법, 모델 등에 의해서 구축되고 있다.

2. 우리나라 사회복지실천 현장과 인력

1) 행정기관

우리나라 사회복지실천 현장에서의 행정기관은 공공기관과 민간기관으로 나눌 수 있다.[3]

(1) 공공기관

공공기관은 정부의 지원으로 운영되며, 사회복지전담공무원의 업무는 정부규정이나 지침에 의해 규정되는데, 서비스를 계획하고 관리 · 지원하는 행정체계와 서비스를 직접 제공하는 집행체계로 나누어진다. 중앙부처인 보건복지부는 국가 예산을 광역자치단체인 서울특별시 · 광역시 · 도로 하달하면 시 · 도는 다시 지방에 배정된 예산을 기초자치단체인 시 · 군 · 구로 하달한다. 다시 시 · 군 · 구는 보다 구체적인 집행을 배정된 예산에 의하여 최일선 기관인 읍 · 면 · 동과 사회복지기관에 하달하여 사회복지 전문요원이나 사회복지기관의 직원들에 의해 이어지는 사회복지전달체계를 형성하고 있으며, 사회복지서비스의 지원기관으로서 간접서비스를 제공하고 있다.

(2) 민간기관

민간기관은 사회복지 관련 사업을 목적으로 하는 기관으로서, 사회복지 법인이나 재단, 종교단체, 시민사회단체 등이 운영하는 비영리기관을 말한다. 민간기관은 서비스를 직접 제공하는 사회서비스 기관과 간접서비스나 행정지원을 위해 조직된 협의체로 구분된다. 그리고 대표적인 민간기관으로는 한국사회복지협의회, 사회복지공동 모금회 등이 있다. 이밖에도 한국사회복지협의체는 한국사회복지사협회, 한국사회복지관협회 등이 있고, 직능별 단체로는 노인복지시설협회, 장애인복지관협회, 재가노인복지협회, 아동복지협회 등이 있다.

2) 서비스 기관

우리나라의 사회복지 관련 서비스 기관을 살펴보면 지역사회복지관, 노인복지시설, 장애인복지시설, 아동·청소년복지시설, 정신건강시설, 지역자활센터, 학교사회복지, 교정사회복지 등으로 주된 내용은 다음과 같다.[4]

(1) 지역사회복지관

사회복지관은 본질적으로 종합적인 사회복지서비스를 제공하는 기능과 지역사회의 문제해결 및 조직화의 기능을 수행하는 기관이라 할 수 있다. 사회복지관의 목표는 사회복지서비스 욕구가 있는 모든 지역사회주민을 대상으로 보호서비스, 재가복지서비스, 자립능력 배양을 위한 교육훈련 등 그들이 필요로 하는 복지서비스를 제공하고, 가족기능 강화 및 주민 상호 간 연대감 조성을 통한 각종 지역사회문제를 예방·치료하는 종합적인 복지서비스 전달기구로서 지역사회 주민의 복지증진을 위한 중심적 역할을 수행하는 것이다.

사회복지관 사업은 2012년 8월 3일 사회복지관 5대 서비스 중시 사업(가족복지사업, 지역사회보호사업, 지역사회조직사업, 교육문화사업, 자활사업)이 사례관리기능, 서비스제공기능, 지역조직화기능 등 3대 기능중심으로 재편되었다(〈표 3-1〉 참조).

표 3-1 사회복지관 사업내용

분야	사업분야	사업 및 내용
사례 관리 기능	사례발굴	지역 내 보호가 필요한 대상자 및 위기 개입대상자를 발굴하여 개입계획 수립
	사례개입	지역 내 보호가 필요한 대상자 및 위기 개입대상자의 문제와 욕구에 대한 맞춤형 서비스가 제공될 수 있도록 사례개입
	서비스 연계	사례개입에 필요한 지역 내 민간 및 공공의 가용자원과 서비스에 대한 정보제공 및 연계, 의뢰
서비스 제공 기능	가족 기능 강화	1. 가족관계증진사업: 가족원간의 의사소통을 원활히 하고 각자의 역할을 수행함으로써 이상적인 가족관계를 유지함과 동시에 가족의 능력을 개발·강화하는 사업 2. 가족기능보완사업: 사회구조 변화로 부족한 가족기능, 특히 부모의 역할을 보완하기 위하여 주로 아동·청소년을 대상으로 실시되는 사업 3. 가정문제해결·치료사업: 문제가 발생한 가족에 대한 진단·치료·사회복귀 지원사업 4. 부양가족지원사업: 보호대상 가족을 돌보는 가족원의 부양부담을 줄여주고 관련 정보를 공유하는 등 부양가족 대상지원 사업 5. 다문화가정, 북한이탈주민 등 지역 내 이용자 특성을 반영한 사업
	지역 사회 보호	1. 급식서비스: 지역사회에 거주하는 요보호 노인이나 결식아동 등을 위한 식사제공 서비스 2. 보건·의료서비스: 노인, 장애인, 저소득층 등 재가복지사업대상자들을 위한 보건·의료관련 서비스 3. 경제적 지원: 경제적으로 어려운 지역사회 주민들을 대상으로 생활에 필요한 현금 및 물품 등을 지원하는 사업 4. 일상생활 지원: 독립적인 생활능력이 떨어지는 요보호대상자들이 시설이 아닌 지역사회에 거주하는 데 필요한 기초적인 일상생활 지원서비스 5. 정서서비스: 지역사회에 거주하는 독거노인이나 소년·소녀가장 등 부양가족이 없는 요보호 대상자들을 위한 비물질적인 지원 서비스 6. 일시보호서비스: 독립적인 생활이 불가능한 노인이나 장애인 또는 일시적인 보호가 필요한 실직자, 노숙자 등을 위한 보호서비스 7. 재가복지봉사서비스: 가정에서 보호를 요하는 장애인, 노인, 소년·소녀가정, 한부모가족 등 가족기능이 취약한 저소득 소외계층과 국가유공자, 지역사회 내에서 재가복지봉사서비스를 원하는 사람에게 다양한 서비스 제공
	교육 문화	1. 아동·청소년 사회교육: 주거환경이 열악하여 가정에서 학습하기 곤란하거나 경제적 이유 등으로 학원 등 다른 기관의 활용이 어려운 아동·청소년에게 필요한 경우 학습 내용 등에 대하여 지도하거나 각종 기능 교육 2. 성인기능교실: 기능습득을 목적으로 하는 성인사회교육사업 3. 노인여가·문화: 노인을 대상으로 제공되는 각종 사회교육 및 취미교실 운

분야	사업분야	사업 및 내용
		영사업 4. 문화복지사업: 일반 주민을 위한 여가·오락프로그램, 문화 소외집단을 위한 문화 프로그램, 그 밖에 각종 지역문화행사사업
	자활 지원 등 기타	1. 직업기능훈련: 저소득층의 자립능력배양과 가계소득에 기여할 수 있는 기능훈련을 실시하여 창업 또는 취업을 지원하는 사업 2. 취업알선: 직업훈련 이수자 기타 취업희망자들을 대상으로 취업에 관한 정보제공 및 알선사업 3. 직업능력개발: 근로의욕 및 동기가 낮은 주민의 취업욕구 증대와 재취업을 위한 심리·사회적인 지원프로그램 실시사업 4. 그 밖의 특화사업
지역 조직화 기능	복지 네트워크 구축	지역 내 복지기관·시설과 네트워크를 구축함으로써 복지서비스 공급의 효율성을 제고하고, 사회복지관이 지역복지의 중심으로서의 역할을 강화하는 사업 - 지역사회연계사업, 지역욕구조사, 실습지도
	주민 조직화	주민이 지역사회 문제에 스스로 참여하고 공동체 의식을 갖도록 주민 조직의 육성을 지원하고, 이러한 주민협력 강화에 필요한 주민의식을 높이기 위한 교육을 실시하는 사업 - 주민복지증진사업, 주민조직화 사업, 주민교육
	자원 개발 및 관리	지역주민의 다양한 욕구 충족 및 문제해결을 위해 필요한 인력, 재원 등을 발굴하여 연계 및 지원하는 사업 - 자원봉사자·후원자 개발·관리

출처 : 사회복지사업법 시행규칙 제23조의 2 관련 별표 3〈개정 2019. 6. 12.〉

(2) 노인복지시설

노인복지시설은 노인의 복지를 증진할 수 있는 시설로서 종류로는 노인주거복지시설(양로시설, 노인공동생활가정, 노인복지주택), 노인의료복지시설(노인요양시설, 노인요양공동생활가정), 노인여가복지시설(노인복지관, 경로당, 노인교실), 재가노인복지시설(방문요양서비스, 주·야간보호서비스, 단기보호서비스, 방문목욕서비스, 재가노인지원서비스, 복지용구지원서비스), 노인보호전문기관, 노인일자리지원기관, 학대피해노인전용쉼터로 구분하고 있다(노인복지법 제31조)(〈표 3-2〉 참조).

표 3-2 노인복지시설 종류 및 내용

종류	시설	설치 목적
노인 주거 복지 시설	양로시설	노인을 입소시켜 급식과 그 밖에 일상생활에 필요한 편의를 제공
	노인공동 생활가정	노인들에게 가정과 같은 주거여건과 급식, 그밖에 일상생활에 필요한 편의를 제공
	노인 복지주택	노인에게 주거시설을 분양 또는 임대하여 주거의 편의·생활지도·상담 및 안전관리 등 일상생활에 필요한 편의를 제공
노인 의료 복지 시설	노인요양시설	치매·중풍 등 노인성 질환 등으로 심신에 상당한 장애가 발생하여 도움이 필요한 노인을 입소시켜 급식 : 요양과 그 밖에 일상생활에 필요한 편의를 제공
	노인요양공동생활 가정	치매·중풍 등 노인성 질환 등으로 심신에 상당한 장애가 발생하여 도움이 필요한 노인에게 가정과 같은 주거여건과 급식·요양, 그밖에 일상생활에 필요한 편의를 제공
노인 여가 복지 시설	노인복지관	노인의 교양·취미생활 및 사회참여활동 등에 대한 각종 정보와 서비스를 제공하고, 건강증진 및 질병예방과 소득보장·재가복지, 그 밖에 노인의 복지증진에 필요한 서비스를 제공
	경로당	지역노인이 자율적으로 친목도모·취미활동·공동작업장 운영 및 각종 정보 교환과 기타 여가활동을 할 수 있도록 하는 장소를 제공
	노인교실	노인들에 대하여 사회활동 참여욕구를 충족시키기 위하여 건전한 취미생활·노인건강유지·소득보장 기타 일상생활과 관련한 학습 프로그램을 제공
재가 노인 복지 시설	방문요양 서비스	가정에서 일상생활을 영위하고 있는 노인으로서 신체적·정신적 장애로 어려움을 겪고 있는 노인에게 필요한 각종 편의를 제공하여 지역사회 안에서 건전한 안정된 노후를 영위하도록 하는 서비스
	주·야간보호 서비스	부득이한 사유로 가족의 보호를 받을 수 없는 심신이 허약한 노인과 장애노인을 주간 또는 야간 동안 보호시설에 입소시켜 필요한 각종 편의를 제공하여 이들의 생활안정과 심신기능의 유지·향상을 도모하고, 그 가족의 신체적·정신적 부담을 덜어주기 위한 서비스
	단기보호 서비스	부득이한 사유로 가족의 보호를 받을 수 없어 일시적으로 보호가 필요한 심신이 허약한 노인과 장애노인을 보호시설에 단기간 입소시켜 보호함으로써 노인 및 노인가정의 복지증진을 도모하기 위한 서비스
	방문목욕 서비스	목욕 장비를 갖추고 재가노인을 방문하여 목욕을 제공하는 서비스
	방문간호 서비스	간호사 등이 의사, 한의사 또는 치과의사의 지시서(이하 '방문간호지시서'라 한다)에 따라 수급자의 가정 등을 방문하여 간호, 진료의 보조, 요양에 관한 상담 또는 구강위생 등을 제공하는 서비스

종류	시설	설치 목적
	재가노인 지원서비스	재가노인에게 제공하는 상담·교육 및 각종 서비스
	복지용구 지원서비스	수급자의 일반생활·신체활동 지원 및 인지기능의 유지·향상에 필요한 용구를 제공하는 서비스
노인보호 전문기관	노인보호 전문기관	시·도지사가 노인보호전문기관을 지정·운영, 노인학대 신고, 상담, 보호, 예방 및 홍보 24시간 신고·상담용 긴급전화(1577-1389) 운영
노인일자리 지원기관	노인일자리 지원기관	지역사회 등에서 노인일자리의 개발·지원, 창업·육성 및 노인에 의한 재화의 생산·판매 등을 직접 담당하는 노인일자리 전담기관 운영
학대피해 노인 전용쉼터	학대피해노인 전용쉼터	노인학대로 피해를 입은 노인을 일정기간 보호하고 심신치유 프로그램 제공

출처 : 보건복지부. 2020 노인복지시설 현황(노인복지법 제31조)

(3) 장애인복지시설

장애인복지시설은 장애인의 인간다운 삶과 권리보장을 위해 장애인의 의료, 교육, 직업재활, 생활환경개선 등을 제공하여 장애인의 생활안정에 기여하는 등의 장애인복지서비스를 제공하는 시설이다.

「장애인복지법」 제48조에 의한 장애인복지시설 종류는 장애인거주시설(장애유형별 거주시설, 중증장애인 거주시설, 장애영유아 거주시설, 장애인 단기거주시설, 장애인 공동생활가정), 장애인 지역사회재활시설(장애인복지관, 장애인 주간보호시설, 장애인 체육시설, 장애인 수련시설, 장애인 생활이동지원센터, 한국수어 통역센터, 점자도서관, 점자도서 및 녹음서 출판시설, 장애인 재활치료시설), 장애인 직업재활시설(장애인 보호작업장, 장애인 근로사업장, 장애인 직업적응훈련시설), 장애인 의료재활시설, 장애인생산품 판매시설 등이 있다(〈표 3-3〉 참조).

표 3-3 장애인복지시설 종류 및 내용

종류	시설	설치 목적
장애인 거주시설	장애유형별 거주시설	장애유형이 같거나 유사한 장애를 가진 사람들을 이용하게 하여 그들의 장애유형에 적합한 주거지원·일상생활지원 등의 서비스를 제공
	중증장애인 거주시설	장애의 정도가 심하여 항상 도움이 필요한 장애인에게 주거지원·일상생활지원·지역사회생활지원·요양서비스를 제공
	장애영유아 거주시설	6세 미만의 장애영유아를 보호하고 재활에 필요한 주거지원·일상생활지원·지역사회생활지원·요양서비스를 제공
	장애인 단기 거주시설	보호자의 일시적 부재 등으로 도움이 필요한 장애인에게 단기간 주거서비스 일상생활지원서비스, 지역사회생활서비스를 제공
	장애인 공동 생활가정	장애인들이 스스로 사회에 적응하기 위하여 전문인력의 지도를 받으며 공동으로 생활하는 지역사회 내의 소규모 주거시설
장애인 지역사회 재활시설	장애인 복지관	장애인에 대한 각종 상담 및 사회심리·교육·직업·의료재활 등 장애인의 지역사회생활에 필요한 종합적인 재활서비스를 제공하고 장애에 대한 사회적 인식 개선사업을 수행
	장애인주간 보호시설	장애인을 주간에 일시 보호하여 장애인에게 필요한 재활서비스를 제공
	장애인 체육시설	장애인의 체력증진 또는 신체기능 회복활동을 지원하고 이와 관련된 편의를 제공
	장애인 수련시설	장애인의 문화·취미·오락활동 등을 통한 심신수련을 조장·지원하고 이와 관련된 편의를 제공하는 시설
	장애인 생활이동 지원센터	이동에 상당한 제약이 있는 장애인에게 차량 운행을 통한 직장 출퇴근 및 외출 보조나 그 밖의 이동서비스를 제공
	한국수어 통역센터	의사소통에 지장이 있는 청각·언어장애인에게 한국수어 통역 및 상담서비스를 제공
	점자도서관	시각장애인에게 점자간행물 및 녹음서 열람을 제공
	점자도서 및 녹음서 출판시설	시각장애인을 위한 점자간행물 및 녹음서 출판 등을 제공
	장애인 재활치료 시설	장애아동을 포함한 장애인에게 언어·미술·음악 등 재활치료에 필요한 치료, 상담, 훈련 등의 서비스를 제공하고 서비스를 이용한 자로부터 비용을 수납하여 운영

종류	시설	설치 목적
장애인 직업재활시설	장애인 보호작업장	직업능력이 낮은 장애인에게 직업적응능력 및 직무기능 향상훈련 등 직업재활훈련 프로그램을 제공하고, 보호가 가능한 조건에서 근로의 기회를 제공하며, 이에 상응하는 노동의 대가로 임금을 지급하며, 장애인 근로사업장이나 그 밖의 경쟁적인 고용시장으로 옮겨갈 수 있도록 돕는 역할을 수행
	장애인 근로사업장	직업능력은 있으나 이동 및 접근성이나 사회적 제약 등으로 취업이 어려운 장애인에게 근로의 기회를 제공하고, 최저임금 이상의 임금을 지급하며, 경쟁적인 고용시장으로 옮겨갈 수 있도록 돕는 역할 수행
	장애인 직업적응 훈련시설	작업능력이 극히 낮은 장애인에게 작업활동, 일상생활훈련 등을 제공하여 기초작업 능력을 습득시키고, 작업평가 및 사회적응훈련 등을 실시하여 장애인 보호작업장 또는 장애인근로사업장이나 그 밖의 경쟁적인 고용시장으로 옮겨갈 수 있도록 돕는 역할 수행
장애인 의료재활시설	장애인의료 재활시설	장애인을 입원 또는 통원하게 하여 상담, 진단·판정, 치료 등 의료재활서비스를 제공
장애인 생산품 판매시설	장애인 생산품 판매시설	장애인 생산품의 판매활동 및 유통을 대행하고, 장애인 생산품이나 서비스·용역에 관한 상담, 홍보, 판로개척 및 정보제공 등 마케팅을 지원

출처 : 장애인복지법 시행규칙 제41조의 4 관련 별표 〈개정 2019. 6. 4.〉

(4) 아동·청소년복지시설

아동복지시설은 아동복지법 제50조에 따라 설치된 시설을 말하고, 청소년복지시설은 청소년기본법에 제 17조에 의해 청소년복지에 제공되는 시설을 말한다.

아동복지시설 종류로는 아동양육시설, 아동보호치료시설, 아동일시보호시설, 공동생활가정, 자립지원시설, 아동상담소, 아동전용시설, 지역아동센터, 아동단기보호시설, 아동복지관, 가정위탁지원센터 등이 있고 청소년복지시설 종류로는 청소년수련관, 청소년수련원, 청소년문화의집, 청소년특화시설, 청소년야영장, 유스호스텔, 청소년이용시설 등이 있다(〈표 3-4〉참조).

표 3-4 아동·청소년복지시설 종류 및 내용

종류	시설	설치 목적
아동 복지 시설	아동 양육시설	보호대상아동을 입소시켜 보호, 양육 및 취업훈련, 자립지원 서비스 등을 제공하는 것을 목적으로 하는 시설
	아동보호 치료시설	아동에게 보호 및 치료 서비스를 제공하는 다음 각 목의 시설 가. 불량행위를 하거나 불량행위를 할 우려가 있는 아동으로서 보호자가 없거나 친권자나 후견인이 입소를 신청한 아동 또는 가정법원, 지방법원소년부지원에서 보호·위탁된 19세 미만인 사람을 입소시켜 치료와 선도를 통하여 건전한 사회인으로 육성하는 것을 목적으로 하는 시설 나. 정서적·행동적 장애로 인하여 어려움을 겪고 있는 아동 또는 학대로 인하여 부모로부터 일시 격리되어 치료받을 필요가 있는 아동을 보호·치료하는 시설
아동 복지 시설	아동일시 보호시설	보호대상아동을 일시보호하고 아동에 대한 향후의 양육대책수립 및 보호조치를 행하는 것을 목적으로 하는 시설
	공동 생활가정	보호대상아동에게 가정과 같은 주거여건과 보호, 양육, 자립지원 서비스를 제공하는 것을 목적으로 하는 시설
	자립 지원시설	아동복지시설에서 퇴소한 사람에게 취업준비기간 또는 취업 후 일정 기간 보호함으로써 자립을 지원하는 것을 목적으로 하는 시설
	아동 상담소	아동과 그 가족의 문제에 관한 상담, 치료, 예방 및 연구 등을 목적으로 하는 시설
	아동 전용시설	어린이공원, 어린이놀이터, 아동회관, 체육·연극·영화·과학실험전시 시설, 아동휴게숙박시설, 야영장 등 아동에게 건전한 놀이·오락, 그 밖의 각종 편의를 제공하여 심신의 건강유지와 복지증진에 필요한 서비스를 제공하는 것을 목적으로 하는 시설
	지역아동 센터	지역사회 아동의 보호·교육, 건전한 놀이와 오락의 제공, 보호자와 지역사회의 연계 등 아동의 건전육성을 위하여 종합적인 아동복지서비스를 제공하는 시설
	아동단기 보호시설	일반가정에 아동을 보호하기 곤란한 일시적 사정이 있는 경우 아동을 단기간 보호하며 가정의 복지에 필요한 조치를 하는 것을 목적으로 하는 시설
	아동 복지관	지역사회 아동의 건전육성을 위하여 심신의 건강유지와 복지증진에 필요한 서비스를 제공하는 것을 목적으로 하는 시설
	가정위탁 지원센터	아동가정지원사업, 아동주간보호사업, 아동전문상담사업, 학대아동보호사업, 공동생활가정사업, 방과 후 아동지도사업 등의 사업을 수행하는 것을 목적으로 하는 시설
청소년 복지 시설	청소년 활동 시설 – 청소년 수련원	숙박 기능을 갖춘 다양한 수련 활동을 실시할 수 있는 각종 시설과 설비를 갖춘 종합 수련 시설
	청소년 활동 시설 – 청소년 문화의집	간단한 수련 활동을 실시할 수 있는 시설 및 설비를 갖춘 정보, 문화, 예술 중심의 수련 시설

종류	시설	설치 목적	
		청소년 특화시설	청소년의 직업 체험, 문화 예술, 과학 정보, 환경 등 특정 목적의 청소년 활동을 전문적으로 실시할 수 있는 시설과 설비를 갖춘 수련 시설
		청소년 야영장	야영에 적합한 시설 및 설비를 갖추고 수련 활동 또는 야영 편의를 제공하는 수련 시설
		유스 호스텔	청소년의 숙박 및 체재에 적합한 시설·설비와 부대·편의시설을 갖추고 숙식편의제공, 여행청소년의 활동지원 등을 주된 기능으로 하는 시설
		청소년 이용시설	청소년의 숙박 및 체재에 적합한 시설, 설비와 부대, 편의시설을 갖추고 숙식 편의 제공, 여행 청소년의 활동 지원 등을 주된 기능으로 하는 시설
	청소년 복지시설	청소년 쉼터	가출 청소년의 일시적인 생활 지원과 선도, 가정과 사회로의 복귀를 지원하기 위한 시설
	청소년 보호 시설	청소년 보호센터	청소년 폭력, 학대 등 유해 환경으로부터 청소년을 임시로 보호하기 위한 시설
		지방 청소년 사무소	특별시장, 광역시장, 도지사가 그 관할 구역 내의 청소년을 보호하기 위하여 조례가 정하는 바에 따라 지방 청소년 사무소를 둘 수 있음.

출처: 아동복지법, 일부개정 2020.12.29 법률 제17784호. 보건복지부
청소년복지 지원법, 일부개정 2018.12.18. 법률 제15988호 여성가족부

(5) 정신건강증진시설

정신건강증진시설에서는 정신건강 관련 교육·상담, 정신질환의 예방·치료, 정신질환자의 재활, 정신건강에 영향을 미치는 사회복지·교육·주거·근로환경의 개선 등을 통하여 국민의 정신건강을 증진시키는 정신건강증진사업을 운영하고 있다.

정신건강증진시설에는 정신의료기관, 국립·공립 정신병원, 정신요양시설, 정신재활시설, 정신건강복지센터로 구분하여 운영하고 있는데, 그 주된 시설의 설치 목적은 다음의 〈표 3-5〉와 같다.

표 3-5 정신건강증진시설 종류 및 내용

종류	설치 목적
정신의료기관	의료법에 의한 의료기관 중 주로 정신질환자의 진료를 행할 목적으로 정신건강복지법 상 시설기준에 적합하게 설치된 정신건강의학과 전문병원, 정신건강의학과의원 및 병원급 이상의 의료기관에 설치된 정신건강의학과로, 급성 정신질환자를 정신의료기관에 입원 또는 외래치료 함으로써 재활 및 사회복귀를 도모함.
국립·공립 정신병원	① 국가와 지방자치단체는 국립 또는 공립의 정신의료기관으로서 정신병원을 설치·운영하여야 함. ② 국가와 지방자치단체가 정신병원을 설치하는 경우 그 병원이 지역적으로 균형 있게 분포되도록 하여야 하며, 정신질환자가 지역사회 중심으로 관리되도록 함. ③ 제1항에 따른 정신병원은 제12조 제1항부터 제3항까지에 따른 정신건강증진사업을 수행하고 정신건강증진사업 인력에 대한 교육·훈련을 담당함.
정신요양시설	정신건강복지법 제22조에 따라 설치된 시설로서 정신질환자를 입소시켜 요양 서비스를 제공하는 시설을 말함.
정신재활시설	정신건강복지법 제26조에 따라 설치된 시설로서 정신질환자 또는 정신건강상 문제가 있는 사람 중 대통령령으로 정하는 사람(이하 "정신질환자 등"이라 한다)의 사회적응을 위한 각종 훈련과 생활지도를 하는 시설을 말함. 생활시설, 재활훈련시설, 그 밖에 대통령령으로 정하는 시설의 종류가 있음.
정신건강복지센터	정신건강증진시설, 「사회복지사업법」에 따른 사회복지시설(이하 "사회복지시설"이라 한다), 학교 및 사업장과 연계체계를 구축하여 지역사회에서의 정신건강증진사업 및 제33조부터 제38조까지의 규정에 따른 정신질환자 복지서비스 지원사업을 함. 국가트라우마센터, 중독관리통합지원센터, 정신건강연구기관을 설치·운영할 수 있음.

출처: 정신건강증진 및 정신질환자 복지서비스 지원에 관한 법률(약칭: 정신건강복지법)[시행 2020. 12. 29.] [법률 제17794호, 2020. 12. 29., 일부개정]

(6) 지역자활센터

지역자활센터란 국민기초생활보장법에 의해 근로능력이 있는 저소득층이 스스로의 힘으로 일어설 수 있도록 안정된 일자리 제공 및 자활능력 향상을 지원하기 위해 설립된 보건복지부 지정사업기관을 말한다.

지역자활센터는 저소득층의 일자리를 창출하고 주민의 경제적 자립지원과 사회적 일자리 창출을 통한 지역사회 연대와 지역공동체를 만들어가는 기능을 수행하고 있다.

(7) 학교사회복지

학교사회복지란 학교에서 일어나는 학생의 문제들을 개인의 문제만이 아닌 개인을 둘러싼 환경과의 상호작용의 문제로 보며, 이러한 심리·사회적 문제들을 학생-학교-가정-지역사회의 연계를 통해 예방하고 해결함은 물론, 모든 학생이 자신의 잠재력과 능력을 최대한 발휘할 수 있도록 최상의 교육환경과 공평한 교육기회를 제공한다. 궁극적으로 교육의 본질적인 목적을 달성하고, 또한 학생복지를 실현(목적)할 수 있도록 도와주는 교육 기능의 한 부분이며 사회복지의 전문분야라고 볼 수 있다.

1997년 교육부에서 학교사회사업 시범 연구사업을 시작하면서 공식적인 학교사회복지사 활동을 시작하였으나 공식적인 학교사회복지 법제화는 이루어지지 않았다. 현재 학교사회복지사가 학교에 계약직이나 정규직으로 채용되어 활동하거나 지역사회기관에 소속된 채 학교에 파견되는 형태로 운영되고 있다.

(8) 교정사회복지

교정사회복지란 범죄인의 교화를 위한 사회복지실천의 전문분야를 말한다. 이것은 범죄인의 교정과 교화를 위한 특정한 분야의 활동뿐만 아니라, 범죄 예방의 차원에서 각 분야의 전문 인력이 협력하여 이루어지는 포괄적인 활동이라고 할 수 있다

또한 교정사회복지는 범죄자나 비행 청소년의 재활 및 사회복귀를 돕고, 범죄의 처벌 대신 사회의 적응을 도움으로써 지역사회의 범죄 예방 및 문제해결을 도모하는 사회복지의 한 분야를 말한다. 실천 대상은 범죄자 및 비행 청소년, 피해자와 그들의 가족, 범죄가 발생한 지역사회 등이며, 1987년 정부에서 교정시설에 전공자를 특별 채용한 적이 있으나 아직 법제화되지는 않고 있다.

3) 분야별 전문인력

사회복지 분야별 주요 전문인력은 사회복지전담공무원, 정신건강사회복지사, 의료사회복지사 등이 있는데, 주된 내용은 다음과 같다.[5]

(1) 사회복지전담공무원

사회복지전담공무원은 공적부조업무를 효율적이며 전문적으로 수행하기 위해 1987년 별정직 공무원인 사회복지전문요원으로 처음 배치되기 시작하였고, 국민기초생활보장제도의 도입에 앞서 인적 인프라의 확충 차원에서 1999년 일반직 공무원인 사회복지직렬로 재임용되기에 이르렀다. 이후 늘어나는 복지수요에 대한 대응과 국민기초생활보장제도의 정착을 목표로 매년 단계적으로 충원되고 있다.

사회복지사업법 제14조에는 사회복지전담공무원의 역할을 '관할지역 내의 사회복지를 필요로 하는 사람 등에 대하여 그 생활실태와 가정환경 등을 파악하고, 사회복지에 관하여 필요한 상담과 지도를 행한다'라고 규정되어 있으나, 실제로 지방공무원으로서 현장에서 수행하고 있는 업무영역은 매우 광범위하다. 실제로 사회복지직의 89%가 시·군·구 및 읍·면·동 행정기관 또는 자치단체 소속 사회복지시설에서 근무하고 있으며, 사회복지전담공무원이 복지업무 대부분을 담당하고 있다. 또한 사회복지전담공무원의 지위는 1992년 개정된 사회복지사업법에 법적 근거 및 배치기준이 명시되었고, 이후 지방공무원 임용령의 개정으로 사회복지직렬이 5급에서 9급까지 신설되기에 이르렀다.

사회복지전담공무원이 맡고 있는 업무를 분야별로 나누어 보면, 보건복지부의 업무로는 공공부조로서 기초생활보장사업 및 자활사업, 의료급여, 사회복지서비스로서 저소득 노인, 아동, 장애인 지원사업, 소년·소녀가장 지원사업, 노인일자리사업, 경로당 지원사업, 아동급식사업, 각종 차상위계층지원사업 등을 담당하고 있다. 또한 여성가족부의 보육료감면사업과 저소득 모·부자가정지원사업, 청소년위원회의 청소년관련 사업, 국토교통부의 주거복지사업, 교육부의 유치원 교육비 감면과 방학 중 아동급식 사업, 보훈청의 유공자 지원사업, 통일부의 북한이탈주민에 대한 지원사업 등을 담당하고 있다. 게다가 지방공무원으로서 각 지방정부의 시책사업과 행정업무를 동시에 수행하고 있다.

이와 같은 사회복지전담공무원의 역할은 공공부조제도의 효과적 집행과 전문적인 사회복지서비스 수행, 공공전달체계의 중추로서 과학적이고 사실을 반영한 자산조사로 요약될 수 있으며, 이는 사회복지사로서의 역할과 공무원으로서의 역할을 동시에 수행하는 것이다. 즉 사회복지전담공무원은 법과 규정에 따라 정책을 집행하고 자격을 심사하는 공무원으로 해야 할 역할과 대인복지서비스를 제공하는 사회복지사의 역할을 동시에 수행하고 있다.

(2) 정신건강사회복지사

1995년에 제정된 정신보건법에 따라 정신장애인에 대한 접근이 기존의 장기입원 중심에서 지역사회 중심의 조기발견, 치료, 재활로 정책 방향을 전환하면서 지역사회 정신건강사업으로 전환되었다. 2000년부터 정신장애인도 장애인 범주에 포함되어 장애인복지 서비스 수혜가 가능해졌으며, 정신보건법에서 정신보건전문요원제도가 도입되고, 보건소에 정신건강 전문요원을 둘 수 있도록 하였다.

2016년 5월, '정신보건법'이 '정신건강증진 및 정신질환자 복지서비스 지원에 관한 법률(약칭 정신건강복지법)'이라는 새로운 이름으로 전부 개정되어 2017년 5월 시행되고 있다. 정신보건법은 1995년 12월 제정되어 1996년 12월부터 시행되었으며, 1998년 4월 전부 개정 등 몇 차례의 타법개정 및 일부개정을 통해 시행됐다.

정신건강복지법으로의 전부 개정 이유는 정신질환자의 범위를 중증정신질환자로 축소 정의하고, 전 국민 대상의 정신건강증진의 장을 신설하며, 비자의 입원·퇴원 제도를 개선하고 정신질환자에 대한 복지서비스 제공을 추가하는 등 현행법률상 미흡한 점을 개선·보완하고자 하였다.

기존 정신보건법은 보호자와 전문의 1인의 동의만으로 본인 의사와 무관한 보호입원을 허용하여 경증환자 등을 강제 입원시키는 수단으로 남용되는 등 인권침해 문제가 제기되었다. UN 장애인권리위원회도 개정이 필요함을 밝힌 바 있으며, 다수의 선진국은 비자의 입원 객관성 확보를 위해 전문의 2인의 진단을 요구하고 있다고 보건복지부는 밝히고 있다. 이에 따라 우리나라에서도 불필요한 입원을 줄이고 환자 인권을 보호하는 취지로 강제입원 요건을 강화한 내용이 포함된 정신건강복지법이 개정되었다.

정신건강사회복지사는 의료기관이나 정신건강복지센터, 재활시설에서의 환자의 치료, 재활과 사회복귀를 돕기 위해 사정, 진단, 상담, 프로그램 개발, 기획, 실시, 평가,

지원, 교육 등의 업무를 수행하는 정신건강사회복지 전문요원이다. 또한 정신건강사회복지사는 환자 개인, 가족력 예후, 사회환경 등을 고려해 의사들과 협의하여 복귀시설의 경우, 환자의 약물복용 상태를 확인, 관리하고 분기별로 환자의 상태를 의사에게 보고하고 의료에 관한 기록을 유지, 관리하는 업무를 수행한다. 그리고 불치병 환자의 경우 환자와 그 가족의 정서적 안정을 유지할 수 있도록 상담하며, 사후 장기기증이나 신약개발을 위한 임상실험에 참여할 수 있도록 설득하는 일도 하고 있으며 질병예방, 건강증진 등 보건 및 의료 분야의 정책과 시설에 관하여 자문하고 참여하기도 한다.

정신건강사회복지사는 정신건강전문요원으로서 공통업무와 개별업무로 구별하고 있다.

먼저 정신건강사회복지사의 공통업무 내용은 다음과 같다.

① 정신재활시설의 운영
② 정신질환자 등의 재활훈련, 생활훈련 및 작업훈련의 실시 및 지도
③ 정신질환자 등과 그 가족의 권익보장을 위한 활동 지원
④ 법 제44조 제1항에 따른 진단 및 보호의 신청
⑤ 정신질환자 등에 대한 개인별 지원계획의 수립 및 지원
⑥ 정신질환 예방 및 정신건강복지에 관한 조사 및 연구
⑦ 정신질환자 등의 사회적응 및 재활을 위한 활동
⑧ 정신건강증진사업 등의 사업 수행 및 교육
⑨ 그 밖에 제1호부터 제8호까지의 규정에 준하는 사항으로 보건복지부장관이 정하는 정신건강증진 활동

그다음 정신건강사회복지사의 개별업무 내용은 정신질환자 등에 대한 사회서비스 지원 등에 대한 조사와 정신질환자 등과 그 가족에 대한 사회복지서비스 지원에 대한 상담 및 안내 등이 있다.

정신건강사회복지사가 되기 위해서는 그에 따른 자격증이 필요하다.

정신건강사회복지사 2급 자격증의 경우, 사회복지사 1급 자격을 소지한 사람으로서 수련 기관에서 1년 이상의 수련을 마친 사람이어야 한다. 정신건강사회복지사 1급 자격증의 경우, 사회복지학 또는 사회사업학에 대한 석사학위 이상을 소지한 사람으로

서 보건복지부장관이 지정한 수련기관에서 3년 이상 수련을 마친 사람. 혹은 정신보건 사회복지사 2급 자격을 취득한 후, 정신건강증진시설, 보건소 또는 국가나 지방자치단체로부터 정신건강증진사업 등을 위탁받은 기관이나 단체에서 5년 이상 근무한 경력이 있는 사람이어야 한다.

수련의 경우에는, 보건복지부에서 지정한 정신건정사회복지사 수련기관에서 이론교육 150시간, 실습교육 830시간, 학술활동 20시간을 포함하여 총 1,000시간의 수련과정을 이수해야 한다. 먼저 이론교육 150시간은 정신보건기초 35시간, 사정 및 평가 20시간, 정신의학 25시간, 사회사업치료 20시간, 정신건강문제 10시간, 사회복귀서비스 40시간으로 이루어져 있다. 그다음 실습교육 830시간은 사회사업사정 250시간, 사회사업치료 I 100시간, 사회사업치료 II 230시간, 사회사업치료 III 250시간으로 이루어져 있다. 그리고 학술활동 20시간은 협회에서 실시하는 보수교육, 협회에서 인정하는 정신건강 관련 교육 참석 등으로 이루어져 있다.

정신건강사회복지사 자격증을 취득한 후에는, 종합병원과 정신병원 등의 의료기관에서 임상치료 팀의 일원으로서 활동할 수 있으며 정신건강복지센터, 사회복귀시설 등에서 근무할 수 있다.

(3) 의료사회복지사

의료사회복지사란 질병이 있는 환자와 그 가족, 지역사회를 대상으로 의료진과 함께 협의하여 클라이언트의 심리적·사회적·정서적·환경적 문제를 해결하도록 돕고, 입원뿐만 아니라 입원 전과 퇴원 후에도 사회적 기능을 원활히 수행할 수 있도록 질병의 예방과 회복, 사후관리를 돕는다. 이러한 연속적 과정에서 개인에 대한 접근뿐 아니라 의료제도와 정책 차원의 접근을 통하여 의료사회복지실천의 목적을 달성하도록 돕는 보건의료 영역의 전문사회복지사이다.

의료사회복지사 수련교육 자격 기준은 교육부에서 인정한 학사학위 소지자로 사회복지(사업)학을 전공한 학사 이상인 자로, 사회복지사 1급 자격증 소지자 또는 위와 동등 이상의 자격이 있다고 협회에서 인정한 자로 정하고 있다.

의료사회복지사 수련교육 의료기관은 사회사업(복지)부서가 독립으로 편재되어 있는 기관이나 임상의료사회사업 활동이 임상과와의 협진체계에 의해 실시되고 있는 의료기관 또는 대한의료사회복지사협회에서 인정하는 수련슈퍼바이저가 사회사업(복지) 부서에 상근하고 있는 기관으로 정하고 있다. 이러한 의료기관에 한해 신청 접수를 통해 수련기관 인증제를 실시하고 있으며, 2010년 수련제도를 정착하여 현재 전국적으로 수련교육을 시행하고 있다.

의료사회복지사의 수련교육 과정과 기간을 보면, 먼저 수련기간은 1년간, 주 20시간 이상으로 하며 이론교육은 연간 최소 40시간 이상으로 규정하고 있다. 그다음 임상수련은 임상영역 최소 960시간 이상으로서 이론교육 및 임상수련을 합하여 총 1,000시간 이상(1년간, 주 20시간, 총 1,000시간이 수련 인증의 최소 기준 기간)으로 정하고 있다. 또한 학술활동(총 20점 이상)은 이론교육과는 별개로 평점 20점을 확보하여야 하고, 본인의 수련 기간에 취득한 것을 원칙으로 하며 평점에 대한 기준은 협회에서 정한 기준을 준용하고 있다. 그리고 수련교육위원회에서는 수련의료사회복지사가 제출한 수련과정 평가표를 토대로 30사례와 프로그램 개발 또는 임상연구사례에 대하여 심사하여 수련 이수여부평가를 수련연도 익년 2월까지 실시하고 있고, 수련이수평가에서 이수가 결정된 수련의료사회복지사만 의료사회복지사 자격시험에 응시할 수 있으며, 이 과정을 거쳐 최종 의료사회복지사 자격을 취득하게 된다.

3. 사회복지사의 역할

사회복지사는 클라이언트의 문제나 욕구를 파악하여 적절한 개입을 할 수 있는 능력이 있어야 하고, 지역 내의 사회자원 및 관계망에 대한 지식을 가지고 클라이언트와 기관·단체들과 효율적 의사소통을 할 수 있어야 한다. 사회복지사는 기관의 성격과 담당하는 업무에 따라 한 가지 역할을 주로 수행하기도 하지만, 서로 다른 역할을 동시에 수행해야 하는 경우가 많으므로 상황에 맞는 적절한 역할을 수행해야 한다. 사회복지사의 구체적 역할은 다음과 같다.[6]

1) 서비스 직접 제공자

사회복지사가 클라이언트와 직접 대면하여 서비스를 제공하는 것을 의미한다.

첫째, 사회복지사는 가능케 하는 자(enabler)로서 클라이언트의 감정을 더욱 잘 이해하고, 행동을 수정하며, 문제상황에 대처하도록 도움으로써 그들의 사회적 기능을 향상시킨다.

둘째, 조력자로서 클라이언트의 위기상황에서 다양한 스트레스에 대처하도록 돕는 역할을 한다. 조력자의 기술은 희망을 전하고, 저항이나 양가감정을 줄여 주며, 감정을 인식하고 관리하며, 개인의 강점이나 사회적 자원을 발굴하고 지지해 주는 것 등이 있다.

셋째, 교육자의 역할은 클라이언트와 다른 체계에 정보를 제공하며 기술을 가르치는 일을 포함한다. 효과적인 교육자가 되기 위해 사회복지사는 정보를 명확히 전달하고 이해시키기 위한 효율적 의사소통이 필요하다.

2) 체계연결자

클라이언트가 사회기관에서 제공할 수 없는 자원을 필요로 하거나 유용한 자원을 이용하는 능력이나 지식이 부족하므로 종종 사회복지사는 사람과 다른 자원을 연결하는 역할을 수행해야 한다.

(1) 중개자

중개자(broker)는 클라이언트를 적절한 인간자원과 연결시키는 역할이다. 사람들을 자원과 연결하기 위해서는 지역사회자원에 대해 잘 파악하고 있어야 적절하게 의뢰할 수 있다. 자원체계의 정책을 잘 파악하고 연결 담당자와 좋은 업무관계를 유지하는 것이 성공적 의뢰의 필수요소이다.

(2) 사례관리자 · 조정자

사례관리자(case manager)는 어떤 클라이언트를 다른 체계에 의뢰할 때 능력, 기술,

지식, 자원이 부족한 경우 사회복지사가 사례관리자의 역할을 수행해야 한다. 조정자(coordinator)는 클라이언트의 욕구를 평가하고 다른 자원에서 제공된 필수재화와 서비스 전달을 연결, 조정하고 클라이언트가 적절한 방식으로 서비스를 제공받을 수 있도록 개입한다.

(3) 중재자

중재자(mediator)는 미시, 중범위, 거시체계 사이의 논쟁이나 갈등을 해결하는 역할을 담당한다. 견해가 다른 개인이나 집단 사이의 의사소통을 향상하고 타협하도록 돕는 역할이다. 중재자는 중립을 유지하며 서비스 전달과정에 존재하는 장애물을 제거하는 역할을 수행해야 한다.

(4) 옹호자

옹호는 사회복지전문직이 생겨난 이래 줄곧 수행해 온 역할이다. 특히 클라이언트 집단에 대한 옹호는 자원연결의 측면에서 볼 때 클라이언트를 대신하여 자원과 서비스를 획득하는 활동과정을 의미한다. 옹호자(advocator)는 클라이언트 개인이나 가족의 권리를 옹호하고 정책적 변화를 모색하기 위한 활동을 하며 클라이언트들이 적절한 서비스를 받을 수 있는 권리를 확보하거나 유지하도록 기관 내 프로그램이나 정책을 변화시키기 위한 적극적인 역할을 수행한다.

3) 체계유지와 강화자

사회기관의 구성원으로서 사회복지사는 서비스 전달체계의 효율성을 저해하는 기관 내 구조, 정책, 기능적 관계를 평가할 책임을 갖고 있다. 이와 관련된 역할은 다음과 같다.

(1) 조직분석가

조직분석가(organizational analyst)는 서비스 전달에 부정적 영향을 미치는 기관의 구조와 정책절차 등을 분석 지적하는 역할이다. 이 역할을 수행하기 위해서는 조직이론과 행정이론에 대한 지식을 갖고 있어야 한다.

(2) 촉진자

촉진자(facilitator)는 집단의 지도자 역할을 담당한다. 사회복지사는 가족치료집단이나 과업집단, 감수성훈련집단, 교육집단, 자조집단, 그 밖의 다른 목적을 가진 집단에 개입한다. 촉진자 역할은 거시적 실천에도 적용할 수 있다. 이때 사회복지사는 사람들을 모으고, 의사전달통로를 만들고, 활동이나 자원을 전달하며, 전문지식이나 기술에 접할 수 있도록 하여 변화노력을 촉진시킬 책임이 있다.

(3) 자문가

사회복지사는 자문가(consultant)로서 자문을 제공하고 받는 역할을 모두 수행할 수 있다. 즉, 사회복지사가 전문지식을 가지고 자문제공자로서의 역할도 하지만 약물남용, 아동학대, 성 문제 등 전문지식이 필요한 문제에 대해서는 다른 전문가로부터 자문을 받을 필요도 있다.

(4) 팀구성원

많은 기관에서 사회복지사는 클라이언트의 문제와 서비스 전달에 협력하는 임상팀의 일원으로 활동하게 된다. 팀은 내과 의사, 정신과 의사, 심리학자, 사회복지사, 간호사, 재활상담가, 작업치료사, 교사, 레크리에이션 치료사 등으로 구성된다.

4) 연구자, 조사활용자

사회복지사는 평가 가능한 개입방법을 선택하여 그들의 개입방법에 효과성을 평가하고, 체계적으로 클라이언트의 발전을 점검하기 위해 공적·사적 세팅 모두에서 평가할 책임이 있다. 이러한 과정을 위해 사회복지사는 연구를 수행하고 또한 연구들을 활용해야 한다.

5) 체계개발자

사회복지사는 충족되지 못한 클라이언트의 욕구, 서비스 간의 괴리, 예방적 서비스에 대한 욕구로 인해 기관의 서비스를 확대하거나 개선할 기회를 갖게 된다. 이와 관련된 역할은 다음과 같다.

(1) 프로그램개발자

클라이언트의 욕구에 대응해서 서비스를 개발해야 하며 교육 프로그램, 지지집단, 기술개발집단 등이 포함된다.

(2) 계획가

지역사회계획가의 역할은 충족되지 못하거나 새롭게 대두되는 욕구를 충족시키기 위한 프로그램을 계획하는 것이다. 아동보호 프로그램, 여가 프로그램, 건강관리 프로그램 등이 그 예가 될 수 있다.

(3) 정책개발자

정책과 절차개발과정에서 사회복지사가 참여하는 것은 클라이언트에게 서비스를 제공하는 기관의 범위로 한정된다. 사회복지사는 현장에 있으므로 클라이언트의 욕구를 평가하고 어떤 정책과 절차들이 클라이언트의 관심에 부합되는지를 파악할 수 있다.

제 2 부

사회복지실천의 접근방법

제 4 장 사회복지실천의 관점: 통합적 접근

1. 사회복지실천의 지식 기반

Bartlett(1970)는 「사회복지실천의 공통기반(The Base of Social Work)」에서 사회복지활동은 확고한 지식을 기반으로 이루어져야 하고, 지식이 실천을 이끌어나가야 한다고 주장한다. Bartlett는 모든 사회복지실천의 공통기반은 개인과 환경(person-environment)에 대한 이중초점이라고 하여 사회복지사는 개인이 가지고 있는 대처능력과 그 개인에 대해 환경이 요구하는 것 사이의 균형을 이루어주기 위해 노력해야 한다고 하였다.

Germain과 Gitterman(1980)도 「사회복지실천 생활모델(Life Model of Social Work Practice)」에서 개인에 대한 치료와 사회개혁이라는 두 가지 측면을 동시에 개입하는, 사회복지실천 전통을 통합하는 실천을 주장하였다. 이들은 개인과 개인에게 영향을 주는 사회적·물리적 환경간의 역기능적 교류를 개념화하려고 노력하였으며, 사회복지사는 개인과 환경 사이의 역기능적 교류에 개입해야 한다고 강조하였다. 전미사회복지사협회(NASW, 1981)의 실천헌장에도 사회복지실천의 목적은 모든 사람의 삶의 질을 향상하기 위해 개인과 사회사이의 상호 유익한 상호작용을 증진하거나 복구시키는 것이라고 밝히고 있다.

이처럼 사회복지의 실천에서 주요하게 초점을 두는 기본 시각이자 공통기반은 환경 속의 인간(person-in-environment)이라 할 수 있고, 사회복지실천 활동은 이러한 인간과 사회환경의 상호작용과 교류에 초점을 두고 이 관계를 개선하기 위한 활동에 주력하는 것으로 정리할 수 있다. 이러한 활동은 한편으로는 개인의 성격, 역기능, 능력 및 기술 부족에 대한 지원을 위주로 하는 초점을 두는 활동이 될 수도 있고, 다른 한편으로는 사회의 자원과 기회가 공정하게 배분되도록 힘쓰며 개인의 기본적 욕구충족을 위한 각종 사회복지정책 및 행정의 변화와 개혁을 시도하는 사회변화 활동이 될 수도 있다. 사회복지사는 이러한 양측 면에서의 활동을 원활히 하기 위해 사회복지실천의 방법과 원리를 이해해야 하며 구체적인 실천 활동을 위한 방법을 익혀야 한다.

따라서 사회복지실천을 위한 기반으로서의 지식은 '환경 속의 인간'을 이해할 수 있기 위해 인간에 대한 이해, 환경에 대한 이해, 이들의 교류에 대한 이해를 돕는 내용이 포함되어야 하며 또한 인간과 환경 사이의 관계와 교류를 개선할 실천방법에 관한 내용을 포함하여야 한다.

Mattaini와 Lowery(2007)는 「사회복지실천의 기반(Foundation of Social Work Practice)」에서 사회복지실천은 개인(생리적, 정서적, 행동적, 사회적 존재)과 가족, 집달, 공동체, 조직(사회문화적 실재, 개인과 사회적 실재와 물리적 세계) 사이의 관계를 다루며 이들이 실천의 '원재료(raw materials)'가 되기 때문에 이에 대한 지식을 갖추는 것이 필요하고, 따라서 사회문제나 실천에 대한 지식뿐 아니라 이를 뒷받침하는 생리학과 유전학, 생태학, 행동과학과 큰 체계를 조사하는 원리들인 사회학, 인류학, 문화분석을 포함하는 기초과학에 대한 지식을 갖추는 것이 필요하다고 하였다.

2. 통합적 접근의 등장배경 및 개념

1) 통합적 접근의 등장배경

사회복지실천 방법은 미국을 중심으로 크게 발전해 왔으나 그 내용에서 통일된 체계로 발전하지 못하고 개별사회사업, 집단사회사업, 지역사회조직사업, 사회복지행정, 사회복지정책, 사회복지조사 등으로 나뉘어 각기 독자적인 이론적 배경을 근거로 하여 발전해 왔다. 그러나 1960년대 미국에서 인종이나 종족과 상관없이 누구나 사회적으로 평등하다는 인식이 확대되면서 사회복지사가 사회적으로 취약한 개인들의 빈곤과 차별을 해결하는 데 실패하였고, 환경의 변화에도 실패했다는 비판이 제기되었다.

전통적 방법이 가진 여러 가지 문제들을 해결하기 위하여 분화 및 전문화되어 있는 사회복지실천 방법을 통합하려는 시도가 나타났는데, 이것이 전미사회복지사협회(NASW)가 1958년 제출한 「사회복지실천의 작업정의」라는 보고서이다. 또한 Gordon(1965) 등은 전통적인 방법론은 특정 문제를 중심으로 개입하기 때문에 다양하고 복잡한 문제에 효과적으로 대처할 수 없다는 비판을 제기하게 되었고 이로 인해 실천 대상이나 문제별로 분화 및 전문화되어 있는 사회복지실천 방법을 통합하려는 시도들이 나타났다.

1970년대에 오면서 Stumpf(1970), Bartlett(1970), Goldstein(1973), Pincus와 Minahan(1973), Compton과 Galaway(1975) 등의 학자들에 의해 특정 문제에 집중하거나 지나친 세분화로 적절한 서비스를 제공하지 못하는 한계를 극복하기 위해 인간을 상황과의 상호작용 속에서 파악하는 관점을 활용, 공통기반을 정의, 여러 체계에 다양하게 개입하는 사회복지실천 현장에서 공통적으로 적용될 수 있는 기반과 핵심, 전제 등의 확립에 관한 관심이 높아지면서 통합적 접근이 등장하게 되었다.

특히, Bartlett가 1970년 출간한 『사회복지실천의 공통기반』이라는 책에서 공통된 사회복지실천 방법의 지식과 가치가 각종 다양한 지식과 가치의 방법을 규정하고 있음을 강조하면서 사회복지방법의 공통적인 기초를 정리하였고 1973년 Pincus와 Minahan은 전통적 사회복지실천은 개인·환경, 임상적 실천·사회행동, 미시체계·거시체계와 같이 이분법적으로 구분하여 마치 별개의 것으로 다루어 왔던 잘못에 대해 이들 간의 상호관련성을 인식하는 데서 통합적 접근이 등장하였다.

그 후 사회복지 전문직 내의 노력과 함께 사회복지 외부의 환경에서도 체계이론, 일반체계이론, 생태체계이론 등의 다양한 이론이 사회복지의 주요 이론으로 활용되면서 복잡한 문제에 대해 접근할 수 있는 기틀을 마련하였고 현재에도 더 정밀한 방법의 체계화와 기술화를 위해 노력하고 있다.[1]

2) 통합적 접근의 개념

사회복지실천에서 통합적 접근이란 사회복지사가 개인, 집단, 지역사회에서 제기되는 사회문제에 활용할 수 있는 공통된 원리나 개념을 제공하는 것으로 방법을 통합하는 것을 의미하며, 전통적인 사회복지실천 방법을 전부 또는 일부, 최소한 2개 이상을 조합해서 교육함으로써 사회복지사 한 명이 두 가지 이상의 방법을 통합적으로 사용하여 클라이언트에게 개입할 수 있도록 하는 것이다. 즉, 통합적 관점을 통해 사회복지직은 전문직으로서의 정체성을 확보함과 동시에 개인을 환경 속에서 바라보는 고유한 관점을 확립하게 되었다. 다시 말하면 사회복지실천에서 통합적 접근은 전통적 사회복지실천의 3대 방법론(개별사회사업, 집단사회사업, 지역사회조직)에서 벗어나 1960년대와 1970년대부터 개인과 집단, 지역사회를 구분하지 않고 이들 방법을 총괄하여 개입할 수 있는 방법론이라고 할 수 있다.[2]

3) 통합적 접근의 사회복지실천 구성요소 및 특징

사회복지실천의 통합적 접근을 구성하는 사회복지실천의 요소를 살펴보면 다음과 같다.[3]

① 생태체계관점을 토대로 한다.
② 문제에 대해 광범위하고 포괄적으로 접근한다.
③ 개인, 가족, 집단, 지역사회 등 다양한 수준에서 접근한다.
④ 체계와 체계를 둘러싼 환경 간의 관계를 중시한다.
⑤ 특정 이론에 얽매이지 않고 다양한 이론과 모델을 개방적으로 선택하여 개입에 활용한다.
⑥ 사회복지실천과정을 점진적 문제해결 과정으로 본다.

이러한 사회복지실천의 구성요소를 토대로 한 통합적 접근의 특징은 다음과 같다.[4]

① 개인이 사회적 상황에서 직면하게 되는 과업과 이러한 과업의 수행을 촉진시키는 데 필요한 자원 및 여건에 대해 주의를 기울인다. 개인의 삶은 자기 자신에게

주어진 생활과업을 수행해 가는 것이므로 사회복지실천에서는 개인의 이러한 생활과업이 정상적으로 수행될 수 있는가에 일차적 관심을 둔다.

② 개인이 생활과업을 수행하기 위해서는 자원체계와의 상호작용이 필수적이다. 모든 개인은 자신의 환경으로서 자원체계와의 관계에서 원만하고 적응적인 상호작용을 유지해야 한다. 이러한 상호작용이 불가능한 경우 이것을 개인의 문제로 규정하기보다는 개인과 환경 간의 상호작용 측면에서 검토해야 한다. 즉, 자원체계 내에서 개인들의 상호작용, 개인과 자원체계 간의 상호작용, 자원체계 간의 상호작용 등에 대해 사정한다.

③ 개인의 문제는 개인이나 가족 차원에 한정된 것이 아니다. 개인은 사회적 환경과 밀접하게 연관되어 있고 상호작용하기 때문이다. 그러므로 사회복지실천에서는 개인뿐 아니라 개인을 둘러싼 사회적 상황에 대해 고려한다.

④ 클라이언트의 잠재성을 인정하고 계속적 성장을 통해 클라이언트의 잠재성을 개발할 수 있다고 본다. 그리하여 클라이언트를 존중하고 클라이언트의 강점, 참여, 자기결정, 개별화를 강조한다.

3. 통합적 접근의 주요 이론

1) 일반체계이론

생물학적 이론으로서 '조직은 체계이다.'라고 하는 개념으로부터 출발하여 생물학적 이론을 집단, 가족, 사회 등과 같은 사회학적 개념에 도입하고 적용하여 사회체계이론을 도출해 내었다. 즉, 유기체와 환경 간의 체계적인 상호작용, 상호관련성에 대해서 전체성, 상호성, 개방성의 개념으로 설명하고 분석하려는 이론이다. 생물학자인 Bertalanffy가 1940년대에 처음 제시한 후 1960년부터 주목을 받았다.

기본적으로 체계이론에서는 인간과 환경을 단선적인 관계가 아니라 상호적 관계로 본다. 어느 한쪽이 다른 쪽에 일방적인 영향을 주는 것이 아니라 양자가 서로 영향을 미치는 순환적인 관계로 형성된 전체로 보는 것이다. 또한 체계이론은 개인이 속한 조직, 정책, 의사소통, 집단의 영향을 중요시한다. 개인은 환경과 다양한 체계와 지속적인 상호작용을 하며 사회복지실천의 목표는 클라이언트와 체계와의 상호작용을 향상하는 것이다. 체계론적 접근은 지속적인 변화속의 역동적인 체계로서의 개인을 중시한다.

체계이론의 기본적인 가정은 인간의 행동은 개별적이거나 정신 내적인 것보다 인간이 상호작용하는 인간관계의 체계나 지속하는 역동과 욕구로 결정되고 유지되어 진다. 또한 모든 체계는 기능하고 향상하고 발달하고 다른 체계와 상호작용 한다는 원칙을 설명한다. 이 원칙은 생물학적, 사회적 체계의 행동을 예측하는 데 활용되고 체계를 변화시키기 위한 전략을 구성하는 데도 사용된다.

체계이론의 주요 개념은 경계, 개방체계, 폐쇄체계, 항상성, 안정상태, 엔트로피, 역엔트로피 등이 있는데, 그 내용은 다음과 같다.[5]

(1) 경계

경계(boundary)란 체계를 외부 환경으로부터 구분하는 일종의 테두리를 의미한다. 사회체계의 경계는 눈으로 보거나 만질 수 없고, 단지 그 체계를 구성하는 사람들이 서로에 대해 혹은 외부 사람들에 대해 행동하는 방식에서 드러난다. 즉, 사회체계의 경계는 사회적·물리적 구조가 아니므로 경계를 유지하는 행동을 통해서만 드러난다. 그리고 경계는 체계를 외부 환경으로부터 구분하는 일종의 테두리로서, 체계의 정체성을 규정해주고, 주위 환경과의 내적·외적 교환을 통제하는 기능을 한다.

(2) 개방체계

개방체계(open system)는 어느 정도 투과성이 높은 경계가 있는 체계이다. 개방체계는 성장과 발전에 필요한 정보나 에너지를 외부에서 자유롭게 받아들인다. 체계이론에서는 체계를 개방적인 것으로 본다. 체계의 계속성과 변화의 본질적인 요인이 환경과의 상호교환 속에 관여함을 의미한다. 개방체계는 환경으로부터 투입을 받아들이며 산출을 생산하여 환경으로 보낸다. 그리고 사회체계가 성장하고 발달하려면 상호작용하는 다른 체계들로부터의 투입에 어느 정도 개방적이어야 한다. 건전한 체계는 반투과성의 경계를 가지며 경계를 잘 유지한다.

(3) 폐쇄체계

폐쇄체계(closed system)는 다른 체계와 상호작용하지 않는다. 환경의 다른 에너지에 접근할 수 없어 자체의 에너지만을 써야 하므로 번창 할 수 없다. 폐쇄체계는 기간이 지남에 따라 에너지의 유입이 없어지면서 체계들의 분화가 적어지고 조직과 기능이 상실되거나 해체되는 경향이 있다. 이를 엔트로피(entropy)[1)]라고 한다.

(4) 위계

위계(grade of rank)는 체계의 부분은 여러 방식으로 서로 연결되어 있다. 모든 체계의 기본 단위는 활동이나 에너지 기능을 위해 그 상위체계에 의존하며 그 하위체계의 방향을 제시해주어야 하는데, 그러한 하위체계, 상위체계 사이의 관계를 위계라고 한다.

(5) 항상성

항상성(homeostasis)은 환경과 지속적 상호교환을 하는 체계로, 체계는 끊임없이 변화와 운동의 과정 속에 있고 역동적 균형을 이룬다. 또한 체계의 이러한 운동은 목표지향적이다. 그리고 비교적 안정된 구조를 유지하려는 체계의 속성을 항상성이라고 한다.

(6) 안정상태

안정상태(steady state)는 부분들의 관계를 유지하고, 체계가 쇠퇴해서 붕괴하지 않도록 에너지가 계속 사용되는 상태를 의미한다. 환경과의 상호작용 과정에서 새로운 에너지를 받아들여 체계의 내부구조를 성공적으로 변경시켜 가면서 기존과는 다른 차원에서 얻어지는 체계의 균형 상태이다. 또한 체계의 내·외부 위기 상황에 대처하면서 체계가 안정 상태를 유지할 경우 체계는 성장하고 발달한다. 사회복지실천은 역엔트로피(negentrophy)[2)]를 유지 또는 증가시킴으로써 바람직한 안정 상태를 얻도록 원조한다.

---

1) 체계 내부의 에너지만 소모해감으로써 점차 쇠약해지는 경향성을 의미한다. 에너지를 되는 대로 분배해서 에너지의 이용가능성이 적어지게 되고 따라서 그 체계는 더욱 무질서해져서 조직된 작업을 할 수 있는 능력은 더욱 적어진다. 외부체계와 교류가 차단되어 외부의 에너지 투입이 이루어지지 않으며, 폐쇄체계에서 일어나는 현상이다.

(7) 홀론

홀론(holon)이란 특정체계는 그 체계를 구성하는 작은 체계보다는 큰 상위체계이고, 그 체계를 둘러싼 더 큰 체계의 하위체계가 된다는 현상이다.

(8) 역동적 평형상태

질서와 구조가 안정된 상태에서 체계는 내부적으로 끊임없이 변화하고 움직여 가는데 이러한 상태를 역동적 평형상태(dynamic equilibrium)라고 한다. 체계의 구조를 변화시키지 않은 채 환경과의 상호작용 속에서 체계의 균형을 회복하려는 내부 성향이라는 점에서 체계의 항상성이라 할 수 있다.

(9) 투입, 전환, 산출, 환류

① 투입

투입(input)은 체계가 환경으로부터 에너지, 사물, 정보 등을 받아들이는 과정을 말하며, 생물학적·심리학적 생존과 성장은 투입과정을 통해서 보장받는다.

② 전환

전환(conversion operation)은 체계가 자신에게 적절하게 투입된 에너지를 변형시키고 재 조직화하는 과정을 말하며, 투입체계는 체계 내부로 입수되고 나면 영향을 받고 변형되며 규제받고 체계의 기능수행을 위해 활용되는데 이렇게 투입체계가 활용되는 단계를 전환이라고 한다. 즉, 투입물을 처리하여 체계의 기능 유지에 필요한 형태로 전환하는 작용이다.

③ 산출

산출(output)은 체계 내에서 변형된 에너지를 환경으로 방출하는 것을 말한다. 전환

---

2) 엔트로피의 반대말로 체계가 성장하고 발달하는 방향으로 진행하는 과정으로서 네겐트로피라고도 한다. 체계 외부로부터 에너지를 가져옴으로써 이용 불가능한 에너지가 감소되는 것이다. 체계가 열려 있을 때, 체계는 자기가 쓰는 것보다 많은 에너지를 유입할 수 있고 그런 후 체계는 정교하게 세분화되면서 더욱 심화된 복잡성으로 향한다.

의 단계를 거치는 이러한 처리 과정이 시작되면 체계는 적극적으로 환경에 반응하는데 이를 산출이라고 부르며 이와 같은 반응은 환경에 직접 영향을 미친다. 즉, 전환 활동을 통해 나타난 결과물이 체계 밖으로 나타난 것이다.

④ 환류

환류(feedback)는 정보의 투입에 대한 반응으로 행동하며 연속적인 행동을 수정하도록 그 행동의 결과를 새로운 정보로 포함하는 것을 뜻한다. 즉, 정보 투입이 일어나는 의사소통 장치 혹은 행동을 취한 체계에게 행동의 결과를 알려주는 것을 환류라고 한다. 환류를 통해 새로운 행위를 만들어 내거나 기존의 행위를 수정한다. 환류는 체계의 평형을 유지하거나 변화를 촉진해 체계를 혼란시키는 작용을 한다. 그리고 사회체계는 목표와 관련된 환류를 외부 환경으로부터 받아들이기 때문에 목적 지향적으로 된다. 사회복지실천에서 환류의 예는 슈퍼비전, 클라이언트의 만족도 등이다.

환류는 정적 환류와 부적 환류로 구분되는데, 정적 환류는 지금의 적절한 행동을 더욱 요청한다는 의미를 전달하며, 부적 환류는 체계가 목표를 성취하기 어려운 방식으로 행동하고 있다는 정보를 주어 목표와 조화를 이루도록 행동을 수정하게 한다.

2) 사회체계이론

사회체계는 우리가 살고 있는 사회환경 내에 존재하는 다양한 형태의 인간 공동체에 적용할 수 있는 가족, 집단, 조직, 지역사회 등 사회조직이라고 할 수 있다. 즉, 인간과 환경 간의 상호작용을 강조하는 환경 속의 인간(person-in environment)의 관점으로 볼 수 있다. 다시 말하면, 사회체계이론은 사회체계에 체계론적 관점을 적용한 이론으로써 인간행동에 영향을 미치는 다양한 체계 수준, 즉, 개인, 가족과 조직을 포함하는 소집단, 지역사회와 같은 좀 더 복잡하고 넓은 사회체계를 설명하는 이론이다.

일반체계이론, 사회체계이론, 생태체계이론의 차이와 공통점을 설명하면 다음과 같다.

① **사회체계이론** : 인간행동에 영향을 미치는 개인, 가족, 소집단, 지역사회, 문화 등의 구체적인 사회체계를 다룬다.

② 일반체계이론 : 유기체와 환경 간의 체계적인 상호작용의 개념을 분석하려는 일반과학이며 '체계'라는 추상적 개념으로 설명된다.

③ 생태체계이론 : 유기체가 환경 속에서 어떻게 평형상태를 유지하고 성장해 가는지에 관심이 있다.

위 세 가지 체계의 공통점은 다양한 체계수준에 관심이 있고 인간과 환경과의 상호작용을 강조하며 체계들 사이에서 발생하는 스트레스와 이에 대처하는 인간의 균형에 관해 관심이 있다는 것이다.

사회복지분야에서는 일반체계이론을 도입하여 4체계이론이나 6체계이론 등이 발달하였고, 사회학 분야에서는 사회학자들에 의해 사회체계이론이 발달했다.

일반체계이론이 사회복지실천에 적용하여 체계 간 상호작용 등 설명하려 했는데 일반체계이론은 추상적이고 실천적 적용에 어려움이 있으므로 인간사회의 심리적·사회적 구조와의 관계를 설명하는 사회체계이론이 발달했다.[6]

3) 생태체계이론

생태체계이론은 생태학, 동물행동학, 자아심리학, 스트레스 이론, 형태심리학, 역할이론, 문화인류학, 인본주의 심리학, 상징적 상호작용이론, 일반체계이론, 권력 관계의 역동이론 등과 같은 다양한 이론으로부터 영향을 받았다. Germain과 Gitterman(1986)이 생태체계이론에 바탕을 둔 생활모델을 사회복지실천 모델로 제시하면서 사회복지실천의 주요한 지식기반으로 자리 잡게 되었다.

생태체계이론은 개인의 대처능력 강화와 개인에게 영향을 주는 환경 모두를 강조하는 접근법으로 개인과 그를 둘러싸고 있는 다양한 제도, 체계 간의 상호작용을 이해하는 개념적 틀을 제공한다. 생태체계이론의 핵심적 가정은 개인과 환경이 상호간에 영향을 미친다는 것이다. 상호교류(transaction), 즉 개인과 환경 사이의 상호교환은 개인-환경 단위 내에서 변화를 시킨다.

생태체계이론의 주요 개념은 환경, 적합성과 적응, 스트레스와 대치, 관계, 역할, 유능성, 상호교류와 상호의존 등이 있는데, 그 내용을 살펴보면 다음과 같다.[7]

(1) 환경

생태학적 이론에서 환경(environment)은 사회적·물리적·문화적 환경뿐 아니라 공간과 시간적 리듬까지 포함한다. 그리고 환경과 관련하여 생활영역과 거주환경도 주요한 개념이다. 거주환경은 개인의 문화적 맥락 내에 존재하는 물리적 및 사회적 환경과 관련된 개념이다. 생활영역은 지역사회 구성원들이 차지하고 있는 직접적 환경이나 지위들을 말한다. Bronfenbrenner(1979)는 생태학적 생활영역을 특별한 특성을 지닌 개인의 발달을 촉진 또는 방해하는 환경 내의 영역이라고 하였다. 즉 효과적으로 기능할 수 있는 특정한 장소나 환경을 의미한다.

(2) 적합성과 적응

적합성(goodness of fit)은 개인의 적응적 요구와 환경의 질이 어느 정도 부합되는가와 관련된 개념이다. 개인과 환경 사이의 상호작용이 성공적이고 적응적일 때, 즉 주요 타인, 사회적 조치, 그리고 정치·경제적 구조와 정책, 그리고 물리적 환경이 개인의 성장, 발달 그리고 물리적 및 정서적 안녕을 지지할 때 적합성이 이루어진다.

인간은 끊임없이 창조하고, 재구조화하며, 환경이 인간에게 어떤 영향을 미친다고 해도 환경에 적응해나간다. 이처럼 적응(adaptation)은 인간의 내적 영향력과 생태적 환경의 영향력에 의해 이루어지는 상호의존적인 과정인 것이다. 생태학적 이론에서는 개인의 정신병리를 개인적 욕구와 대처능력이 환경적 자원이나 지지와 일치되지 못한 것으로 본다. 이처럼 생태학적 이론에서는 병리를 이해하면서 스트레스를 일으키고 성공적 적응을 방해하는 환경적 요인을 중시하고 있다.

(3) 스트레스와 대처

스트레스(stress)는 개인이 지각한 요구와 이러한 요구를 충족시킬 수 있는 자원을 활용할 수 있는 능력 사이에 불균형이 일어난 것이라 할 수 있다. 스트레스는 반드시 문제가 되는 것은 아니다. 어떤 스트레스는 개인의 성장과 발전을 도모하는 하나의 동기로 작용할 수 있다.

대처(coping)는 적응의 한 형태로 문제를 극복하기 위해 노력하는 것을 의미한다. 스트레스를 경험함으로써 자연적으로 발생하게 되는 대처기술은 정서적 고통을 통제하기 위하여 개인이 수행하는 행동이다. 대처능력을 갖추기 위해서는 내적 자원과 외적 자원이 필요하다. 내적 자원에는 자존감과 문제해결기술이 포함된다. 외적 자원에는 가족, 사회적 관계망, 그리고 조직의 지원이 포함된다.

(4) 관계, 역할, 유능성

관계(relatedness)는 인간관계를 형성하거나 타인과 연결될 수 있는 능력으로 관계를 맺고자 하는 욕망과 능력은 초기의 양육과정에서 시작되고 일생을 통하여 상호적 보호 행동의 유형을 결정하게 된다.

역할(role)은 특정 사회적 지위를 가진 개인이 타인에게 어떻게 행동해야 하는지에 대한 기대뿐만 아니라 타인이 그 사람에게 어떻게 행동해야 하는지에 대한 기대까지도 포함하고 있다. 즉 역할은 일련의 기대되는 행동유형일 뿐만 아니라 상호적 요구와 의미에 대한 유형이다.

유능성(competence)은 인간발달에 필수적인 요소로서 자신의 판단을 신뢰하고 자기를 확신하고, 환경에 바람직한 영향을 미칠 수 있는 능력을 포함한다. 생태학적 이론에서는 타인과 관계를 맺고 긍정적인 자아정체감과 자존감을 형성할 수 있는 인간의 능력은 일생에 걸쳐 확대된다고 보고 있다.

(5) 상호교류와 상호의존

상호교류(transaction)는 인간이 다른 환경의 사람과 의사소통하고 관계를 맺는 것을 말한다. 무언가 전달하고 교환하는 것이기 때문에 활동적이고 역동적이며, 긍정적이거나 부정적일 수 있다.

상호의존(interdependence)은 한 개인이 다른 사람이나 집단에 서로 의존하고, 의지하는 것을 말한다. 고도의 산업사회에서 인간은 생존하기 위해 서로 필요한 상호의존관계에 있다.

4. 사회복지실천에 대한 통합적 접근

사회복지실천에 대한 통합적 방법론의 대표적 실천모델로는 Pincus와 Minahan(1973)의 4체계 모델, Perlman(1957)에 의해 개발되고 Compton과 Galaway(1975)에 의해 정교화된 문제해결 모델, Germain과 Gitterman(1974)의 생활 모델 등이 있다.

1) 4체계 모델

1973년 Pincus와 Minahan이 체계이론을 사회복지실천에 응용한 접근방식이 4체계 모델로, 포괄적이고 전체적인 관점에서 클라이언트 체계를 사정할 수 있는 기초를 제공하고 사회복지사가 인간과 그의 공식적·비공식적 자원체계 간의 연결에 초점을 두게 한다. 이 접근방법은, 인간은 만족한 삶을 위해 주변 환경 속에 있는 체계에 의존하므로 사회사업은 이러한 체계에 초점을 맞춰야 한다고 주장하였다. 그리고 인간을 도울 수 있는 세 가지 체계가 있는데 첫째는 가족이나 친구나 동료 같은 비공식적 또는 자연적 자원체계이고, 둘째는 회원제로 구성되는 지역사회집단이나 협회 같은 공식적 자원체계이며, 셋째는 병원이나 학교 같은 사회적 자원체계 등이다. 사회복지실천과정에서 사회복지사는 4체계와 관련되어 활동하게 되며 이들 체계는 변화매개체계(change agent system), 클라이언트체계(client system), 표적체계(target system), 행동체계(action system) 등이다.[8]

(1) 변화매개체계

변화매개체계는 사회복지사와 사회복지사를 고용하고 있는 기관 및 조직을 의미한다. 변화매개인이란 계획적 변화를 목적으로 특수하게 고용된 '돕는 사람', 즉 사회복지사를 말한다.

(2) 클라이언트체계

클라이언트체계는 서비스의 혜택을 기대하는 사람들, 도움을 요청하여 변화매개인인 사회복지사의 서비스를 받는 개인, 가족, 집단, 기관이나 지역사회이다.

클라이언트는 변화매개인과 작업협정이나 계약을 통해 비로소 클라이언트가 된다.

(3) 표적체계

표적체계는 변화매개인이 목표를 성취하기 위하여 영향을 주거나 변화시킬 필요가 있다고 느끼는 사람들이다. 클라이언트체계와 중복되기도 하며, 클라이언트체계가 동시에 표적체계가 되기도 한다.

사회복지사의 중요한 사정 과업은 클라이언트체계와 협조하여 변화의 목표를 설정하고 목표를 달성하기 위해서 변화가 있어야 할 특수한 사람들 즉 표적체계를 결정하는 것이다.

(4) 행동체계

행동체계는 변화매개인이 변화노력을 달성하기 위해 상호 작용하는 사람들로 이웃, 가족, 전문가들이 해당된다. 변화매개인은 변화노력 과정에서 단계에 따라 다른 유형의 행동체계와 작업하기도 한다.

행동체계는 필요한 재가를 얻기 위하여, 문제를 발견하고 연구하기 위하여 그리고 변화의 목표를 설정하거나 주요 표적에 영향을 미치기 위하여 이용된다.

4체계 모델에 의하면 사회복지실천의 기능은 사람의 문제 혹은 자원체계에 있는 것이 아니라 사람과 자원체계, 그리고 자원체계 간의 상호작용에 있는 것이므로 사회복지실천의 목적은 사람들의 문제해결 능력 및 대처능력을 신장하는 일, 사람들에게 자원, 서비스, 기회를 제공할 체계와 사람들을 연결하는 일, 체계의 효율적·인도적 운영을 촉진하는 일, 그리고 사회복지대책의 발전과 진보에 공헌하는 일 등이다.

2) 6체계 모델

Compton와 Galaway(1994)는 사회복지실천을 구성하는 체계를 6가지로 나누었는데 이는 Pincus와 Minahan(1973)의 변화매개체계, 클라이언트체계, 표적체계, 행동체계에 전문체계와 의뢰-응답체계(혹은 문제인식체계)를 첨가한 것이다.

6체계 모델은 체계이론으로 설명함에 따라 클라이언트의 문제를 클라이언트 인성의 문제에서 클라이언트체계 혹은 환경과의 상호작용 안에서 발생하는 것으로 전환하게 되었다. 6체계 모델의 구성은 다음과 같다.[9]

(1) 변화매개체계

변화매개체계는 사회복지사와 사회복지사를 고용하고 있는 기관 및 조직이다.

(2) 클라이언트체계

클라이언트체계는 서비스의 혜택을 기대하는 사람들, 도움을 요청하며 변화매개인인 사회복지사의 서비스를 제공받는 개인, 가족, 집단, 기관이나 지역사회이다.

(3) 표적체계

표적체계는 변화매개인이 목표를 성취하기 위하여 영향을 주거나 변화시킬 필요가 있다고 느끼는 사람들이다.

(4) 행동체계

행동체계는 변화매개인이 변화노력을 달성하기 위해 상호작용하는 사람들로 이웃, 가족, 전문가 등이다.

(5) 전문체계

전문가단체, 전문가를 육성하는 교육체계, 전문적 실천의 가치와 사회적 인가 등이다. 전문체계의 가치는 변화매개체계인 사회복지사의 행동과 사고에 영향을 준다. 사회복지사는 기관변화, 사회변화를 위한 옹호 또는 대변가로서 역할을 수행할 때 전문체계를 이용하는 경우가 많다. 사회복지사는 전문체계의 도움을 얻어 자신이 속한 기관에서 자신의 영향력을 증대시키거나 사회변화 노력에 필요한 자원을 얻어 낼 수 있다.

(6) 의뢰 - 응답체계

의뢰–응답체계는 클라이언트가 다른 사람의 요청이나 법원, 경찰 등에 의해 강제로 사회복지기관에 오는 경우, 일반 클라이언트체계와 구별하기 위해 사용되며, 의뢰체계는 서비스를 요청한 사람이다. 또한 응답체계는 법원이나 경찰, 외부전문가 등의 요청으로 서비스 기관으로 오게 된 체계이다.

문제 인식체계는 잠재적 클라이언트를 변화매개체계인 사회복지사의 관심 영역으로 끌어들이기 위해 행동하는 체계이다. 사회복지사와의 접촉 초기에 클라이언트체계로 고려할 수 있다.

3) 문제해결 모델

Perlman(1957)에 의해 개발되고 Compton과 Galaway(1994)에 의해 정교화된 문제해결 모델은 1920년대 진단주의 학파와 1930년대 기능주의 학파를 1950년대 통합 시도한 Perlman(1957)의 모델이 기반이 되었다.

이 모델은 심리역동적인 면을 강조하는 진단주의와 클라이언트의 창조적 자아능력을 강조하는 기능주의를 받아들인 절충주의 방식이다. 이 모델의 등장 배경은 1930년대 대공황 발생, 1940년대 제2차 세계대전 전후의 실업자, 빈곤이라는 사회적 문제로 인한 민간단체의 경제부조의 기능 약화, 공공기관의 책임 강화 등이다.

이론적 배경은 자아심리학, 문제해결 원칙, 역할이론, 기능주의와 진단주의 이론, 개별사회사업 이론의 개념인 동기화, 능력, 기회 등의 활용이다.

Perlman의 문제해결 모델에 있어서 문제는 그것을 가진 사람에 의해서 명확화되어야 하고, 문제의 원인과 결과에 대한 사실과 그 사람의 생활공간에 타인이 어떠한 영향력을 행사하고 있는지를 명확히 해야 한다. 어떠한 선택이나 결정을 내릴 때 그 행동이나 물질적 수단이 개인의 문제나 그 문제와 사람과의 관계에 미치는 영향을 숙고해야 하고, 클라이언트는 자신이 문제해결자(problem solver)이어야 한다.

Perlman은 문제해결 과정을 4P로 표현하였다. 즉, '문제(Problem)'를 가지고 있는 '사람(person)'이 어떤 '장소(Place)'에 자신의 문제를 가지고 도움을 얻기 위해 찾아오게 되면 문제해결에 필요한 자원을 보완해 주는 '과정(Process)'을 활용하는 것이다.

이 모델은 사회복지사가 변화를 위해 클라이언트의 동기를 개방시킨다. 활력을 주며 방향성을 제시하며 클라이언트체계의 성장과정에 참여하여 클라이언트를 도우며 삶을 효과적으로 대처해 나갈 수 있도록 클라이언트의 능력을 회복·강화할 것을 강조한다.[10]

4) 생활 모델

생활 모델(life model)은 1970년대 사회변화의 요구에 직면하여 사회복지 분야의 저항의 문제와 일반전문직의 실천 분야의 확장 문제가 대두되었는데, 이에 대한 반응으로 Germain과 Gitterman(1980)이 생태체계관점을 이론적 준거틀로 사회복지실천 분야에 도입하여 생활 모델을 개발하였다. 또한 생활 모델은 인간과 환경의 상호작용에 초점을 두고 개인, 집단, 지역사회 등 제반 체계에 개입할 수 있는 실천원칙과 기술을 통합한 모델로서 생활과정 안에서 문제를 해결해 나가도록 하는 실천 모델이다. 즉, 생활 모델의 개입목표는 개인과 그 외 환경 특성, 인간의 욕구와 환경자원 간의 적응수준을 향상하는 것이다.

생활 모델은 문제를 병리적 상태의 반영이 아닌 생태체계의 요소 간의 상호작용 결과로 보고 있다. 문제는 성격장애가 아닌 스트레스를 만들어내고, 대처능력을 과중하게 부담시키는 생활상의 문제로 정의한다. 따라서 인간과 환경의 복잡한 상호교류에서 적응균형에 혼란이 나타나고 이러한 혼란은 스트레스를 초래한다. 스트레스는 생활변천, 환경의 압박, 대인관계 문제들로, 상호 관련된 생활영역에서 일어난다.[11]

5) 단일화 모델

단일화 모델(unitary model)은 통합적 이론의 대표적 모델로서 사회체계 모델, 사회학습 혹은 문제해결 모델, 과정 모델 등을 준거틀로 하여 결합한 모델로서 Goldstein(1973)이 체계화하였다. 이 모델은 준거틀 모델 가운데 과정 모델의 내용을 특히 강조하였다.

Goldstein은 과정 모델을 조사와 평가, 의뢰와 중재, 평가적 전략이라 하여 사회복지실천과정의 여러 가지 단계들과 연계시켰다. 사회복지실천과정을 역할유도단계, 핵심단계 및 종결단계로 설정하고 이들 단계가 반복적으로 일어나는 것으로 설명하였다. 그리고 전체 과정 모델을 여러 가지 표적의 형태인 개인, 가족, 집단, 조직, 지역사회로 구분하여 구체화한 단계와 연결하였다.

4체계 모델이 클라이언트체계 및 자원체계와 사회복지사와의 상호 기능을 중시한데 비하여, 단일화 모델은 사회학습에 관한 사회복지사의 기능에 더 많은 관심을 집중시켰다. 사회학습을 매우 광범위한 일반적 의미로 제시하여 중요한 변화 목표로서 개인이나 소집단체계에 한정하지 않고 사회학습 과정을 통해 좀 더 큰 체계(조직, 집단)들이 변화될 수 있다고 강조하였다. 또한 사회복지사의 자원 확보와 폭넓은 활용을 통해 사회변화가 가능하다고 강조하였다.[12]

제 5 장 사례관리

1. 사례관리의 철학 및 개념

1) 사례관리의 등장배경

사례관리의 등장배경은 학자에 따라, 기관의 특성에 따라, 서비스 대상자에 따라 그 초점을 상이하게 두고 있다. 이는 사례관리가 기존의 사회복지 방법에서 사용하던 클라이언트라는 용어를 대신해서 소비자라는 용어를 많이 사용하고 있는 데서도 알 수 있듯이 대상자 중심의 서비스를 강조하고 있기 때문이다.

사례관리의 등장은 사회가 변화함에 따라 야기되는 다양한 욕구의 분출과 이에 따른 막대한 예산의 집행을 해결하기 위한 일련의 노력의 결과이다. 한편으로는 사례관리의 출현은 막대한 복지예산의 지출로 인해서 클라이언트가 점차 사회적인 천덕꾸러기로 인식되어 클라이언트의 인권이 위기에 직면하게 된 것에 기인한다. 따라서 사회복지실천은 클라이언트의 권익을 경제적인 부담 없이 제공하려는 각종 방안을 모색하게 되었고, 그 목적으로 민간자원을 극대화할 방안이 모색되었다. 민간자원의 극대화는 무질서한 서비스를 초래하였고 서비스 계획의 무질서를 해결하기 위해서 체계적인 서비스 전달을 위한 관리기관의 필요성이 대두되었다. 그 결과 서비스체계 대리인이 출현하게 되었으며, 사례관리가 인권과 예산 절감을 동시에 충족시킬 수 있게 됨에 따라 주목을 받게 되었다.[1]

(1) 탈시설화 영향

탈시설화라는 용어는 문자 그대로 클라이언트가 생활상의 곤란을 해결하기 위해 이제까지 살아오던 가정과 지역사회와는 분리되어 수용시설 혹은 병원의 입원 시설을 이용하던 방식에서 해방되어 다시 가정과 지역사회로 되돌아오는 것을 의미한다.

1950년대 이후 개발되기 시작한 향정신성 의약품은 시설에 입원시키지 않고도 클라이언트를 지역사회 내에서 관리 가능하다고 믿게 하였다. 시설에 있는 사람들은 줄이고 재가 서비스를 강조하는 지역사회 중심 보건 운동이 전개되었지만, 실제로 그들을 지역사회 내에서 제대로 관리하는 데에는 실패하였다.

입소 시설에서의 서비스 전달은 모든 서비스가 한정된 시설 안에서 제공되도록 구조화되어 있다는 이점이 있지만, 입소자의 재활에 한계를 갖고 있으며 공적으로 부담해야 하는 비용이 많이 든다는 단점을 갖고 있다.

이러한 이유로 탈시설화는 중요한 쟁점이 되었는데, 탈시설화의 경향은 서비스 전달상의 문제를 가져왔다. 지역사회에 기초하는 서비스들은 각 기관이 소유하는 기금과 자격요건 등으로 인하여 분산되는 경향을 보인다. 이와 같은 상황에서 사례관리는 각 조직의 경계를 넘어 서비스가 함께 이루어질 수 있는 장치를 제공함으로써 문제들이 상쇄될 수 있도록 하는 수단으로서 도움을 주게 된다.

따라서 1970년대 중반부터 사례관리를 핵심적 내용으로 한 지역사회지지 프로그램(community support program)이 새로이 나타나게 되었다. 따라서 사례관리방법은 이들의 서비스 요구로 계속적이고도 포괄적인 서비스를 제공하는 방식으로 등장하게 된다.

(2) 서비스 전달의 지방분권화

1950년대 이후부터 지역사회 중심의 사회복지서비스는 시설서비스보다 제한적이지 않으며 인간적이라는 견해가 주장되기 시작하였다. 한편으로는 사회복지에 대한 정부의 재정압박이 강하게 대두되기 시작했다. 이는 사회복지서비스에 있어서 탈시설화 운동을 강하게 불러일으켰으며, 이러한 사회적 추세를 바탕으로 1970년대까지 지역 중심의 사회복지서비스와 시설 중심의 서비스에 대한 비교평가가 여러 측면에서 연구되기 시작하였다. 이러한 연구 중에 주류를 차지하고 있었던 것은 서비스의 질적 측면과 경제적 측면에 대해서였다. 이러한 연구결과는 지역사회 중심의 서비스가 서비스의 질적 측면과 경제적 측면에서 효과가 더욱 높은 것으로 나타났다. 즉 지역사회 중심의 서비스는 심각하고 복합적인 욕구를 충족시키기에 어려움이 있는 클라이언트들에게 인간적인 서비스를 줄 수 있고 정부의 재정 부담을 감소시켜 준다는 것이었다.

이러한 사회적 분위기에서 서비스의 방향성은 지역사회 중심서비스로 변화되기 시작하였고 이를 효과적으로 전개하기 위해서 기존의 사회복지 서비스체계에 대한 수정이 불가피하게 되었다. 이러한 가운데서 이를 수행하는 방법으로서 사례관리가 출현하게 되었다.

(3) 클라이언트와 그 가족에게 부과되는 과도한 책임

지역사회 내의 적절한 환경자원의 미비는 클라이언트와 그 가족들에게 너무 많은 책임을 넘겼다. 그 결과 클라이언트와 그 가족에게 과도한 스트레스가 발생하게 되었다. 한 예로서 주거시설 같은 환경자원의 미비는 부랑인들을 양상하는 결과를 가져왔다. 사례관리는 클라이언트를 위해서 환경자원들을 개발하고 연결하는 기능을 요구하게 되었다.

(4) 다양한 문제와 욕구를 가진 클라이언트의 증가

지역사회 생활을 위해서 클라이언트는 생활 전반에 걸쳐 다양한 욕구와 해결해야 할 문제들을 가진다. 그 문제들을 해결하기 위해서는 사례관리와 같이 지역사회에서 살아가는 데 필요한 서비스들을 조직화함으로써 그 욕구를 충족시키는 기능을 수행할 수 있는 역할이 요구되었다. 따라서 클라이언트들이 지역사회에서 살아가도록 하기 위해서는 클라이언트들이 필요로 하는 서비스를 조직화하고 통합하여 상호 연계하는 사례관리방법이 요구되었다.

일반적으로 한 기관이나 하나의 단일 서비스체계로는 복합적인 욕구를 가진 클라이언트의 문제에 대응하는 것이 불가능하다. 따라서 이들이 지역사회에서 살아가도록 하기 위해서는 클라이언트들이 필요로 하는 서비스를 조직화하고 통합하여 상호 연계되도록 하기 위한 사례관리가 요구되었다.

(5) 기존 서비스의 단편성

복지서비스 대부분은 범주별로 분류되고 자격요건의 측면에서 서비스 공급주체가 다원화되고 있다. 즉 서비스 공급 주체는 지방정부, 민간조직 등으로 나누어지고 서비스는 연령 집단별, 기능집단별, 혹은 문제영역별로 나누어진다. 이처럼 복지서비스가 통합되지 못하고 단편적으로 이루어지는 상황에서는 클라이언트의 욕구가 충족되기 어렵고 문제해결은 형식화되거나 방치되기 쉬워진다. 사례관리는 클라이언트 수준에서 서비스의 단편성을 막아내기 위한 장치로서 필요하였다.

(6) 서비스 비용 억제 및 서비스 전달의 효과극대화

한정된 자원 가운데서 서비스 전달의 효과를 최대화하려는 노력은 항상 중대한 관심이다. 즉, 서비스 전달의 비용을 억제하려는 관심이 계속 증가되고 있다. 이것은 지난 수십 년간 정신보건에 사용되는 비용의 급격한 증가로 인한 부담에서 기인한다고 하겠다. 실제로 병원을 중심으로 한 보건체계는 막대한 비용이 소요된다. 그러나 사례관리 서비스를 제공하게 되면 클라이언트의 상태가 더 악화하거나 재입원하는 것을 예방할 수 있으므로 비용을 억제할 수 있게 되어 치솟는 치료비에 대한 대응책으로서 기능하는 사례관리 방법에 관한 관심이 고조되었다.

(7) 사회적 자원체계와 지원망의 중요성에 대한 인식 증가

비공식적 지지인 가족, 친척, 친구 등의 사회적 지지망이 클라이언트의 지역사회 생활을 향상하는 데 중요한 역할을 할 수 있지만, 항상 긍정적인 결과만을 가져오는 것은 아니다. 따라서 공식적인 서비스 자원들을 연계하여 사회적 지지망을 구성하고, 그 지지를 받도록 하는 조력 역할이 요구되게 되었다.

그러나 주의해야 할 것은 사회적 자원체계와 지원망이 항상 기능적이기만 한 것은 아니라는 점이다. 이들이 클라이언트의 건강이나 지역사회 생활을 향상하는데 중요한 영향력을 미치는 것은 사실이지만, 공적인 서비스와의 통합이나 조정이 이루어지지 않으면 매우 부적당한 것이 될 수도 있기 때문이다.

따라서 공적인 서비스가 제공하는 서비스와 비공식적인 사회적 자원체계가 공급하는 서비스에는 양적, 질적 차원에서 상당한 차이가 존재한다는 것을 인식하면서 공식적이고 전문적인 서비스와 비공식적인 자원체계와 지원망을 조정하고 통합하려는 사례관리방법이 주목받게 되었다.

(8) 사회복지실천방법의 점검

사회복지가 학문으로서, 사회의 문제에 대한 적극적인 해결자로서 위치를 확립하게 된 1920년 이후 끊임없이 방법론, 접근방법, 모델, 기법, 기술들이 개발돼 왔다. 그러나 개인의 복지를 달성하는 주요 방법론인 개별사회사업은 사회복지의 1차적 대상인 빈곤을 비롯한 소외계층에 대한 물질적이고 정신적인 서비스의 동시적 충족의 묵시적 원칙이 전문화의 속도와 함께, 소외계층에 대한 서비스가 아니라 모든 국민에 대한 정신적인 서비스로 치중하고 발전하게 되었다. 따라서 이원화 현상이 급격하게 나타나게 되었다. 그 결과 본질적인 사회복지의 원칙이 퇴색하기 시작했다. 따라서 이를 해결하기 위한 수단으로서 복고성으로의 지향이 대두되기 시작하였으며, 그 결과 현대적 사회에 적합한 물질과 정신적 서비스를 동시에 충족시킬 수 있는 수단으로서 사례관리가 출현하게 되었다.

2) 사례관리의 개념 및 목적

(1) 사례관리의 정의

사회복지실천은 개인과 집단, 지역사회가 적절한 사회적 기능을 수행하는 데 필요한 능력을 회복하고 강화하도록 원조하는 전문적인 활동이며, 동시에 개인과 집단, 지역사회가 그들이 바라는 목표에 합당한 사회적 조건들을 창조해 낼 수 있도록 지원하는 역할을 한다. 이러한 사회복지실천을 기초로 사례관리는 서비스의 효율성을 높이기 위해 제안된 대표적인 통합적 실천모델이다. 사례관리는 클라이언트의 욕구에 적합한 서비스가 효율적으로 전달되도록 서비스의 조정 및 제공에 대한 개인이나 기관의 책임을 강조하고 있다. 종적으로는 시간의 경과에 따라 변화하는 개인의 욕구에 반응적인 서비스를 지속해서 제공하고, 횡적으로는 주어진 특정 시점에서 클라이언트의 다양한 욕구를 충족시키기 위해 포괄적인 서비스를 제공한다.

학자들에 따른 사례관리 개념으로 Rothman(1992)에 의하면, 사례관리는 정신보건, 노인, 아동, 그리고 보건 및 장애와 같은 대인 서비스 분야의 중요한 실천방법으로, 지역사회에 있는 클라이언트에 대해 개별적인 조언, 상담, 치료 등의 서비스를 제공해주고, 클라이언트와 지역사회 기관 간의 연결, 그리고 클라이언트와 비공식적 원조 망을 연결하는 기능이라고 하였다. Moxley(1989)에 의하면, 사례관리는 복합적인 욕구를 가진 사람들의 기능향상과 복지를 위해 총체적이고 통합적인 서비스를 제공하는 것으로, 공식적·비공식적 지원과 활동의 네트워크를 조직, 조정하고, 그리고 유지하는 기능을 한다고 하였다. 그리고 Moore(1990)는 사례관리를 심리치료자의 임상적 기술과 지역사회 조직가의 옹호기술이 요구되는 사회복지실천의 새로운 분야로서 클라이언트의 욕구를 충족시키기 위해 가족을 포함하는 비공식 보호체계 및 공식 보호체계의 활동을 통합하여, 클라이언트와 일차집단이 그들의 잠재력을 최대한 발휘할 수 있도록 조장하며 더 큰 사회 환경 내에서 더욱 효과적으로 상호작용할 수 있도록 촉진하는 것이라고 하였다.

우리나라 한국사회복지협의회(KCSW)에 의하면, 사례관리는 복합적인 원인으로 보호 상태에 있는 클라이언트에게 다양한 지역사회의 자원을 연결해 관리하는 원조대책으로서 여러 가지 욕구를 조기에 적절하게 대응하는 지역 보호 체계라고 정의하고 있다. 또한 전미사회복지사협회(NASW)에 의하면, 사례관리는 전문적 사회복지사가 클라이언트와 가족의 욕구를 사정하고 클라이언트의 복잡한 욕구를 충족시키고자 다양한 서비스를 확보, 조정, 평가, 그리고 옹호하여 서비스를 제공하는 방법이라는 것이다.

사례관리는 생태체계적 관점을 만성적이고, 복합적인 문제를 가진 개인 및 가족과 함께 일하면서 그들과 자원제공자들의 기능을 향상시켜 환경 속에서 자신들에게 필요한 서비스와 자원을 스스로 획득하여 사회적 기능을 원활히 수행할 수 있도록 돕는 통합적 접근방법이라고 할 수 있다.

최근의 사례관리 개념은 더 구체적으로 사회복지가 클라이언트의 문제를 발견하고, 클라이언트 자신의 복지적 욕구뿐만 아니라 사회복지 전문가들에 의해 발견되는 최적의 삶의 환경 개선을 위해 전달되는 포괄적 사회복지 서비스를 의미한다.

이처럼, 사례관리란 대인 서비스 실천의 다양한 분야에서 복합적인 욕구를 가진 클라이언트들의 욕구를 사정한 후 이들의 욕구들을 충족시키기 위한 적절한 서비스나 기회 또는 급여를 확인한다. 포괄적인 서비스 계획을 개발하며 각종 서비스에 대한 클라이언트의 접근이 쉽도록 옹호를 제공하고 적절하고 효과적인 서비스의 전달을 점검하거나 평가하는 활동이라고 할 수 있다. 즉, 사례관리란 복합적인 욕구를 가진 사람들의 기능화와 복지를 위해 공식적·비공식적 자원과 활동의 네트워크를 조직·조정·유지하는 활동이라고 볼 수 있다. 다시 말하면 사례관리는 사회 기능상의 문제를 가진 개인의 기능회복 및 증진을 초래할 수 있도록 개인과 주변 환경을 변화시키는 데 지속적이고 통합적으로 개입하는 방법이다.[2]

(2) 사례관리의 목적

사례관리의 목적은 여러 가지 욕구를 가진 사례관리대상자들의 기능화와 복지를 위해 공식적, 비공식적 지원을 조직하여 대상자의 서비스 이용을 증진시키고, 사례관리자의 능력을 향상시켜 사회복지서비스의 효과성을 향상시키는 것이다.

Moxley(1989)에 의하면, 사례관리의 목적은 서비스와 자원을 이용하고 접근하는 데 있다. 가능한 클라이언트의 생활기술을 증진하고, 복지와 기능을 증진하는 데 있어서 사회관계망과 관련된 대인 서비스 제공자의 능력을 발전시키는 것이고, 가능한 가장 효과적인 방법으로 서비스 및 지원의 전달이 이루어지도록 노력한다. 이와 동시에 서비스의 효과를 증진하는 것이라고 하였다. 또한 Moore(1990)는 사례관리의 목적이란 환경적 도전에 대처하는 데 있어 개인의 잠재력과 가족 및 일차집단의 케어능력을 극대화하는 것이고, 케어의 공식체계와 일차적 케어자원을 통합하고, 개인과 일차집단의 욕구를 충족시키기 위하여 공식적 케어체계 내의 능력을 극대화하는 것이라고 하였다.

사례관리의 목적에 대해 전미사회복지사협회(NASW)는 다음과 같이 정리하고 있다.

- 클라이언트의 발달적 능력, 문제해결 능력, 대처능력을 향상하는 것

- 자원과 서비스를 제공하는 인간 서비스 조직 체계를 보다 효과적으로 만들고 활성화하는 것
- 클라이언트에게 자원들, 서비스들 및 다양한 기회들을 제공하기 위해 서비스 체계들과 연계시키는 것
- 서비스와 자원의 전달체계의 범위와 방식을 개선하는 것
- 사회정책의 발전과 개선에 기여 하는 것

이처럼 사례관리의 목적은 클라이언트와 비공식적 지원체계인 가족, 친족, 친구 등과 공식적 지원체계인 국가 및 공공기관이 보유하는 각종 자원을 통합하여 클라이언트 및 가족구성원에게 보다 효과적인 서비스를 전달 및 연결하려는 것이라고 볼 수 있다.[3]

3) 사례관리의 개입원칙 및 범위

(1) 사례관리의 개입원칙

사례관리 접근은 사회복지실천에서 클라이언트에 대한 인간의 존엄성을 최대한 존중하고 그들이 행복한 삶을 영위하도록 돕기 위해 그들에게 필요한 자원과 서비스에 접근할 동등한 기회를 제공하는 것을 중요시하고 있다. 따라서 사례관리 접근이 갖는 기본 가치관은 클라이언트의 삶에 대해 사회 연대적 책임을 지는 것과 클라이언트가 스스로의 문제를 가장 잘 해결할 수 있는 사람이라는 신뢰감이다. 이러한 가치관은 사례관리의 개입원칙을 분명하게 제시한다.

Gerhart(1990)는 사례관리의 개입원칙을 다음과 같이 설명하고 있다.

① 서비스 개별화

클라이언트의 개개인과 신체적, 정신적, 사회적 상황에 따라 그가 가진 욕구를 적절하게 개발하여 서비스를 제공한다. 특히, 클라이언트 개인마다 서로 다른 욕구와 강점이 있으므로 사회복지실천서비스 계획도 이에 맞추어 수립해야 한다.

② 서비스 제공의 포괄성

클라이언트의 다양한 욕구가 모든 분야에 걸쳐 충족되고 포괄적인 서비스를 제공할 수 있도록 필요한 광범위한 지지를 연결하고 조정, 점검한다. 이때 필요한 도움의 유형과 범위가 다양하므로 사례관리자들은 잠재적 지역사회 자원에 대한 전문적 지식을 갖고 활용할 수 있어야 한다.

③ 클라이언트의 자율성 극대화

클라이언트가 선택할 자유를 최대화하고, 지나치게 보호하지 않으며, 클라이언트의 자기결정권을 가능한 보장 한다. 또한 클라이언트가 가능한 한 자립할 수 있도록 돕는데 초점을 두고, 클라이언트가 자신의 서비스와 관련된 판단을 하는 데 있어서 자기결정 능력을 최대화하도록 해준다.

④ 서비스 지속성(연속성)

사례관리자가 클라이언트의 욕구를 점검하여 일회적이거나 단편적 서비스가 제공되지 않고 지속해서 제공되게 한다. 즉, 단편적 서비스를 피하고 클라이언트가 자신의 생활현장에서 잘 적응할 수 있도록 지속해서 원조해야 한다는 것이다.

⑤ 서비스 연계성

사례관리자는 복잡하고 분리된 서비스전달체계를 연결한다. 또한 클라이언트에게 필요한 서비스들이 지역사회의 여러 기관에 분산되어 있으면, 서비스 정보를 제공하고 적절한 서비스들을 서로 연결하여 서비스의 효과성을 높인다.

⑥ 서비스의 접근성

사례관리자는 프로그램이나 자격조건 등 복잡하고 까다로워서 서비스 접근에 어려움이 있는 경우, 서비스 제공자와 접촉하여 중개역할을 해줌으로써 클라이언트가 좀 더 쉽게 자원 등에 접근할 수 있게 해준다. 이를 위해 사례관리자는 클라이언트가 서비스를 이용하는 데 있어 장애가 되는 심리적 조건이나 물리적 요소 혹은 사회문화적·경제적 요소들이 존재하는지 살펴보고, 이러한 장애 요소를 최소화하여 서비스에 대한 접근성을 높여야 할 것이다. 다시 말하면, 클라이언트의 욕구를 점검하여 단편적 서비스를 피하고 클라이언트가 자신의 생활현장에서 잘 적응할 수 있도록 지속적인 서비스를 받을 수 있도록 원조해야 한다는 것이다.

⑦ 서비스의 체계성

사례관리자는 서비스 간 중복을 줄이고 서비스의 비용을 효율적으로 관리하기 위해 서비스와 자원 간에 조정한다. 그리고 사례관리자는 서비스를 제공하는 공식적 체계의 조정뿐만 아니라 가족이나 친척, 혹은 친구 등과 같은 비공식적 지원체계를 통합하고 기능적으로 연결하여 다양하고 체계적인 지지망을 구축하도록 한다.

이처럼 모든 클라이언트가 언제라도, 어떠한 상황에서라도 자신이 원하는 서비스를 받을 수 있도록 다양하게 포괄적으로, 그리고 동등하게 지속해서 서비스 기회를 제공하는 것이 개입의 원칙이라고 볼 수 있다. 특히, 인간의 존엄성 존중과 클라이언트의 자기결정이라는 사회복지실천의 가치가 최대한 실현될 수 있는 개입원칙이라는 것이 사례관리가 가진 강점이다.

(2) 사례관리 서비스의 범위

전미사회복지사협회(NASW)는 사례관리 서비스의 범위를 다음과 같이 진단, 개입, 치료계획을 포함한 심리·사회적 사정으로 정리해놓고 있다.

- 재정과 관련된 사정, 계획 및 개입
- 사례 간소화
- 클라이언트와 가족 상담
- 위기개입
- 서비스의 질적 개선
- 자원의 연계, 의뢰 및 개발
- 보호 서비스의 지속성
- 서비스체계의 통합
- 결과·실천 평가

- 팀워크 · 협력
- 클라이언트 · 가족 교육
- 클라이언트 · 가족 옹호

이처럼 전미사회복지사협회(NASW)가 명시한 서비스의 범위 이외에도 사례관리의 서비스 범위가 앞으로 정신건강사회복지, 의료사회사업복지, 노인 및 아동복지, 학교사회사업, 교정복지 등과 같은 사회복지 실천영역 등으로 확대해나가야 할 것이다. 이는 다양한 사회복지실천 분야에서 사례관리가 클라이언트의 문제를 해결하고 삶의 질을 높이기 위하는 공통적이며 이론적 접근방법이기 때문이다.

2. 사례관리과정

사례관리과정은 학자들에 따라 단계가 다양하게 제시되고 있지만, 내용 면에서는 큰 차이가 없이 비슷하게 나타나고 있다.

주요 학자들이 제시한 사례관리과정을 표로 제시하면 〈표 5-1〉과 같다.[4]

표 5-1 주요 학자들의 사례관리과정

학자	사례관리과정
Steinber & Cater(1983)	사례 발굴 → 사정 → 목표설정과 서비스 계획 → 보호계획 실행 → 점검
Weii(1985)	클라이언트 확인과 접근 → 사정과 진단 → 서비스 계획과 발굴 → 서비스와 클라이언트 연결 → 서비스 실행과 조정 → 서비스 전달체계 점검 → 옹호 → 평가
Mink & Ballew(1987)	계약 → 사정 → 계획 → 자원조정 → 조정 → 해약
Moxley(1989)	사정 → 계획 → 개입 → 점검 → 평가
Doll(1991)	홍보 → 사정의 결정수준(사전심사) → 욕구사정 → 보호계획 → 보호계획 실행 → 점검 → 재평가
Rothman(1991)	기관에 접근 → 인테이크 → 목표 설정(사정) → 계획수립 → 연결(개입) → 점검 → 재사정 → 결과평가

사례관리과정은 일반적으로 사정, 계획, 개입, 점검, 평가로 구분하지만, 여기에서는 인테이크 → 사정→ 계획→ 개입 → 점검 → 평가의 단계로 구분하고자 하며, 그 내용은 다음과 같다.[5]

1) 인테이크

인테이크 단계에서는 클라이언트를 확인하고 등록한다. 아웃리치, 의뢰(referral), 스크리닝(screening)의 과정을 모두 포함하며 이 과정에서 사례관리자는 원조를 해야 하는 클라이언트의 장애나 욕구를 개략적으로 파악하고, 또 사례관리를 통해 제공해 줄 수 있는 원조의 내용을 클라이언트에게 상세히 설명하여 원조를 받을 것인지를 확인하고 계약하는 일이 중심이 된다.

2) 사정

사정이란 수집된 자료를 분석하고 의미를 부여함으로써 사례관리대상자의 문제와 욕구의 내용과 수정, 강점과 자원 등을 파악하고 사정하는 과정이다. 접근방법은 사례관리대상자 욕구와 능력의 사정, 지원체계에 대한 능력의 사정, 지원체계에 대한 사정 등이 있다.

사정 방법으로는 자료수집을 효과적으로 하기 위하여 가계도, 생태도, 성격유형 검사, 지능검사, 진단검사 등 각종 심리검사를 활용하기도 한다. 사정 내용은 사례관리대상자의 특성에 따라 달라진다. 사정에 포함되는 내용은 클라이언트의 욕구 및 문제, 신체적·정신적인 건강상황, 일상생활 동작능력, 심리·사회적 기능, 경제상황, 주거상황, 자조능력, 이용하고 있는 서비스나 자원, 그리고 장애물 등이다. 사례관리대상자 능력의 사정은 장점, 잠재능력, 문제해결 능력이나 자원에 대해 파악하는 것이다. 사정은 기관 내부적으로만 수행되는 것이 아니며, 필요한 경우에는 사례관리대상자에 대해 다른 기관에 의뢰하거나 이용하던 다른 기관의 사정 자료를 요구할 수도 있다.

3) 계획

계획은 사정에서 수집한 정보를 클라이언트에게 도움이 되는 일련의 활동으로 전환하는 과정이다. 계획은 사정을 자세히 할 수 있도록 도와주며 사례관리 활동을 위한 합리적 기초가 된다. 개입계획을 수립하는 과정에서 클라이언트는 가능한 한 폭넓게 관여하면서 자신의 욕구를 정확히 밝히고 좀 더 효율적 개입계획 수립을 가능케 하며 궁극적으로는 사례관리의 목적을 달성할 수 있는 서비스 결과가 나오도록 해야 한다. 개입계획은 일반적으로 상호목적 수립하기(1단계), 우선순위 정하기(2단계), 전략 수립하기(3단계), 전략 선택하기(4단계), 전략 실행하기(5단계) 순이다. 그리고 클라이언트 욕구를 적정화하고 필요한 서비스를 효과적으로 전달하며 수행하는 과정에서 클라이언트 지원망을 발전시키는 데 필요한 몇 가지 주요 구성요소를 함께 수반하고 있다. 개입계획을 수립하는 데 있어 고려하여야 할 사항은 다음과 같다.

계획 가운데 실행해야 할 관련 욕구영역에 대한 특정화

- 주요 목표의 명확화
- 서비스와 지지적 목표들에 대한 분류화와 항목화
- 계획된 목표달성을 위한 고안된 특정 활동을 수행할 활동자의 선정
- 각각의 목표달성을 위한 시간 안배
- 각각의 목표가 달성되었을 시 기대되는 변화에 관한 진술

4) 개입

계획이 세워지고 개입의 목적과 전략이 결정되면 사례관리자는 개입하게 된다. 이때의 개입은 크게 내부 자원의 획득을 위한 직접적 서비스 제공과 외부 자원 획득을 위한 간접적 서비스 제공으로 나누어진다. 직접적 서비스 제공의 경우 사례관리자는 이행, 안내자, 교육자, 정보제공자, 자원자로서 기능한다. 반면 간접적 서비스제공의 경우에는 중개자, 연결자와 옹호자의 역할을 한다. 사례관리자는 서로 다른 유형의 자원들과 지역사회기관 그리고 클라이언트를 연결함으로써 클라이언트에 대한 서비스와 지원계획을 적용할 수 있는 매개자의 임무를 수행하게 된다.

5) 점검

점검(monitoring)은 서비스와 지원이 잘 이루어지고 있는가를 지켜보는 것으로, 사례관리의 여러 가지 기능 중에서도 매우 중요하다. 기관과 비공식적 망과의 접촉은 점검이 중심이 된다. 점검은 클라이언트의 수립된 실행계획에서 정해진 서비스의 전달과정을 추적하는 방법으로서 사례관리자에 의해 행해지는 활동적이고 유동적인 과정이라는 뜻을 지니고 있다. 점검은 서비스 전달을 관찰 또는 감독하는 기능을 포함한다. 사례관리자는 서비스 전달체계를 통해서 클라이언트의 변화와 진척상황을 추적하게 된다. 사례관리자가 행하는 점검의 내용은 다음과 같다.

- 클라이언트 지원망의 구성원들이 목표를 달성하기 위하여 특정 행동을 수행하고 그들의 책임을 수행하는 데 적절한 시간 안배가 이루어지고 있는지를 점검한다.
- 클라이언트에 대한 계획이 수립된 시점에서 욕구를 충족시킬 수 있는 필요한 서비스와 자원을 가졌는지 점검한다.
- 클라이언트에 대한 서비스와 지원계획이 어느 정도 잘 이해되고 있는지를 점검한다.
- 그 계획이 성공적인지 혹은 역행적 결과를 가져오고 있는지, 즉 서비스와 지지의 산출 결과를 검토하는 일 등을 점검한다.

6) 평가

평가란 '사례관리자에 의해 형성되고 조정되는 서비스 계획, 구성요소, 활동 등이 시간을 투자할 만한 가치가 있는지를 측정하는 과정'이다. 평가와 점검은 그 개념상 구별된다. 점검이 '정해진 활동이 계획대로 잘 이루어지고 있는지'를 살펴보는 것이라면, 평가는 '사례관리자의 활동이 클라이언트의 삶에 어떤 차이점을 만들어가고 있는가'를 보는 것이다. 사례관리의 평가 내용은 다음과 같다.

- 개입계획 시 구성된 전문인력, 서비스 그리고 자원들이 목표로 삼은 사례관리목적을 달성하기에 적정한 것이었는가에 대한 평가
- 클라이언트에 관한 서비스와 개입계획에 관한 평가

- 클라이언트에 대한 서비스와 지지계획에서 정해진 활동과 과업이 적절한 방법으로 수행되고 있는지에 대한 평가
- 클라이언트에 대한 서비스와 지원계획은 클라이언트 욕구에 부응할 수 있는 것인지, 특히 클라이언트 지지망에 대한 계속적 사정과 점검을 통해 드러난 욕구와 관련해서 본 클라이언트의 만족도에 관한 평가

3. 사례관리자의 역할

사례관리자는 일반적으로 클라이언트의 욕구를 확인한 후 관계를 수립한다. 클라이언트의 욕구를 사정하며, 적절한 서비스를 계획하거나 배치하고, 클라이언트를 여러 자원에 연결하며, 적절한 서비스를 적시 공급하며 목표를 성취하기 위한 과정을 감독하거나 지도하는 등의 활동을 수행한다. 그리고 일반적으로 사례관리자는 옹호 및 중개자의 역할을 중심으로 다양한 임무를 수행하는 것으로 알려져 있다. 따라서 사례관리자가 옹호자나 중개자와 동일시되는 예도 있지만, 사실상 사례관리자의 개념은 훨씬 포괄적이다. 사례관리자는 복합적인 클라이언트의 욕구가 효율적이고 효과적으로 충족되도록 하는 광범위한 임무를 갖고 있다. 사례관리자는 클라이언트에게 제공되는 서비스의 조정과 점검 및 평가에 대한 책임이 있으며, 이는 중개자의 일상적 의무를 훨씬 넘어서는 것이다. 나아가 공식적 클라이언트가 독립적으로 기능하도록 도와준다. 따라서 사례관리자는 사례관리 과정 동안에 다음과 같은 다양한 역할과 책임을 수행하게 된다.[6]

1) 옹호자

옹호자로서의 사례관리자의 역할은 특정서비스를 클라이언트가 거부당하게 될 때 서비스를 확보하고 서비스를 확대할 수 있도록 하는 것이다. 또한 필요한 서비스나 자원을 얻지 못하는 클라이언트를 대신하여 그들의 관심과 욕구를 대변하여 집단구성원

이 충족되지 못한 욕구를 지역사회기관이 알도록 하여 새로운 서비스나 자원을 개발하는 것을 도와주고 현재의 상태나 규칙을 변화시키기 위하여 대항자의 역할을 하기도 한다.

사례관리자는 지역사회 조직가로서 활동하면서 수급자격과 서비스 접근을 통제하는 정책에 영향을 미칠 수 있다. 기관을 도와 지역사회의 욕구를 사정하고 지역의 대인 서비스 전달체계가 이러한 욕구를 어떻게 충족시킬 것인지에 대한 계획을 수립하게 된다. 입법적 수준에서 사례관리자는 불평등이나 차별과 같은 문제들을 언급하는 등 클라이언트의 욕구를 다루는 정부정책과 프로그램에 영향을 미치기 위한 활동을 한다. 나아가 사례관리자는 클라이언트를 임파워시켜 자신과 가족을 위한 옹호자가 되도록 원조하기도 한다.

2) 중개자

클라이언트에게 적절한 자원을 연결하거나 의뢰하는 것, 서비스의 공급 및 이용을 보장하기 위한 사례감시가 있다. 이 시점에서는 클라이언트에게 필요한 서비스에 접근하고 자원을 연계하는 것이 가장 중요하다. 개입하는 데 있어서 사례관리자는 클라이언트의 특별한 관심이나 자원활용에 장애가 되는 요소들을 함께 파악해야 한다.

3) 조정자

많은 클라이언트는 다중문제를 갖고 있으므로 자신들의 욕구를 충족시키기 위해 한 가지 이상의 서비스가 필요하다. 조정자의 역할을 통해 사례관리자는 다른 전문직이나 기관의 직원들과 함께 서비스가 잘 통합되어 신속히 처리될 수 있도록 한다. 따라서 사례관리자는 클라이언트의 현재 상태와 전달된 서비스 및 클라이언트의 진전 상황에 대해 알고 있어야 한다. 클라이언트의 진전을 모니터하고 전문가와 대면하는 것은 사례관리자의 중요한 역할이다. 이러한 방식으로 사례관리자는 수급자격이 안 되거나, 접근에서 배제되거나, 낮은 서비스의 질 혹은 무관한 서비스의 제공과 같은 문제에 대해 클라이언트를 도울 수 있다. 또한 사례관리자는 팀 구성이나 프로그램 기획 과정에서 다른 전문가들과 협력하기도 한다.

예를 들어, 뇌졸중으로 수술받고 퇴원하는, 보행이 불편한 독거노인 클라이언트에 대한 조정자의 역할을 살펴보면, 퇴원 후 사례관리자는 하루에 한 번씩 방문간호사가 클라이언트를 방문하도록 하고, 일주일에 두 번 지역사회복지관의 가사 도우미 서비스를 연결하며, 매일 정오에 도시락배달 서비스가 이루어지도록 하고 특수보행 장비를 준비한다. 그리고 사례관리자는 클라이언트의 진전 상황에 대해 평가하고 이를 다음 달에 반영하기 위해 매주 각각의 서비스와 관련된 전문가들과 접촉하게 된다.

4) 상담자

상담자로서의 사례관리자의 업무는 클라이언트에 대한 이해를 발전시키고 클라이언트가 스스로 지지망과 같은 자원을 개발하고 유지하는 방법을 알 필요가 있다는 사실을 가르치는 것이다. 때때로 클라이언트는 새로운 지식이나 기술이 필요하기도 하고 때로는 그들 자신에 대해서 새로운 것을 학습할 필요가 있다. 사례관리자는 클라이언트와의 신뢰관계를 발전시키는데, 이러한 관계는 클라이언트의 행동 속에 있는 역기능적 측면을 점검하는 것을 가능하게 하고, 더욱 유용한 측면의 개발을 촉진한다.

5) 기획가

기획가로서의 사례관리자의 일차적 책임 중 하나는 클라이언트가 받게 될 서비스나 치료에 대해 준비하는 것이다. 기획이란 사례관리 과정에서 사정단계의 결과와 직접 연관되어 있다. 기획가는 클라이언트의 기능수행 정도를 결정하고 서비스 제공을 사정하기 위해 평가하게 된다. 그 다음 사례관리의 실행에 대한 정보를 알려주는 의료적, 심리적, 재정적, 사회적 및 직업영역에 관한 내용을 수집, 정리한다. 사례관리자의 기획가 역할은 원조과정의 초기단계에서부터 시작되어 서비스가 종료될 때까지 지속된다. 기획가로서의 사례관리자는 클라이언트가 스스로 자신의 사례를 관리할 수 있을 때까지 전반적 기획을 수립할 수 있다.

임시 석방 이후의 청소년 범죄자들과 일하는 사례관리자는 이들이 석방되기 이전부터 접촉하여 클라이언트의 상태를 평가하게 된다. 여기에는 정신상태검사, 신체검사, 사회력, 가족과 환경에 대한 사정이 포함되며, 다음으로 이들이 가정에 돌아가 잘 통합될 수 있도록 계획을 수립한다. 이때 가장 어려운 문제는 소년 범죄자가 임시 석방을 자신이 원하는 것은 무엇이든 할 수 있다는 것으로 받아들인다는 것이다. 따라서 설정된 현실적 목표와 결과에 적극적으로 참여할 수 있도록 이들을 기획단계에 포함하게 된다.

6) 기록가

서비스 전달과정 전체를 통하여 사정, 계획수립, 서비스 제공과 평가를 잘 기록해놓는 것은 매우 중요하다. 기록가로서 사례관리자는 모든 계약과 서비스에 관한 상세한 정보를 기록한다. 이는 장기보호를 제공하거나 다른 전문가 및 기관과의 의사소통, 점검 및 서비스 비용 청구 시에 중요하다. 정보관리에 대한 많은 전자체계가 클라이언트의 진전을 기록, 추적, 점검, 평가하는 데 도움이 될 수 있지만, 핵심은 입력된 자료의 질이다. 이러한 형태의 기록유지는 프로그램 평가에 필수적이다. 기관이나 개별 사례관리자는 목적이 달성되었는지, 질적 서비스가 제공되는지를 이러한 자료를 통해 결정하게 된다.

4. 사례관리의 모델

1) 서비스 전달방법에 대한 분류

사례관리의 다양한 목적에 따라서 사례관리모델이 달라질 수 있다. 즉 클라이언트의 능력강화, 의료적 서비스, 비용 절감에 따라 서비스의 내용이 달라지고 사례관리서비스가 제공되는 세팅에 따라서도 사례관리모델이 다르게 제시될 수 있다. 또한 서비스 전달 체계상으로 사례관리를 분류하고 있으며, 대표적으로 다섯 가지의 모델이 있다. 다음에 소개하는 모델 중 중계모델, 판매모델, 통합된 중계판매모델은 사례관리서비스가 기관이나 가족으로부터 제공될 수 있음을 가정하고 있으며 자원개발모델, 조직의 변화모델은 필요한 서비스가 존재하지 않는 상황을 가정한 것이다.[7]

(1) 중계모델

사례관리자는 클라이언트의 자기충족성을 성취하는 데 필요한 여러 가지 서비스를 통합·조정하는 역할을 하지만 직접서비스를 제공하지는 않는다. 즉, 필요한 서비스를 중계만 해주는 것이다. 여러 차례에 걸쳐 클라이언트의 상황이 측정(평가)되는데, 이 모든 측정이 클라이언트나 보호자와의 계약으로 진행된다.

중계모델의 대표적인 예는 미국의 민간 사례관리기관인데, 민간사례기관은 수수료를 받고 사례관리를 하는 기관을 말한다. 민간사례관리는 정부 기관에서 제공하는 서비스 이외에 서비스를 찾는 클라이언트들이나 정부자금으로 운영되는 프로그램의 혜택을 받을 자격이 없는 클라이언트들을 위해서 주로 행해진다. 사례관리자는 클라이언트가 사용할 수 있는 공식적 서비스를 파악하고 정리해주고 조정해 주며, 가족은 서비스에 대한 정보를 수집하고 서비스에 접근하는 방법을 배움으로써 이익을 얻게 된다.

(2) 판매모델

중계모델에서는 사례관리자가 서비스를 정리하고 중계만 해주지만, 판매모델은 사례관리기관이 고객에게 직접서비스를 제공한다.

이 모델의 예는 미국의 경우 간호사와 보험회사의 사례관리자 등이 포함된다. 사례관리자는 주로 자신이 확보한 서비스를 제공해도 일정한 비용 내에서 타 기관의 서비스를 추가로 사용할 수 있다.

(3) 통합된 중계판매모델

사례관리기관은 제한된 수의 서비스를 제공하고 나머지는 외부기관과 협력해서 조정한다. 주로 급성치료에 중점을 둔다.

통합된 중계판매모델의 대표적 예는 병원을 기반으로 하는 사례관리이다. 미국에서는 병원들이 사례관리체계를 개발해왔는데, 병원에서는 환자에게 급성치료만을 제공하고 퇴원을 시키고 가정과 지역사회에서 계속 보호를 받게 한다. 환자가 병원에 입원해 있으면 비용이 많이 들기 때문에 물리치료나 기타 병원에서 제공하는 서비스는 계속 제공되고 의료보험으로 충당되지 않은 추가적 서비스들, 즉 가정부 서비스나 지역사회기관 서비스들은 병원에서 직접 제공하지 않고 병원의 사례관리자가 지역사회기관들의 협력 하에 서비스를 조정하여 제공한다. 병원 외부의 서비스는 병원사례관리자가 단지 중계하여 주는 것이므로 병원에서 비용을 직접관리하지는 않는다. 이 모델을 적용할 경우 환자들의 장기적 보호에 필요한 '포괄적 서비스들'을 병원에 잘 조정하여 제공해야 한다.

(4) 자원개발모델

자원개발모델은 장기보호 서비스가 마련되어 있지 않아 개발되어야 하는 경우에 적용된다. 사례관리자는 서비스 전달을 위해 필요한 자원을 파악하고, 그 자원을 확보하는 데 있어 도움이 될 요소와 장애가 될 요소를 가려내어 재원확보를 위한 계획을 세워야 한다.

이 모델의 한 예로서 의료전달체계가 미비한 농촌 지역에서 장기보호 서비스를 개발하려고 하는 군이나 읍의 보건기관을 들 수 있다. 이 경우 필요한 서비스가 존재하지 않는 이유로 문화적 신념, 정치적 영향력의 부족 등 조건들에 대해 이해를 할 필요가 있다.

(5) 조직의 변화모델

조직의 변화모델은 흔히 자원개발모델과 중첩된다. 사례관리자는 장기보호 서비스가 현재 가능하지는 않지만 현존하는 기관이 제공하고 있는 서비스들을 약간 변화시키거나 보충하여 장기적 서비스로 전환할 수 있다고 가정한다.

이 모델의 한 예는 증가하는 AIDS 환자들에 관심을 두는 호스피스 프로그램이다.

이 기관의 사례관리자가 AIDS 환자들을 위해 새로운 서비스가 필요하고 이러한 서비스를 시작하는 데에는 기관 간부의 태도변화(예: 환자의 생명 연장 조치보다는 고통 통제로의 전환, 보호자들의 훈련 등)가 요청된다는 것을 인정한다면 이 모델을 활용할 수 있다.

2) 사례관리자에 따른 분류모델

사례관리자가 수행하는 역할에 따라 사례관리 모델은 다양하게 분류될 수 있다. 사례관리자는 대부분 훈련된 전문가들이지만, 때에 따라서 자원봉사자가 사례관리자가 될 경우도 있다.

Levine와 Fleming(1984)은 사례관리를 수행하는 사례관리자가 누구인가 또는 어떤 역할을 하는가에 따라 분류하고 있는데 그 모델은 다음과 같다.

(1) 일반모델

일반모델(Generalist Model)은 사례관리자 한 사람이 모든 사례관리 기능에 책임을 지고 필요한 직접 조정, 옹호 서비스를 제공하는 것으로 전통적인 개별사회사업모델과 가장 유사한 모델이다.

(2) 전문모델

사례관리자들은 팀으로 이루어져서 사례관리 과정의 어떤 특정한 한 부분을 담당한다. 전문모델(Specialist Model)은 구성원들의 소진(burnout)을 예방할 수 있다.

(3) 치료자 - 케이스 매니저 모델

치료자—케이스 매니저 모델(therapist-C-case manager model)에서는 모든 치료자가 임상 지도의 일부로서 사례관리서비스를 제공한다. 훈련의 측면에서 볼 때 사회사업가가 이 모델을 수행하기에 가장 적합하다고 할 수 있다.

(4) 가족모델

가족모델(family model)에서는 가족이 그 클라이언트를 위해 사례관리서비스를 제공한다. 이때 전문가는 가족이 사례관리자의 역할을 잘 수행할 수 있도록 지식과 기술을 제공할 필요가 있다.

(5) 지지자 원조모델

일반 시민들을 지지적 원조자로 활용하는 모델이다. 지지자 원조모델(supportive care model)은 준전문가를 활용하는 모델로서 특정한 훈련이나 교육과 관계없이 사회복지사로 활용하는 것으로 특히 농촌 지역이나 소도시에 많이 쓰인다.

(6) 자원봉사자모델

자원봉사자모델(volunteer model)은 지역사회 자원봉사자들을 준사례관리자로 이용하는 모델이다. 이것의 경제적 효과는 상당하므로 자원봉사자들에게 적절한 지도 감독을 제공하는 것이 중요하다. 실제 사회사업 대학원생들을 활용하여 전문적 지도로 만성질환자와 일대일로 사례관리의 책임을 부여하여 활용한 프로그램이 있다.

제 6 장

체계수준별 사회복지실천

1. 개인체계와 사회복지실천

1) 개별사회사업의 등장배경

개별사회사업(casework)은 사회복지사가 전문화되기 이전, 인보관에서 활동 또는 자선단체조직(COS)을 통해 우애 방문가로 활동하던 사회복지사들은 개인, 가족, 집단, 지역사회를 대상으로 원조서비스 제공하였다. 19세기 후반과 20세기 초, 구체적인 실천 기술보다는 단순히 상식적인 수준에서 개별 상황에 필요하다고 여겨지는 활동들을 수행하였다. 이에 Richmond(1917)가 개인 대상의 사회복지실천을 개별사회사업(casework)으로 조직화하고, 교육 및 훈련함으로써 개인 대상의 사회복지실천을 전문화하기 시작하였다.

2) 개별사회사업의 개념

Richmond(1922)는 개별사회사업이란 '개인과 사회환경 간 개별적, 의식적 조정을 통해 그 사람의 인격 발달을 도모하는 제반 과정이다'라고 정의했다. 즉, Ricmond는 개별

사회사업의 특징을 개별화, 의식적 조정, 인력 발달 및 과정이라는 말로 표현하고 있다. Richmond의 이러한 정의는 가장 고전적이지만 지금도 계속 인용, 활용되는 훌륭한 정의로 대표되고 있다.

Perlman(1957)은 개별사회사업이란 '사람들이 사회적으로 기능하는 데 있어 그들의 문제에 더 효과적으로 대처해 나갈 수 있도록 원조하기 위해 사회복지기관 또는 전문기관에서 활용하는 하나의 과정'이라고 정의하였다. 이 정의는 개별사회사업가를 사회복지기관의 기능과 관련시켰다는 점, 클라이언트는 사회적으로 기능할 수 있는 주체적 존재로 보았다는 점과 개념 정의를 통해 개별사회사업을 구성하는 기본요소인 4P의 개념을 명확히 했다는 점을 특색으로 들 수 있다. Perlman은 사회복지실천의 구성요소를 문제(problem), 사람(person), 장소(place), 과정(process)이라 하였고 이후 두 가지를 추가하여 전문가와 제공물 또는 제공자원을 제시하였다.

3) 개인대상 사회복지실천

개인대상의 사회복지실천은 클라이언트를 직접 대면하여 원조하는 것을 기본으로 한다. 이러한 실천을 통해 클라이언트는 생활상의 문제를 자각하여 정서적, 관계적, 행동적으로 대처할 수 있게 된다. 개인체계에서 대하게 되는 문제는 개인의 내적인 면, 개인 간, 그리고 환경체계가 상호작용한 결과이다. 즉, 한 체계에서 발생하는 기능적 불균형은 대부분 다른 체계의 불균형을 가져오기 때문에 문제가 한 체계에만 제한되는 경우는 드물다. 개인적 어려움은 다른 사람과의 관계에 영향을 주게 되고 개인 간의 어려움은 개인의 기능에 영향을 주게 되며 주택 등 환경자원의 부족은 개인의 기능에 영향을 미친다는 것이다.

이러한 관점에서 보는 개인대상 사회복지실천의 특징은 다음과 같다.[1]

첫째, 개인을 일대일 방식으로 도움으로써 개인문제와 사회문제를 해결하는 것을 목표로 한다.

둘째, 예방보다는 치료적 입장에서 문제해결을 중시한다.

셋째, 개인이 환경에 적응하도록 돕고 개인에게 불리한 사회경제적 상황을 변화시키도록 돕는다.

넷째, 클라이언트의 문제에 초점을 두고 클라이언트와의 개별화된 원조과정을 진행한다.

다섯째, 클라이언트의 문제를 해결하기 위해 클라이언트와 사회복지사 간의 관계를 중요시한다.

여섯째, 다양한 모델과 개입방법을 적용하여 개인의 적응과 변화, 개인과 환경과의 상호작용을 변화시킨다.

2. 가족체계와 사회복지실천

1) 가족체계의 주요 개념

가족체계의 주요 개념은 가족항상성, 가족규칙, 가족경계선, 순환적 인과성, 가족하위체계, 환류경계개방체계와 폐쇄체계 등이 있는데, 주된 내용은 다음과 같다.[2]

(1) 가족항상성

가족항상성은 체계로서의 가족이 구조와 기능에 있어서 균형을 유지하려는 속성으로 역동적 균형 상태를 유지하기 위한 체계의 경향성을 말한다. 가족항상성은 위기이론과 관련이 있는데 가족은 위기상황 이후에 정상적 기능수행으로 되돌아가려는 경향이 있다. 사회복지사는 상호작용 양상을 재조직하고 이러한 양상을 조절하는 새로운 규칙을 만들어냄으로써 새로운 균형 상태를 유지하게 한다. 즉, 모든 가족구성원은 칭찬하거나 야단치는 것과 같이 상대방의 행동을 강화하는 피드백(feedback)을 통하여 가족의 균형을 유지하는 경향이 있다.

(2) 가족규칙

모든 가족은 일상생활을 영위해 나가기 위하여 가정 안에서 힘을 어떻게 나누며 누가 어떤 일을 할 것인지의 규칙을 갖게 되며 가족구성원은 그것에 따라 행동한다. 가족 내에는 암묵적 규칙이 존재하며, 가족구성원은 규칙의 지배를 받는다. 또한 가족구성원의 반복되는 상호작용을 통해 규칙은 조직화함으로써 은연중에 불문율이 만들어진다. 그러므로 이러한 규칙을 알게 되면, 가족이 어떻게 서로 간의 관계를 규정짓고 있는지를 알게 된다. 따라서 가족치료에서는 가족의 성장과 성숙을 방해하는 가족의 역기능적 규칙을 찾아내어 이를 수정함으로써 가족구성원의 자유로운 성장을 도울 수 있다.

(3) 가족경계선

가족의 하위체계 간에 허용할 수 있는 접촉의 양과 종류는 경계로 구분된다. 경계는 가족과 하위체계의 독립과 자율성을 보호한다. 상호 경계는 경직된 경계에서부터 산만한 경계까지 다양하다. 하위체계 간의 상호 역동은 이 경계선이 명확한지(명확한 경계선), 밀착되어 있는지(밀착된 경계선), 분리되어 있는지(경직된 경계선)에 따라서 다르다.

(4) 순환적 인과성

가족 내에서 일어나는 문제는 원인과 결과가 순환적 관계를 형성하고 있다. 그러하기에 바람직하지 못한 가족의 연쇄 고리라고 판단되는 악순환의 연쇄 고리를 끊어 건강한 연쇄 고리를 새롭게 만들어 주어야 한다. 가족 내 한 구성원의 변화는 다른 구성원을 반응하게 하는 자극이 되고 이 자극은 다른 가족에게 영향을 끼쳐 전체에 영향을 준다. 이 영향은 처음 변화를 유발한 구성원에게 다시 순환적으로 영향을 미친다.

(5) 가족하위체계

전통적으로 가족 하위체계는 성, 세대, 일반적 관심(지적 능력, 사회적 능력, 책임) 등에 따라서 형성되고 구분된다. 가족 내의 대표적 하위체계는 부부, 부모–자녀, 형제자매 하위체계를 들 수 있다. 부부 하위체계는 두 사람의 결혼과 더불어 형성된다. 부부 하위체계가 건강하게 기능하기 위해서 부부는 각자 원가족의 영향에서 어느 정도 독립적이고 적절히 분화되어야 한다. 부모–자녀 하위체계의 주요 기능은 자녀양육, 지도,

통제와 연관된다. 자녀는 부모의 부부관계에 개입되거나 부부간의 갈등 때문에 걱정할 필요 없이 부모의 자녀로서 독립적으로 기능하고 존재할 수 있다. 형제자매 하위체계에서는 상호 관계를 통하여 서로 지지하고, 분화하고, 희생자가 되기도 하는 과정을 통해 많은 것을 배운다. 협동, 협상, 강제, 반대, 친구 만드는 방법, 자신을 보호하는 방법 등을 배우며, 형제자매 하위체계를 통해서 대등하지 않은 세력과의 관계에 적응하는 방법을 배우기도 한다.

(6) 환류

환류(feedback)는 정보의 투입에 대한 반응으로 행동하며 연속적인 행동을 수정하도록 그 행동의 결과를 새로운 정보로 포함하는 것을 뜻한다. 체계는 목표와 관련된 환류를 외부 환경으로부터 받아들이기 때문에 목적 지향적으로 된다. 부정적 환류는 체계가 목표를 성취하기 어려운 방식으로 행동하고 있다는 정보를 주어 목표와 조화를 이루도록 행동을 수정하게 하며, 긍정적인 환류는 지금의 적절한 행동을 더욱 요청한다는 의미를 전달한다. 체계는 환류로서 목표를 달성하기 위한 노력을 더욱 더 효과적으로 조정할 수 있다.

(7) 경계

경계(boundary)란 체계를 외부 환경으로부터 구분하는 일종의 테두리를 의미한다. 사회체계의 경계는 눈으로 보거나 만질 수 없고, 단지 그 체계를 구성하는 사람들이 서로에 대해 혹은 외부 사람들에 대해 행동하는 방식에서 드러난다. 즉, 사회체계의 경계는 사회적 구조, 물리적 구조가 아니므로 경계를 유지하는 행동을 통해서만 드러난다. 사회체계의 경계는 두 가지 주요 기능을 가진다. 첫째는 그 체계의 정체성을 규정해주며, 둘째는 주위 환경과의 내적, 외적 교환을 통제하는 한편, 부분적인 침투가 가능하며, 에너지와 정보의 전달이 가능하다. 그리고 경계는 체계를 외부 환경으로부터 구분하는 일종의 테두리로서, 체계의 정체성을 규정해주고, 주위 환경과의 내적·외적 교환을 통제하는 기능을 한다.

(8) 개방체계와 폐쇄체계

체계는 일정 기간 어느 정도의 안정성을 가지고 인과적인 관계 속에 직접 혹은 간접적으로 관련된 구성요소들의 복합체인데, 외부세계와의 관계를 기준으로 개방체계(open system)와 폐쇄체계(closed system)로 나눌 수 있다.

개방체계는 어느 정도 투과성이 높은 경계가 있는 체계이다. 개방체계는 성장과 발전에 필요한 정보나 에너지를 외부에서 자유롭게 받아들인다. 체계이론에서는 체계를 개방적인 것으로 본다. 체계의 계속성과 변화의 본질적인 요인이 환경과의 상호교환 속에 관여함을 의미한다. 개방체계는 환경으로부터 투입을 받아들이며 산출을 생산하여 환경으로 보낸다.

폐쇄체계는 다른 체계와 상호작용하지 않는다. 환경의 다른 에너지에 접근할 수 없어 자체의 에너지만을 써야 하므로 번성할 수 없다. 폐쇄체계는 기간이 지남에 따라 에너지의 유입이 없어지면서 체계들의 분화가 적어지고 조직과 기능이 상실되거나 해체되는 경향이 있다. 이를 엔트로피(entropy)라고 한다.

2) 가족체계의 특징

가족을 하나의 체계로 보는 관점은 가족구성원 간의 상호작용뿐 아니라 가족과 주변 환경과의 상호작용까지 모두 관찰하고 개입할 수 있다는 점에서 매우 유용하다. 가족은 가족구성원 개개인으로 구성된 전체이며, 지역사회를 구성하고 이에 적응하는 부분으로서의 체계이다. 즉, 가족은 사회체계의 한 유형이다. 가족은 상호 의존하는 관계특성이 있다. 체계 내 부분 간의 상호작용과 교류에 영향을 미치는 요소에는 대상과 속성, 관계, 환경이 있다. 대상은 가족구성원을 의미하며, 속성은 가족구성원의 자질이나 성격특성, 그리고 가족이 지향하는 목표나 긴장을 의미한다. 관계는 가족체계 내 부분 간의 관계를 의미하며, 환경은 체계의 구성요소인 동시에 더 큰 사회체계로서 가족에 긍정적 혹은 부정적 영향을 미치는 이웃과 지역사회, 국가, 그리고 좀 더 광범위한 사회경제적·생태학적 체계를 포괄한다. 이러한 요소가 상호 호혜적 관계를 형성하는 정도에 따라 체계는 개방적으로 되기도 하고 폐쇄적으로 되기도 한다.

개방체계는 체계 내 여러 요소와 환경 간의 상호작용이 원활하게 이루어지고 이를 통해 변화를 지향하는 경우를 의미하며, 폐쇄체계는 상호작용이 잘 이루어지지 않아 에너지의 혼란 상태에 이르는 것을 의미한다. 가족이 가족구성원 간의 상호 교류와 의사소통이 원만하고 상호 영향을 주고받는 개방체계일 경우에는 가족구성원의 성장을 가져다주고 가족응집력을 높인다. 한 사람의 행동이 다른 가족에게 영향을 미치며 이는 반복적 상호작용 행동으로 유형화된다. 체계로서 통합성을 유지하는 한편 경계를 형성하여 외부체계와 구분되기도 한다. 가족의 상위체계는 지역사회, 확대가족이 있고, 하위체계는 부부 하위체계, 부모–자녀 하위체계, 형제자매 하위체계 등이 있으며, 이 모든 체계는 상호작용하면서 에너지를 교환한다.[3]

3) 가족체계에 대한 개입

체계론적 관점에서 보면 개인과 가족이 제시하는 문제는 가족체계 전체의 상호작용과 역사적 산물이라고 할 수 있다. 사회복지사는 개인과 가족의 문제를 돕는 데 있어 개인 내적 상황과 전체로서의 가족, 그리고 각 가족구성원의 순환적 상호작용에 대한 체계적 관점을 기반으로 개입하여야 한다. 지금까지 가족대상 사회복지실천에서 유용하게 활용될 수 있는 다양한 가족치료모델이 국내에 소개되었다.

Bowen의 세대 간 가족치료, Minuchin의 구조적 가족치료, Satir의 경험적 가족치료, 해결중심 단기가족치료 모델 등은 가족의 증상에 대한 특징과 신념에 따라 독특한 기법을 활용하여 클라이언트 가족의 문제해결과 변화를 돕는다. 다음은 사회복지실천에서의 가족치료의 특징과 주요 개념에 관한 내용이다.[4]

(1) Bowen의 세대 간 가족치료

① 특징

Bowen(1975)은 가족을 다세대 현상으로 보아 다세대의 분석을 통해 현재 가족문제를 파악하려고 했으며 문제해결을 위해 가족구성원이 원 가족과 맺는 관계를 통찰하고, 해결되지 못한 감정적 애착을 강조하였다. 또한 가족을 체계로 보고 한 부분의 변화는 반드시 다른 부분(가족구성원)의 변화를 이끌 수 있다는 개념에 근거한다. Bowen은 가정에 중요한 타인(친구, 교사, 성직자 등)을 잘 참여시키면 가족 간의 관계를 수정시킬 수 있다는 태도를 보인다. 사회복지사도 가정 내에서 가장 중요한 두 사람(대개 부모)과 정서적 접촉을 유지하면서 삼각관계에 빠져들지 않고 정서적으로 비교적 객관성을 유지하면 이러한 역할을 할 수 있다고 한다.

Bowen이 지향하는 가족치료는 강한 정신적 표현이 없는 조용하고 직접적인 치료이다. 각 배우자는 상대방보다는 사회복지사와 이야기하며, 배우자 간의 정서적 긴장을 유발하지 않기 위하여 대결하고 직면하는 기술은 사용하지 않는다. 이런 방식으로 각 배우자가 생각하는 것은 상대방이 있는 가운데 표현되며, 해석은 되도록 피하고 부드러운 질문을 함으로써 감정을 완화하고, 어려움을 일으킨 원인에 대해 생각하도록 한다.

② 주요 개념

Bowen의 주요 개념은 자기분화, 삼각관계, 핵가족의 정서적 체계, 가족투사과정, 정서적 단절, 다세대전수과정, 형제순위, 사회적 퇴행 등이다.

가. 자기분화

자기분화(differentiation of self)는 정신 내적 측면과 외부관계적 측면을 모두 포함하는 개념으로, 자기분화란 한 가족의 정서적 혼란으로부터 자신이 자유로워지는 과정을 말한다. 개인의 분화수준은 기본적 분화수준과 기능적 분화수준으로 구분한다. 먼저 기본적 분화수준은 개인이 다세대 정서적 과정에 의해 결정되는 수준을 의미하며 이 분화수준은 원 가족과의 정서적 분리수준을 반영하며 그 부모의 정서적 분화 정도에 의해 크게 영향을 받고, 다세대 정서적 과정에 의해 결정된다.

기능적 분화는 관계과정에 의존하는 기능으로, 개인이 맺는 현재의 관계에 따라 원가족에게서 물려받은 기본적 분화수준보다 높거나 낮게 기능할 수 있다. 기능적 분화는 관계, 약물, 신념, 문화적 가치, 종교적 가르침, 심지어 미신적 관습 등에 의해 강화될 수 있지만, 근본적으로 개인의 기본적 분화수준의 정도가 달라진다.

Bowen은 자기분화수준을 가장 낮은 상태를 0으로, 가장 높은 상태를 100으로 구분하여 그 수준을 평가하였다. 그리고 정서적－지적기능을 0－25, 25－50, 50－75, 75－100

의 범위로 구분하여 그 수준을 평가하였다.

나. 삼각관계

Bowen은 삼각관계(triangulation)를 가장 불안정한 관계체계로 보았는데, 삼각관계는 불안이나 긴장, 스트레스를 일시적으로 감소시킬 수는 있으나 가족의 정서체계를 더욱 혼란스럽게 만들어 증상을 약화한다고 주장하였고, 대부분의 가족문제는 삼각관계의 성격을 띠고 있다. 두 사람 사이에서 스트레스나 긴장관계가 발생했을 때 제삼자를 두 사람의 상호작용체계로 끌어들여 긴장의 수준을 완화하려는 것으로, 가족의 분화수준이 낮을수록 삼각관계를 형성하려고 하는 것이다. 삼각관계에서 불안이 감소하게 되면 두 사람은 다시 친밀해지고, 제삼자는 다소 불편함을 느끼는 방관자가 된다. 일반적으로 가족의 융합 정도가 높을수록, 즉 가족구성원의 분화의 정도가 낮을수록 삼각관계를 만들려는 노력은 더욱 강렬하다. 반면 가족구성원의 분화수준이 높을수록 삼각관계를 만들지 않고도 긴장을 다루고 불안을 관리할 수 있다.

다. 핵가족 정서과정

핵가족의 정서적 체계(nuclear family emotional system)의 개념은 단일세대 가족 내의 정서적 기능의 형태를 설명한 것으로, 아버지, 어머니, 자녀 사이의 가장 기본적인 정서적 기능의 형태는 과거 세대의 반복되는 것이며, 다음 세대에서도 반복될 것이다. 여러 세대를 거치는 동안에 가족 내에서 전달되는 지식은 과거와 같은 과정을 통하여 다음 세대에 전달될 것이고, 제한 속에서 다음 세대에 관하여 타당성 있고 정확한 예측을 할 수 있다. 다시 말하면, 해소되지 못한 불안들이 개인에게서 가족에게로 투사되는 것으로, 가족이 분화되지 않으면 부모와의 정서적 단절이 생기고 부모와 정서적 단절이 있는 사람이 결혼하면 다시 가족끼리 정서적 융합(부부간의 갈등, 부부간의 정서적 거리감, 자녀에게 문제 투사 등)을 하게 된다는 것이다.

라. 가족투사과정

가족의 투사과정(family projection process)의 개념은 미분화된 아버지-어머니-자녀의 삼각관계에서 한 자녀 이상에게서 증상이 나타나는 것을 설명한 것이다. 가족 투사과정에서 주요한 대상은 자녀를 낳고 주로 양육하는 어머니이다. 정서적 투사과정은 자녀에게 주요한 정서적 손상을 가져오며, 그것은 어떠한 결함이나 만성적 질병 혹은 무능성을 유발한다.

가족의 투사과정은 부부갈등, 한 배우자의 질병, 자녀에게 자폐증이나 심한 장애가 증상으로 나타나기도 한다. 이것은 미분화로 인해 증상이 나타나는 것으로서 이때 부부는 자녀와의 미분화로 인해 자녀는 증상이 나타나고 부부는 표면적으로 건강해 보일 수 있다. 자녀에 대한 미분화 과정에서 처음에는 한 자녀에게 초점을 두지만 한 자녀에게 너무 정서적으로 몰두해 있을 때 그것을 줄이기 위하여 다른 방어기제(부부갈등이나 한 배우자의 질병 등)를 선택하게 된다. 이때 가족은 무질서와 혼란에 빠지게 된다.

마. 다세대 전수과정

다세대 전수과정(multiple transmission process)의 개념은 자녀들의 자기분화가 현재 속해 있는 세대에서만 형성되는 것이 아니고, 과거의 여러 세대를 거치는 동안에 전래하여 온 가족 투사과정에서 형성된다는 것을 설명하는 것이다.

핵가족에서 가족 투사 대상은 한 자녀이다. 정서적으로 부모의 분화수준과 관련된 자녀는 부모의 분화수준과 같거나 낮을 수 있다. 그리고 자기분화 정도가 높은 자녀는 부모보다 높은 수준의 분화를 가지게 된다. 대체로 가족의 정서적 과정 밖에서 성장한 자녀는 부모보다 높은 수준의 분화를 발전시킬 수 있다.

바. 형제자매 위치(출생순위)

Bowen은 형제자매 위치(sibling position, 출생순위)를 형제들 간의 경쟁을 삼각관계에서 초점을 맞추어 제시하였으며 같은 사건에 대해서 형제마다 경험하는 것이 달라서 가족구성원의 특징적인 성격은 출생순위에 의해 결정된다고 한다. Bowen은 출생순위 또는 형제자매 위치가 가족의 정서체계 안에서 특정한 역할과 기능을 한다고 보고 배우자의 상호작용 역시 그들의 원 가족에서의 형제자매 위치와 관련이 있다고 보았고 가족의 투사과정이나 자기분화의 개념에 응용한 것이다. 이 개념은 특정한 자녀가 어떻게 가족 투사과정에서 대상으로 선택되느냐 하는 것을 이해하기 위한 새로운 차원을 제공하고, 개인이 결혼생활에 어떻게 적응하며, 가족치료를 할 경우 어떻게 반응할 것인가를 예측할 수 있는 좋은 자료가 된다.

사. 정서적 단절

정서적 단절은 세대 간의 불안을 처리하는 방법으로서 해결되지 못한 정서적 애착으로부터 도피하는 것을 의미한다. 사람들이 그들의 부모와의 관계에서 과거에 해결하지 못한 정서적 애착을 처리하는 과정을 다루는 것이다. Bowen은 분화과정, 정서적 단절을 부모로부터 격리, 위축, 멀리 달아나는 것, 부정, 혹은 거부하는 것으로 정의하였다. 해결하지 못한 정서적 애착은 부모와 함께 사는 동안에 부모를 거부하는 자신을 격리하며 부모로부터 멀리 떠나거나 함께 살면서 정서적으로 고립되는 것으로 나타난다.

정서적 단절은 서로 정서적 의존성과 불안이 높은 가족에서 빈번하게 발생한다. 잘 만나지 않던 가족이 추석이나 설과 같은 명절에 가족 간의 다툼으로 인한 사건이 많은 것도 분화수준이 낮은 가족들이 한자리에 모임으로써 불안수준이 급격하게 높아지기 때문이다. 그리고 정서적 단절 역시 세대 간 전수 가능성이 있다. 정서적 단절을 피할 방법은 원 가족과 접촉하고 분화를 촉진함으로써 원 가족과의 미해결된 애착을 해소하는 것이다. 이러한 정서적 단절은 세대 간 미분화의 결과로 나타나며 정서적 융합이 클수록 단절이 일어날 경향이 높다.

아. 사회적 퇴행

사회적 퇴행이란 가족구성원이 만성적인 불안에 처해 있을 때, 가족은 이성적으로 부모가족과 접촉하는 것을 피하기 시작하고 불만을 경감시키기 위하여 주로 감정적으로 결정하고 반응하게 된다. 이런 과정의 결과는 증상이 발생하고 결과적으로 사회적 기능이 저하되고 퇴행하게 된다.

사회도 마찬가지여서 같은 과정이 사회에서 발생한다. 즉 전쟁이나 인구증가, 성차별 등과 같은 만성적 스트레스 상황에 부닥칠수록 사회적 불안은 커지고 그 결과로 분화수준은 감소한다. 그리고 우리는 증가하는 만성적 사회불안에 처해 있고 사회는 불안을 경감시키기 위하여 감정적으로 결정하여 반응한다. 이것은 역기능의 증상을 초래하고, 증상을 경감시키기 위한 노력은 점점 더 감정이 개입된 법을 제정하게 된다. 문제는 심화되어 주기가 반복되는데 이것은 가족에서 정신적 질병의 상태가 주기적으로 나타나는 것과 비슷하다.

③ 대표적 기법

가계도, 삼각관계로부터 분화, 가족조각, 관계경험, 코칭, 자기입장취하기, 자신의 이야기 들려주기 등이 있다.

(2) Minuchin의 구조적 가족치료

① 특징

Minuchin(1974)의 이론은 인간의 사회성에서부터 출발하고 있다. 사회는 가족을 형성하고 가족은 개인을 형성한다는 명제는 구조적 가족치료(structural family therapy)의 중요한 이론적 기초를 이루고 있다. 기존의 전통적 심리치료이론들이 개인의 내면세계를 강조하면서 개인의 중요성을 강조하지만 Minuchin은 개인의 상호작용유형과 가치관에 가족이 미치는 영향을 강조하고 있다.

Minuchin의 구조적 가족치료를 구성하고 있는 세 가지 중요한 개념은 가족구조, 하위체계, 경계선이다. 가족문제를 다루는 데 있어서 가족을 뛰어넘어 지역사회로까지 그 범위를 확장한 체계론적 견해를 주장한 Minuchin은 만일 가족사회복지사가 제한된 생태학적 시각을 뛰어넘어 자신들의 치료가 뿌리내리고 있는 더 큰 사회구조를 보지 못한다면 그들의 노력은 헛수고에 지나지 않는다고 강조하였다.

구조적 가족치료의 특징은 치료목적을 구조적 변화에 두는 것이며, 사회복지사는 가족이 재구조화해 가는 과정에 적극적 자세로 개입한다. 구조적 가족치료는 기능적이고 역기능적인 가족구조를 가족체계, 위계질서, 규칙, 역할, 협상과 조정으로 명확하게 규정함으로써 가족구조의 맥락 안에서 변화를 시도하려는 접근방법이다.

② 주요개념

가. 경계

경계는 다른 사람들과 접촉을 규제하는 눈에 보이지 않는 장벽으로 개인, 하위체계, 전체 가족은 대인 관계상의 경계에 의해 구분된다. 경계는 위계와 거리를 조정하면서 가족, 개인, 하위체계의 자율성을 보호한다. 따라서 가족의 상호작용 과정에 구성원의 누군가가 어떠한 방법으로 참가할 수 있는가에 관한 규약이라고 볼 수 있다.

경계는 체계 간의 차이를 보호하는 기능을 말하는데 가족의 기능이 원활히 수행되려면 체계 간의 경계가 명확해야 하며 가족 내 경계의 명확성은 가족의 기능을 평가하는 척도가 된다. 경계는 가족의 상호작용 과정에 있어서 구성원 중 누가 어떻게 참가해야 하는지를 규정하는 규칙이다. 대개 경계선은 명확한 경계, 혼동된(밀착된) 경계, 경직된 경계 등 3종류로 분류한다.

나. 하위체계

Minuchin은 하위체계 주변의 경계를 명백히 하는 것은 새로운 체계를 만드는 것보다 더 중요하다고 하였으며, 또한 그는 가족구조 내에서 부모와 자녀의 불분명한 경계선, 역할, 기대, 세력, 권위로 인하여 발생하는 가족 구조상의 문제에 특별한 관심을 두고 연구하면서 치료기술을 발전시켰다. 가족체계는 각각 하위체계가 있으며 다른 체계와는 구별되는 기능을 하는데, 하위체계에는 부부하위체계, 부모–자녀 하위체계, 형제하위체계 등이 있다.

다. 제휴

제휴(alignment)란 안정적 결탁(stable coalition), 삼각관계(triangulation), 우회적 결탁(detouring coalition)을 말하며, 이는 다른 사람이 활동하는 데 있어 체계의 한 가족구성원이 합류되거나 대항하는 것을 의미한다. 다시 말하면 2명의 가족구성원 혹은 하위체계들이 협력적으로 상호작용하는 것이다. 긍정적 제휴는 가족 혹은 개인의 복지에 이바지하지만 부정적 제휴는 경직되고 배타적인 성격을 지니며 가족의 문제를 일으킨다.

다시 말하면 제휴는 가족체계의 한 개인이 다른 구성원의 활동을 협력하거나 반대하거나 하는 관계를 맺는 것으로, 제휴의 유형으로는 연합과 동맹이 있는데 연합은 두 사람이 제삼자에게 대항하기 위해 제휴하는 것이다. 동맹은 제삼자와는 다른 공동의 목적을 위해 두 사람이 제휴하는 것으로 반드시 제삼자와 적대적 관계에 있지는 않다.

라. 세력

세력은 가족 개개인이 상호작용을 통해 다른 사람에게 미치는 영향을 의미하는 것으로, 절대적인 권한을 의미하지는 않는다. 그리고 제휴는 가족구성원이 적극적, 수동적으로 조화를 이루는 방법으로 만들어진다.

세력(power)과 관련된 기본적이고 구조적인 문제는 체계 내에 기능적인 세력의 부족과 연관이 있다. 첫째, 체계 내에서 기능적인 세력의 부족인데 세력행사 능력이 부족하거나 가족구성원이 세력행사를 허용하지 않는 세력이 없는 것을 의미하며, 둘째, 발전할 수 있는 잠재능력을 억제하는 것으로 연령에 부적절한 방법으로 행동하도록 강요하는 것을 의미한다.

마. 가족구조

가족구성원이 다른 구성원과 관계하는 방법을 조직하는 기능적 차원으로, 가족구조를 사정하는 질문으로는 가족구성원은 언제, 어떻게, 누구와 상호작용을 하는가?, 가족구성원 간 상호작용 유형은 어떻게 유지되는가? 등이 있다.

가족구성원이 상호작용하는 조직화한 패턴인 가족구조는 결정론적인 개념이긴 하나, 그것이 행동을 규정하거나 합법화하지 않는다. 가족구조는 일반구속(universal constraints)과 특이 구속(idiosyncratic constraints)이 있는데 전자는 모든 가족의 부모와 자녀들은 서로 다른 양의 권위를 가지고 일련의 계층적 구조를 가진다. 후자는 가족구성원이 서로 다른 상호 보완적인 기능을 가진다. 만일 한쪽의 부모가 책임감이 강하고 유능하면 다른 한쪽은 그렇지 못할 때도 있다. 이때 유능한 사람이 아프다거나 어떤 면이 부족하면 다른 한쪽이 그것을 떠맡게 된다.

바. 가족적응

Minuchin은 가족체계 내에서 다음과 같은 네 개의 차원에서 긴장이 발생된다고 보았다. 첫째, 한 가족구성원이 가족 외부의 세력과 접촉할 때이며, 둘째, 가족 전체가 가족 외부의 세력과 접촉할 때이며, 셋째, 가족의 발달 단계상의 과도기일 때이며, 넷째, 한 가족구성원이 갖고 있는 특정한 문제일 때 긴장이 야기될 수 있다고 보았다.

③ 대표적 기법

실연, 경계선 만들기, 긴장고조, 과제부여, 증상활용, 균형 깨트리기 등이 있다.

(3) Satir의 경험적 가족치료

① 특징

Satir(1967)는 경험적 가족사회복지사로서 다른 가족사회복지사와는 달리 그들은 변화를 위해서는 가족의 상호작용을 증대하는 것만으로는 충분하지 않다고 생각했다. 경험적 가족사회복지사는 가족 개개인의 경험 수준을 증가시킴으로써 더욱 정직하고 친밀한 가족 상호작용을 만들 수 있다고 보았다. 또한 Satir는 인간에 대한 신념과 전제 가치를 중요시하였으며, Satir의 치료모델은 전통적 의료모델이 아니고 성장모델(growth model)이다. 이 모델에서 병리는 성장을 위해 잠재력을 발휘하지 못하는 능력 부족과 관련하여 본다.

Satir의 가족치료는 사정과 개입에 있어서 자기존중, 생존유형, 가족규칙을 가장 중요하게 다루고 있다. 가족치료의 개입목표는 가족과 개인의 상호작용이나 경험 등을 변화시킴으로써 성장할 수 있는 경험을 하게 하는 것으로, 가족사회복지사는 개입과정 내내 가족구성원의 자기존중을 사정하고 재구성하는 노력을 한다. 즉, 정서가 메말라 있고 회피와 자기방어적인 역기능적 가족을 가족구성원이 서로의 성장을 돕는 건강하고 정상적인 가족으로 변화시키는 것이다. 또한 가족이 자신들이 사용하는 역기능적 의사소통유형을 인식하도록 하여, 자신과 상대방의 자기존중을 향상하면서 감정이나 생각을 일차적 의사소통유형에 의하여 전달할 수 있도록 돕는다.

② 주요개념

가. 자기존중

자기존중(self-esteem)은 Satir 이론의 핵심적인 개념이다. 사람은 자기존중의 감정 없이 성숙할 수 없다. 가족체계 내의 의사소통은 가족체계 내에서 개인들의 자기존중 형성에 영향을 미친다. Satir는 자기존중 개념이 인간의 기본욕구이고, 성(sex)은 기본 욕구가 아니라는 것을 발견하였다. Satir는 성적 욕구는 계속해서 종속적이어서 자기존중 감정이 높은 사람은 남성이나 여성으로서의 정체감이 있고 성숙하며 창의력이 있다.

Satir의 성장모델은 개인의 낮은 자기존중을 회복시켜 자신의 가치를 인정하고, 보유하고 있는 장점과 자원을 발견하고 활용하도록 함으로써 문제 상황에 잘 대처할 수 있게 한다. Satir는 자기존중에 대한 개념을 자기, 타인 그리고 상황의 세 요소로 설명하고 있다.

나. 의사소통

Satir는 사람들이 긴장할 때 보여주는 의사소통 및 대처유형을 관찰한 결과, 긴장을 처리하는 방식에 공통점이 있음을 발견하였다. 자아존중감이 낮으며, 불균형적인 상태에 있을 때 주로 이러한 방식이 나타났는데, Satir는 이들 유형을 네 가지로 나누었다. 이러한 네 가지 유형은 역기능적 의사소통 유형(비난형, 회유형, 평가형, 산만형)이며 주로 자아존중에 문제가 있음을 의미한다. 그리고 모든 의사소통 기술과 유형은 어려서부터 부모와 가족들의 훈련과정을 통하여 학습된 것으로서 새로운 학습과 필요에 따라 변화할 수 있다는 것을 전제로 하였다.

Satir의 의사소통 유형 즉, 기능적 의사소통과 역기능적 의사소통 유형을 정리하면 〈표 6-1〉와 같다.

표 6-1 역기능적 의사소통 유형

유형		특징
기능적 의사소통	일치형	• 언어적 메시지와 비언어적 메시지가 일치, 메시지가 분명하고 직접적이다. • 진솔한 의사소통, 자신과 타인, 상황 모두를 고려한다.
역기능적 의사소통	비난형	• 완고하며 독선적이고 명령적이다. • 상대방을 무시하고 오직 자신의 사고가 제일이라고 생각한다. 안 되면 화를 낸다. • 융통성이 없고 다혈질적이며 다른 사람에게 책임을 전가한다. • 자신은 세상의 피해자이고 희생자라고 생각하며 열등의식이 있다. • 고혈압, 혈액순환의 어려움, 근육긴장의 신체적인 영향이 있다.
	회유형	• 매우 순종하고 자아개념이 약하고 의존적, 상처받기 쉽다. • 상대방을 위한 쪽으로 모든 것을 맞추려 한다. • 다른 사람에게 해가 될까 두려워한다. • 자기학대, 우울증, 자살적인 성향이 있다. • 자기 자신을 무시하고 다른 사람을 중요시한다. • 소화기관의 고통, 당뇨, 편두통, 변비 등의 신체적인 영향이 있다.
	평가형	• 자기 일에 지나치게 섬세하며 타인을 신뢰하지 못하고 철두철미하다. • 감정적인 부분에 매우 냉정하며 차가우나 내면적으로는 자상한 감정을 그리워한다. • 완벽성을 추구하고 논리적으로 증명함, 강박적이고 집착, 공감 부족 등이 있다. • 감정을 억압 및 근육 경직, 근육통, 심장마비, 성기능 저하 등의 신체적인 영향이 있다.

유형		특징
	산만형	• 다른 사람의 말이나 행동과 상관없이 행한다. • 대화의 내용이 초점이 없이 적절하게 반응하지 못한다. • 주의가 산만하여 부산하게 움직인다. • 타인의 인정을 원하며 소외에 대한 두려움을 가지고 있다. • 신경계통의 장애, 위 장애, 당뇨, 편두통, 비만 등의 신체적인 영향이 있다.

다. 가족규칙

Satir는 누가 무엇을 근거로 가족규칙(family rules)을 만들었으며, 그 규칙들이 어떠한 영향을 행사하며, 규칙을 어길 때 어떻게 반응하는가? 등을 중요시하며 진단과 치료에 활용했다. 가족은 경제, 가사, 개인욕구와 관련된 계획, 권리침해 등과 같은 집에서 함께 생활하는 데 필요한 규칙을 가지고 있지만, 대부분 처음부터 명확하게 만들어진 것이 아니라 반복적이고 상호작용적인 일상의 경험을 통하여 만들어져 어려움에 대처하거나 극복하는 행동유형 일부분이 된다. 가족규칙은 명시적이거나 또는 암시적일 수 있지만, 힘이 강하고 성장 경험과 학습에 지대한 영향력을 미친다.

라. 가치

가치(value)는 가장 정신적이며 영적이고, 삶을 존중시하고 신성시한다. 가치감정은 학습되는 것이므로 잊어버릴 수도 있고 새로운 것을 배울 수도 있다. 그리고 일생 중에 언제라도 자존심을 향상할 수 있다.

마. 성장

성장(growth)은 모든 사람들은 심리적으로 성장하고 발전하고자 하는 욕구가 있다. 그리고 생존하고 성장하기 위해 적응할 수 있는 능력을 갖추고 있으며, 성장하고 변화할 수 있는 자원을 가지고 있다.

③ 대표적 기법

가족조각, 재정의, 은유, 역할극, 유머, 접촉, 가족그림 등이 있다.

(4) 해결중심 단기가족치료

① 특징

해결중심 단기가족치료는 클라이언트가 자신의 문제에 관하여 가장 많이 알고, 해결방안을 찾을 수 있는 능력이 있다고 보기 때문에 해결방안 모색에서 클라이언트의 자율적 협력을 중요시한다.

해결중심 단기가족치료는 10회 정도의 단기치료를 지향한다. 클라이언트의 자원을 최대한 활용하며 문제의 원인을 파악하기보다는 문제를 해결할 수 있는 현재나 미래 상황에 초점을 두며, 클라이언트가 언어를 사용하여 자신의 현실을 구성한다는 가정을 하고 있다. 또한 해결 지향적 질문을 통해 클라이언트와 함께 긍정적 목표를 세우고 목표성취를 위해 협력적으로 작업한다. 클라이언트를 나약하고 결점을 지닌 한 인간으로 보는 것이 아니라 문제를 해결할 힘과 자원을 이미 가지고 있는 존재라고 보며, '반복적으로 잘못 다룬 것'을 문제로 보며 개인과 가족의 역기능에 초점을 두지 않는다. 즉, 문제의 내용보다는 해결에 초점을 둔다. 사회복지사는 직접 지시하고 가르치기보다는 가족 그 스스로 문제해결의 방안을 찾아내고 사용할 수 있도록 원조한다.

② 주요 개념

가. 정신건강에 대한 강조

정신건강에 대한 강조의 개념은 클라이언트가 어떤 증상이나 불평을 일으키는 양식에는 항상 예외가 있기 마련이다. 그 예외는 클라이언트의 긍정적인 측면 및 문제해결의 측면, 그리고 자원, 능력, 미래에 초점을 맞추게 되면 클라이언트의 바람직한 변화를 유도할 수 있다. 즉, 클라이언트의 긍정적인 면에 초점을 두며, 치료에 활용한다. 그러므로 문제중심의 대화보다 해결중심의 대화가 이루어지며, 사회복지사와의 관계 형성에 도움이 된다.

나. 활용

이 개념은 클라이언트가 바라는 결과를 성취하기 위해 클라이언트가 이미 갖고 있는 자원, 지식, 믿음, 행동, 증상, 사회관계망, 환경, 개인적 특성 등을 치료에 활용하는 것이다.

다. 탈이론적, 비규범적, 클라이언트의 견해 중시

이 개념은 인간행동에 대한 가설적 이론의 틀에 맞추어 클라이언트를 사정하고 평가하지 않는다. 클라이언트가 호소하는 모든 불평과 해결책을 수용하고, 독특성을 최대로 존중하여 개별화된 해결책에 도움이 되는 모든 방법과 기술을 절충적으로 사용하려고 노력한다. 따라서 클라이언트의 견해는 액면 그대로 수용되어 진정한 클라이언트 중심의 치료접근이 가능하다.

라. 간략화

해결중심 단기가족치료는 치료목적을 달성하기 위해 치료방법의 경제성을 추구한다. 경제성은 복잡한 것에서 단순한 것으로 접근하는 것이 아니고, 단순한 것에서부터 복잡한 것으로 치료함으로써 성취한다. 복잡한 것은 필요한 때에만 다룬다. 작은 변화는 큰 변화를 이끈다. 치료목표는 클라이언트가 달성할 수 있는 작은 것으로 세우는 것이 중요하다. 치료는 파급효과를 가져온다고 믿으며 치료개입은 작은 변화에서 큰 변화를 이끌어 오기 때문에 가장 단순한 것에서부터 시작한다.

마. 변화의 불가피성

해결중심 가족치료에서는 이러한 예외적인 상황을 탐색하고 문제 상황과의 차이점을 발견함으로써 문제가 발생하지 않는 상황을 증가시키는 것이다. 따라서 사회복지사의 역할은 긍정적인 변화가 일어나도록 돕고 이를 해결책의 구축으로 이어지게 하는 것이다.

바. 협력

이 개념은 해결 방안을 발견하고 구축하는 치료과정 중 클라이언트의 협력을 중시한다. 클라이언트의 강점, 자원, 건강한 특성들을 도출해냄으로써 제시된 문제를 해결하려는 것이다. 잘못이나 과거의 실패를 고치려고 노력하는 것보다는 과거의 성공이나 장점을 찾아내어 그것을 확대하는 것이 치료목적이 된다. 즉, 클라이언트가 바라는 결과를 성취하기 위해 클라이언트가 이미 가진 자원, 지식, 믿음, 행동, 증상, 사회관계망, 환경, 개인적 특성 등을 활용하는 것이다. 특히, 클라이언트가 사회복지사에게 협력할 때뿐 아니라 사회복지사도 클라이언트에게 협력할 때 이루어진다고 믿기 때문에 사회복지사는 클라이언트가 치료에 협력하도록 의식적으로 노력해야 한다.

사. 현재와 미래지향성

해결중심 단기가족치료에서는 과거에 관하여 깊이 연구하지 않으며, 현재와 미래에 적응하는 것을 돕는 데 관심을 둔다. 즉 클라이언트를 과거와 문제로부터 멀리하고, 미래와 해결 방안을 구축하는 데 관심을 집중하도록 한다. 그러므로 치료 면담 과정은 클라이언트가 과거와 문제로부터 멀어지게 하고 미래와 해결책을 구축하는 데 집중하도록 한다.

③ 대표적 기법

면담 전 변화에 관한 질문, 예외질문, 기적질문, 척도질문, 대처(극복)질문 등이 있다.

(5) 전략적 가족치료

① 특징

전략적 가족치료(strategic family therapy)는 여러 가지 형태가 있지만, 기본적으로 사회복지사가 가족의 문제를 해결하기 위한 전략을 고안하는 데 주안점을 둔다. 전략적 가족치료는 인간의 문제행동이 왜 일어났는지에는 관심이 없으며 단지 행동의 변화에만 관심을 가진다. 즉, 문제행동을 변화시키는 해결방법을 기술하는 데 초점을 맞추고 있다. 목표를 설정할 때는 반드시 가족의 호소 문제를 해결하는 것을 포함한다. 모든 가족에게 일률적인 기법이 적용되는 구조적 가족치료의 접근과는 달리 전략적 가족치료는 특정의 문제를 해결하기 위한 다양한 전략을 사용한다.

전략적 가족치료에서는 문제해결에 초점을 두어 개별 가족구성원의 정신 내적의 과정에 대해 거의 고려하지 않는다. 의사소통이론과 상호작용적인 개입으로부터 발전된 이 접근법의 주요한 특징은 사회복지사가 클라이언트의 문제를 해결하기 위하여 고안해 낸 전략에 대한 책임을 진다는 것이다. 전략적 가족치료를 사용하는 사회복지사는 통찰이나 이해의 변화보다는 행동의 변화를 일으키는 데 관심이 더 많다. 그들은 이론보다는 치료기법에 대해 주로 기술한다. 그들은 가족기능에 관한 새로운 이론을 발전시키기보다는 특정한 행동의 연쇄과정을 관찰하고 변화시키는 것에 관심을 가진다. 전략적 접근의 독특성은 문제해결을 위한 새로운 전략을 고안하는 것이며, 다른 이론보다 상당히 단순하고 실용적이다.

② 주요 개념

가. 관계규정

관계규정(defining a relationship)은 가족구성원이 일치하지 않는 메시지로 의사소통을 하게 되면 위계질서의 혼란을 가져오게 되고, 관계의 문제를 겪게 된다. Haley는 관계를 대칭적 관계, 보완적 관계, 초 보완적 관계로 규정하고 있다. 대칭적 관계는 권력과 지위가 거의 비슷한 두 사람이 상대방을 비판하고 충고하는 등의 행동을 교환하는 관계를 말하고, 보완적 관계는 한 사람이 우월한 지위에서 충고하며 지시하는 반면, 다른 사람은 종속적 지위에서 상대방의 요구와 지시를 수용하고 순종하는 관계를 말한다. 초보완적 관계는 권력이나 지위가 낮은 사람이 실질적인 통제권을 갖고 있는 관계로, 지위가 낮은 사람이 지배적인 위치에 있는 사람을 통제함으로써 관계규정에서 오히려 주도권을 잡는 경우를 말한다.

나. 관계조정

관계조정(control in relationship)을 위한 권력다툼은 관계를 규정하려는 시도나 전략을 통제하기 위한 싸움이다. Haley는 관계의 성격을 규정하기 위한 과정인 권력다툼으로 인하여 증상이 야기되기는 하지만, 이러한 증상이 가족의 항상성을 유지하는데 지대한 공헌을 한다고 보았다. 관계통제를 위한 권력다툼은 가족구성원 간의 관계에서만 일어나는 것은 아니며, 클라이언트와 사회복지사의 사이에서도 일어난다. 사회복지사는 클라이언트를 변화시키기 위해서 클라이언트와의 관계를 통제할 수 있어야 한다.

③ 대표적 기법

역설적 개입(증상처방, 제지기법, 시련기법), 긍정적 의미부여, 지시기법, 가장기법 등이 있다.

3. 집단체계와 사회복지실천

1) 집단의 개념

사람은 사회적 동물로 가족, 친구 등 다양한 유형의 집단과 상호작용하면서 살아간다. 일반적으로 집단이란 두 사람 이상 사람의 모임이라고 볼 수 있다.

집단은 적어도 집단 일부 구성원이 서로 타인의 존재를 알고 있으면서, 직접이든 간접이든 서로 영향을 미치고 상호작용하며 구성원이 같은 집단의 범주에 소속된다고 인식하는 두 사람 이상의 집합체라고 할 수 있다.

집단은 최소 3인 이상의 집합체로 집단구성원이 소속감을 느껴야 하며 공동의 목적이나 관심사를 가져야 하며 구성원 간 정서적 결속과 함께 상호의존적이며 상호작용이 이루어져야 한다. 또한 집단은 구성원의 기능과 역할을 규제하는 규범을 가져야 한다. 집단은 다른 사회체계와 마찬가지로 구조를 가져야 하며 구성원의 개별목표와 집단공동의 목표성취를 위해 상호작용하는 성원을 지지하고 격려하는 힘을 가졌으며 이들의 성장과 발달을 촉진하는 환경이 된다. 그리고 집단이란 같은 관심을 가지고 모여 일관되고, 획일적인 활동을 하는 사람의 집합이라고 하였다.

따라서 집단은 2인 이상의 일정한 구성원을 갖고 있으며 구성원은 소속감과 공통의 목적이나 관심사를 가지고 구성원 간의 정서적 결속과 상호의존적이며 상호작용이 이루어지고 집단의 규범을 가진 인간의 집합체라고 말할 수 있다.[5]

2) 집단의 유형

(1) 목적에 따른 집단의 유형

목적에 따른 집단의 유형은 치료집단, 과업집단, 자조집단의 세 가지로 나누어서 설명하고 있다(〈표 6-2〉 참조).[6]

① 치료집단

치료집단의 목적은 구성원 교육, 성장, 치료, 사회화 등 행동변화, 사회화의 욕구충족 등에 있고 사회복지사의 역할은 상호작용을 통해 집단을 발달시키는 데 있다. 치료집단의 특성은 개방적이고 자기노출이 낮으며, 집단 각 구성원에 의해 주제에 따라 의사소통양식이 다르며 집단절차는 집단에 따라 융통성 있다는 것이다. 그리고 구성원의 구성은 공동관심사, 문제, 특성에 근거한다. 여기에 해당하는 집단에는 지지집단, 교육집단, 성장집단, 치료집단, 사회화 집단 등이 있다.

② 과업집단

과업집단의 목적은 조직이나 기관의 문제에 대한 과업성취, 해결책 모색에 있고 의무사항 이행 및 새로운 아이디어 개발, 원조전략 수립 등 과업을 수행하는 데 있다. 사회복지사의 역할은 상호작용이나 임명을 통해 집단을 발달시키는 것이며, 집단특성은 특정 과업의 토론에 초점을 두며 구성원의 자기노출은 낮고 집단토론 등의 내용이 공개되기도 한다. 구성원이 성취한 과업, 의무, 결과물 등에 의해 평가되며 여기에 해당하는 집단은 치료회의팀, 처리위원회, 직원발전집단, 각종 위원회와 이사회, 사회행동집단 등이 있다.

③ 자조집단

자조집단의 목적은 대인 간의 상호 지지, 집단구성원 간 공통문제해결, 집단구성원 상호 간 문제 상황에 대처할 수 있는 능력을 향상하는 데 있다. 사회복지사의 역할은 자발적 운영자, 공통문제해결 적극적 참여자 등이며, 집단특성은 구성원 중 지도자가 중심적이며 쌍방적이고 자기노출이 높고 과업해결을 위한 정보교류가 있고 정서적 지지교류가 높다는 것이다. 사회복지사는 평가에 있어서 주도적 역할을 하지 않고 지지와 자문만 제공하며 집단구성원 욕구로 평가한다. 여기에 해당하는 집단종류는 단주친목모임, 비만조절집단, 정신질환예방집단, 도박중지집단 등이 있다.

표 6-2 목적에 따른 각 집단유형 비교

구분	치료집단	과업집단	자조집단
목적	• 집단구성원 교육, 성장, 치료, 사회화 등 행동변화 • 욕구충족	• 조직, 기관의 문제에 대한 과업 성취, 해결책 모색 • 의무사항 이행 및 새로운 아이디어 개발 • 원조전략수립 등 과업수행	• 대인 간의 상호지지 • 집단구성원 간 공통문제해결 • 집단성원 상호 간 문제상황에 대처할 수 있는 능력을 향상
역할	• 상호작용을 통해 발달	• 상호작용이나 임명을 통해 발달	• 자발적 운영자 • 공통문제해결 적극적 참여자
의사소통양식	• 개방적이고 자기노출 낮음 • 집단 각 구성원에 의해 주제에 따라 다름 • 쌍방적이고 바퀴형임	• 특정한 과업 토론에 초점을 둠 • 자기노출 낮음	• 집단구성원 중 지도자가 중심적임 • 쌍방적, 자기노출 높음 • 과업해결을 위한 정보교류임 • 정서적 지지교류 높음
절차	• 집단에 따라 융통적임	• 공식적 과업 토론에 초점	• 마약, 암, 비만 등 핵심적 공동관심사가 있다는 점에서 치료집단이나 과업집단과는 구분됨
구성	• 공동관심사, 문제, 특성에 근거함	• 필요한 재능, 전문성, 노동 분화	• 마약중독, 공격적 행동, 도박 등 공유문제 중심으로 자발참여 • 성원의 독립적 운영
비밀보장	• 개인수준에 따라 처리 • 집단 내에서 유지	• 개인적으로 처리됨 • 공개되기도 함	• 집단 내에서 유지
평가	• 집단구성원의 치료목적 성취정도에 따라 성공여부 평가함	• 집단구성원이 성취한 과업, 의무, 결과물에 의해 평가	• 사회복지사는 주도적 역할하지 않고 지지와 자문만 제공 • 집단구성원 욕구에 의해 평가
종류	• 지지집단 • 교육집단 • 성장집단 • 치료집단 • 사회화 집단	• 치료회의팀 • 처리위원회 • 직원발전집단 • 사회행동집단 • 각종 위원회 및 이사회 등	• 단주친목모임 • 비만조절집단 • 정신질환예방집단 • 도박중지집단 등

(2) 목적에 따른 치료집단의 유형

집단의 목적에 따른 치료집단의 유형은 지지집단, 교육집단, 성장집단, 치료(치유)집단, 사회화 집단의 다섯 가지로 나누어서 설명하고 있다(〈표 6-3〉 참조).[7]

① 지지집단

지지집단(support group)은 구성원이 현재 생활 속에서 일어나는 상황에 잘 대처하고 효과적으로 적응할 수 있도록 돕는 데 목적을 두고 앞으로 살아가면서 일어날 사건에 대하여 좀 더 효과적으로 대처하기 위한 기술을 발전시킴으로써 구성원이 삶의 위기에 잘 대처할 수 있도록 돕는 집단을 말한다.

지지집단은 유사한 문제나 경험이 있는 사람들로 구성되기 때문에 지역사회의 편견과 낙인에서 벗어나 집단 안에서 안정과 위로를 찾을 수 있으며 유대감 형성이 쉽고 자기개방수준이 매우 높다. 예를 들면 암으로 투병하는 클라이언트와 가족 모임, 이혼가정의 취학아동 모임, 한 부모 모임 등을 들 수 있다.

② 교육집단

교육집단(educational group)은 집단구성원이 지식과 기술을 배우고 향상하는 데 목적을 두고 있다. 사회복지사는 상당한 전문적 지식을 가지고 있으며 훈련능력을 가진 전문가로서, 집단구성원이 자기 자신과 자신이 속한 사회를 잘 이해할 수 있게 원조하며 기술을 가르치고 정보를 제공한다. 사회복지사는 집단의 지도자로서, 주로 교사역할을 한다. 정보제공은 주로 강의나 실습으로 이루어진다. 따라서 집단의 크기가 작을수록 의사소통의 기회가 많아진다. 그리고 집단구성원과 정보를 주고받기도 하지만 전문가의 강의형태로 정보제공이 많이 이루어지며 집단구성원 간의 토론 등도 많이 활용된다.

교육집단구성원의 자기개방은 비교적 낮은 편이어서 사회복지사는 구성원의 지식, 기술, 경험 등을 고려하여 모든 구성원이 최상의 학습효과를 얻도록 해야 한다. 교육집단의 예를 들면 성교육집단, 자원봉사자 교육집단, 임산부 태교 교육집단, 예비부부 교육집단 등이 있다.

③ 성장집단

성장집단(growth group)은 구성원의 자기인식을 증진하고 자기의 사고를 변화시키는 데 목적을 두고 있다. 즉, 개인의 능력과 자의식을 넓히고 개인적 변화를 끌어낼 기회를 제공하며 자아향상에 초점을 둔다. 따라서 심리·사회적 병리를 치료하기보다는 심리·사회적 건강을 향상하는 데 초점을 두고 집단을 성장기회로 활용하려는 사람들로 구성된다. 성장집단은 집단구성원의 자기 계발, 잠재력 개발, 인간관계 개선 등의 목적이 있어서 다른 집단에 비해 자기개방을 많이 하는 편이다.

성장집단은 다양한 속성을 지닌 구성원들로 구성하는 것이 바람직하다. 구성원이 서로 다른 특성이 있다는 자체가 성장의 밑거름이 될 수 있으므로 자기개방 정도가 높다. 그러나 어떤 집단에서는 구성원 상호 간의 감정이입과 상호원조 기능을 증진하기 위해 유사한 특성이 있는 구성원들로 구성하기도 한다. 예를 들면 결혼생활향상 집단, 청소년 대상의 가치명료화 집단, 여성을 위한 의식고양 집단, 퇴직준비 집단, 잠재력 개발 집단 등이 있다.

④ 치료(치유)집단

치료집단(therapy group)은 구성원의 정서적·개인적·사회적 욕구와 문제를 해결하는 데 목적을 가지고 구성되며 구성원 스스로 자신의 행동을 바꾸고 개인적 문제를 완화하거나 대치할 수 있도록 원조하며 나아가서 사회적 외상이나 건강상의 외상 이후에 스스로 원상 복귀시킬 수 있도록 돕는다. 치료집단은 일반적으로 다소 심한 정서적 개인 문제를 가진 구성원들로 구성되며, 상호지지를 강조함과 동시에 치유와 회복에 중점을 둔다. 그리고 구성원 개개인의 증상이나 문제가 다르므로 개인마다 다른 목적을 갖게 한다.

사회복지사는 인간행동에 대한 지식을 가지고 있어야 하며 집단역동, 집단상담능력과 행동변화를 가져올 수 있도록 집단을 활용할 수 있는 능력, 높은 인지능력과 통찰력, 집단 내에 건설적 분위기를 유지하고 발달시키는 능력 등이 요구된다. 이 집단을 구성할 때 사회복지사는 구성원의 일반적 속성을 고려하여 구성원을 선별하고 전체 집단과정을 지도하기 때문에 전문가, 변화매개인, 조력자, 중개인으로서 역할을 수행하며 다양한 이론을 근거로 다양한 기법을 사용한다. 치료집단에는 정신역동치료 집단, 섭식장애 집단, 외상 후 스트레스장애 집단, 인지치료 집단, 금연 집단, 성폭력 집단이 포함된다.

⑤ 사회화 집단

사회화 집단(socialization group)은 구성원이 사회적 기술을 습득하고 사회적으로 수용되는 행동유형을 학습함으로써 사회적 관계에 어려움을 겪고 있는 구성원을 중심으로 지역사회의 생활에서 효과적으로 기능하는 데 필요한 사회기술을 배우거나 증진하는 것이 목적이다.

사회복지사는 사회화 과제를 달성하는 매개체로서 적극적으로 가르치고 시범을 보이며 참여를 유도하여 사회적 역할을 학습할 수 있도록 도와주어야 한다. 또한 사회화 집단은 프로그램 활동에 참여함으로써 개인기술을 향상하는 집단이기 때문에 '활동을 통한 학습'을 지향하며 사회적으로 수용될 만한 행동이나 사회적 기술을 배우고자 하는 사람들로 구성된다. 프로그램 활동, 구조화된 실천, 역할기법, 야외활동, 게임 등이 활용된다. 예를 들면 주의력 결핍 과잉행동 아동을 대상으로 한 활동집단, 퇴원한 정신장애를 가진 클라이언트를 위한 사교집단, 독신자를 대상으로 하는 사회활동 집단 등이 있다.

사회화 집단은 크게 세 가지로 나눌 수 있는데, 첫째, 사회기술훈련 집단으로, 이 집단은 자기주장훈련 집단처럼 의사소통에 어려움이 있거나 만족할 만한 사회적 관계를 맺지 못하는 사람을 대상으로 사회적 기술을 가르쳐 주는 집단이며, 둘째, 자치 집단으로, 이 집단은 치료적 공동체에서 원용한 것으로 정신병동이나 시설거주자들이 전문가로부터 부당한 처우를 받을 때 자신들의 욕구를 해결하거나 권리를 주장하기 위해 집단을 형성하고, 갈등을 해결할 수 있는 기술을 가르친다. 여기에는 병원이나 시설입소자의 자치 집단 등이 있다. 마지막으로, 여가 집단은 여가활동에 초점을 두는 집단으로 스카우트 활동이나 클럽활동 등이 근원이며 여가활동을 통해 치료적 효과를 얻고자 할 때 활용된다.

표 6-3 치료집단의 유형

구분	지지집단	교육집단	성장집단	치료집단	사회화 집단
목적	• 스트레스 사건 및 기존의 대처능력을 회복하도록 원조 • 동질문제를 가진 구성원 대상으로 상호지지체계 형성	• 클라이언트의 부적응 행동변화에 초점을 두고 집단을 구조화 • 강의, 토론, 경험을 통한 교육	• 자기인식 확대로 행동과 태도발달 및 인격의 성숙 • 구성원의 잠재력, 인식, 통찰력발전	• 무의식 동기와 대인관계 상호작용에 대한 보다 나은 이해 • 행동변화개입을 통한 교정, 재활, 대처, 문제해결	• 변화유지와 사회적응 문제를 구체적으로 다루어 재활도모 • 의사소통과 사회기술향상 프로그램 활동, 구조화된 연습, 역할연습 등을 통한 대인관계 향상
특징	• 유대감 형성됨 • 자기개방 높음 • 비슷한 문제 경험한 사람으로 구성	• 정보제공 • 구성원 간 토론 등 • 전문가 강의 • 자기개방 낮음	• 심리적 건강증진 • 구성원 자신의 능력 최대한 발휘 • 집단의 이질성 • 다양한 속성 • 자기개방 높은 편	• 정서적, 개인문제를 가진 구성원으로 구성 • 상호지지강조 • 치유와 회복에 중점	• 사회적 기술을 배우고자 하는 구성원으로 구성 • 사회적 기술습득 및 행동유형을 학습함 • 사회적 기능 높임
종류	• 이혼가정 취학아동 집단 • 암 클라이언트가족 집단 • 사별과 재난피해 집단 • 가정폭력피해자 집단 • 동료지지집단	• 청소년 성교육집단 • 위탁가정부모가 되려는 집단 • 섭식장애집단 • 약물중독집단 • 가정폭력가해자 집단 • 조현병가족교육 집단	• 부부결혼향상 집단 • 여성의식고양 집단 • 참 만남 집단 • 인간관계훈련 집단 • 청소년 가치명료화 집단	• 정신분석 집단 • 인지행동치료 집단 • 의사거래분석 집단 • 스트레스장애 치료집단 • 마약중독치료 집단	• 사회기술훈련집단 • 일상생활훈련집단 • 자치집단 • 여가집단 • 약물중독 및 재활시설에서의 치료 및 재활집단

(3) 집단의 기능에 따른 모델

집단의 기능에 따른 모델은 사회목표모델, 치료목표모델, 상호작용모델 세 가지로 나누어서 설명하고 있다(〈표 6-4〉 참조).[8]

① 사회목표모델

사회목표모델(social goal model)은 집단사회사업의 초기 형태며 이웃이나 지역사회주민을 대상으로 한 개인의 성숙과 민주시민의 역량개발에 초점을 둔다. 사회복지사는 구성원에게 영향력을 미치는 사람으로서 바람직한 역할모델을 제시하며 민주적 집단과정을 중시한다. 구성원은 사회에 의미 있는 참여를 할 수 있는 능력을 갖추고 있으며 집단은 효과적 사회변화를 만들어 낼 수 있는 능력을 갖추고 있다고 본다.

② 치료목표모델

치료목표모델(remedial model)은 집단을 개인치료를 위한 수단으로 활용하고 개인의 사회적 기능수행에 문제가 있거나 발생할 가능성이 있는 개인에게 도움을 주는 치료에 강조점을 둔다. 사회복지실천과정을 역사적으로 살펴보면, 치료목표모델의 발전은 집단사회사업이 전문사회복지실천으로 통합할 수 있는 계기를 마련하였다. 이 모델에서 집단은 개인의 치료를 위한 수단임과 동시에 상황으로 개념화되고 있다. 사회복지사는 집단형성과 운영에 큰 힘과 영향력을 행사하며 전문적 변화매개인의 역할을 한다. 따라서 사회복지사는 지시적이고 계획적이고 목표 지향적이다. 이 역할은 전문가와 구성원 간에 개별적으로 체결한 치료계약에 근거를 둔다. 사회복지사는 구성원 개인의 욕구와 집단의 욕구를 구체적 목표달성과 관련하여 사전에 파악하여 개입전략을 정하고 이에 따라 집단회기의 내용을 미리 구조화하여야 한다. 구성원의 구성은 집단목적에 따라 사회복지사에 의해 선택된다. 예를 들면 우울증 치료를 위한 집단이 있으면 집단지도자에 의해 통제되고 폐쇄집단형태로 운영된다.

③ 상호작용모델

Philips(1975)의 저서에 부분적으로 영향을 받아 Schwartz(1961)와 Shulman(1992)이 전개한 상호작용모델(reciprocal model)은 사회체계이론과 사회분야 이론에 그 기반을 두고 있다. 상호작용모델(reciprocal model)은 사회목표모델과 치료목표모델의 조합된 형태로 문제해결을 위한 상호 원조체계 개발에 초점을 둔다. 이 모델의 특징은 치료의 목적이나 사회변화의 목표를 사전에 설정하지 않고 상호작용체계를 구성하고 있는 구성원과 집단 내의 상호작용과정을 통해 결정한다는 것이다. 따라서 집단은 상호원조 시스템으로 기능한다. 집단사회복지사는 이를 중개하는 매개자로서 역할을 담당한다. 더욱 넓은 정의를 목표로 하며 방법론의 통합화를 추구한다. 또한 사회복지사는 구성원과 권력을 공유하고 집단에 대한 통제권을 공유한다.

표 6-4 **집단사회사업 모델**

특징	사회적 목표모델	치료모델	상호작용모델
주 과제	• 필요한 자원제공과 사회적 붕괴의 예방 • 비공식적 정치 및 사회행동	• 사회적 사고 및 위험으로부터의 회복과 재활 • 집단매개체를 통한 치료	• 앞의 두 모델의 조합 • 문제해결을 위한 상호원조 체계의 개발
장기적 목적	• 보다 나은 민주사회 건설	• 개개인의 사회적응 향상	• 개인과 사회의 조화
구체적 목표	• 소속감의 증대, 민주적 참여 훈련 • 처음에는 전문가에 의해 집단목표가 결정되나 점차 그 책임은 집단에게 이양	• 집단 상호작용을 활용하여 역기능 행동을 하는 성원의 치료와 재활 • 세부적인 집단목표를 전문가가 사전에 결정	• 적정수준의 적응과 사회화를 성취하기 위해 성원 간의 상호원조 체계 형성, 대인관계 향상 • 집단목표의 결정을 전문가와 회원이 공유
초점	• 각 개인의 성숙과 민주시민의 역량 개발	• 개인적인 역기능 변화	• 구성원 간의 자조, 상호원조체계 개발
지도자 역할	• 행동과 '영향력 끼치는 자'의 역할: 바람직한 역할모델 제시	• 전문적인 '변화매개인'의 역할	• '중재자'의 역할
대상	• 시민, 이웃, 지역주민	• 역기능 또는 문제의 해결을 위해 도움을 필요로 하는 자	• 공동관심사의 성취를 위해 협력하는 구성원
집단 활동	• 토론, 참여, 합의, 집단과제의 개발 및 실행, 지역사회조직화, 구성원의 사회행동기술 습득함	• 구성원의 행동변화를 일으키기 위해 구조화된 개입을 하거나 직접, 간접적 영향력을 발휘함	• 관심사를 토론, 상호원조 형성, 상호이익이 되는 결속된 사회체계를 형성함
적용	• 사회복지관, 인보관 • 지역사회환경지킴이 • 자발적 주민방범대 • 소비자보호활동 • 유해환경고발활동 • YMCA, YWCA • BOY SCOUT 등 • 회원이 있는 가정	• 임상서비스기관 • 알코올 중독자 회복집단 • 정신치료집단	• 중재모델, 상호모델, 인본주의 모델 등 집단목표에 따라 달라지고 다양한 용어로 발전함 • 가정폭력피해자집단 • 에이즈 클라이언트 집단임상기관, 사회복지관집단목표에 따라 다양함
집단 크기	• 3~25명 정도	• 7~10명 정도	• 상황에 따라 유동적
신입 회원의 가입	• 개방적이며, 누구나 친구가 될 수 있음	• 전문가의 통제가 있음	• 전문가와 회원의 동의에 의한 자유로운 가입을 함

특징	사회적 목표모델	치료모델	상호작용모델
회합 기간	• 지도력 유형에 따라 유동적임	• 정기적이며, 시간사용 계획을 사전에 설정함	• 유동적, 지도자와 구성원이 합의함
대표 학자	Ryland, Wilson, Coyle, Klein	Vinter, Sarri, Glasser, Redi	Schwartz, Lewin Tropp, Bion

3) 집단사회복지사의 기술

집단실천에서 사회복지사는 집단이 집단목표 성취를 향하여 움직이도록 영향을 주거나 집단을 지도한다. 집단실천을 하는 사회복지사에게 요구되는 전문기술로는 집단과정촉진기술, 자료수집 및 평가기술, 행동기술이 있다(〈표 6-5〉 참조).[9]

(1) 집단과정 촉진기술

구성원 간의 이해를 돕고 원활한 의사소통을 향상하는 기술이다. 구성원을 끌어들이기, 구성원 참여 촉진, 구성원에게 주의집중하기, 자유롭게 표현하기, 집단의사소통의 초점화 유지하기, 집단과정 명료화하기, 내용 명료화하기 등이 있다.

(2) 자료수집과 평가기술

구성원 간 의사소통 유형에 어떻게 개입, 계획, 어떤 기술을 사용할지 결정하기 위한 효과적인 자료수집과 평가기술이다. 성원의 사고, 감정, 행동을 확인 묘사, 질문, 탐색, 정보요약 세분화, 의사소통통합, 자료 분석하기 등이 있다.

(3) 행동기술

집단의 목적을 이루기 위한 원조 기술이다. 지지하기, 재구조화 및 재정의, 집단구성원 간의 의사소통 연계, 지시하기, 조언, 교육하기, 모델링, 역할연습, 직면기술 등이 있다.

표 6-5 집단사회복지사의 기술

집단과정 촉진기술	자료수집 및 평가기술	행동기술
• 구성원의 참여를 촉진하기 • 구성원에게 주의 집중하기 • 구성원의 생각, 느낌을 자유롭게 표현하도록 원조하기 • 구성원의 노력 등에 반응하여 구성원의 행동을 강화하기 • 집단의사소통의 초점유지하기 • 집단과정을 명확하게 하기	• 사고, 감정, 행동에 관해 확인하기 및 묘사하기 • 정보를 요청하고 질문하고 탐색하기 • 집단에서 논의된 내용핵심 등을 요약하고 복잡한 이슈나 문제를 세분화하기	• 집단성원을 지지하기 • 재구성하고 재명명하기 • 구성원의 의사소통 연결하기 • 집단활동을 지시하기 • 조언, 제안, 교육하기 • 자원을 제공하기
• 구성원 간 상호작용의 내용을 명료화하기 • 집단과업에 도움이 되는 상호작용 촉진, 의사소통방향 재조정지도 등 집단 상호작용 지도하기	• 언어적, 비언어적 의사소통을 통합하고 상호 간 피드백 주도록 하기 • 필요한 자료를 수집하고 정보를 분석하기	• 모델링, 역할극, 실연, 코치하기 • 직면하도록 원조하기 • 갈등을 해결할 수 있는 기술을 개발하도록 원조하기

제 7 장 관계형성의 이해

1. 사회복지실천에서의 관계형성

1) 사회복지실천에서 관계의 개념

20세기 초반 개별사회사업 분야를 대표하는 인물인 Richmond(1917)는 사회복지 관계에 대해 상당한 분량의 저서를 남기고 있으며 개별사회사업, 즉 케이스워크란 "사회적 관계의 사용 및 집중적 연구"를 의미한다고 단언하고 있다. 이 외에도 많은 실천가는 '관계'에 관한 개념적 정의를 내리고자 하였으며, 바람직한 관계를 제시하고자 노력을 기울여 왔다.

Perlman(1957)은 관계란 "공통된 이해관계를 지닌 두 사람 간의 정기적 또는 한시적으로 감정의 상호작용이 일어나는 조건"이라고 했는데, 사회복지실천에서는 인간 상호작용의 중요성을 인식하고 관계의 개념을 의식적이고 의도적으로 사용하려고 시도해 왔다. 사회복지실천에서의 관계는 사회복지사와 클라이언트 간의 감정이나 태도의 역동적 상호작용을 말하며 긍정적인 목적은 클라이언트가 자신과 사회환경 간에 더욱 효율적인 적응을 하도록 도와주는 데 있다.

Biestek(1957)은 "클라이언트와 사회복지사 간에 혹은 사회자원들과의 교류를 가능하게 하는 연결통로로서 클라이언트와 그를 둘러싸고 있는 환경 간의 더 나은 적응을 가져오도록 개인의 능력과 지역사회 자원을 적절히 동원하고 활용할 수 있도록 돕는 관계"라고 정의하고 있다.

Perlman(1973)은 관계란 "하나의 촉매제로서, 문제해결과 도움을 향한 인간의 에너지와 동기를 지지하고 양성하며 자유롭게 하는 원동력이다."라고 했다. 또한 관계를 정서적인 유대 및 인간적인 도움을 위한 수단으로 간주하였으며 "좋은 관계"란 자극과 영양이 되고, 타인의 개성을 존중하고 키워주며 안전한 느낌과 일치성을 제공하는 것이라고 강조하였다.

Northen(1969)은 집단 내에서의 관계란 "인간의 행동이 각기 다른 정서적인 반응을 불러일으키는 것처럼, 관계란 일차적으로 한 사람으로부터 다른 사람에게로 흘러가는 감정적인 반응으로 구성된다." 즉 집단의 전체적인 역동성보다는 집단을 구성하고 각 개인에게 초점이 맞추어져 있다고 했다.

관계는 개별사회사업이나 집단사회사업과 같은 작은 단위의 개인적 대인관계뿐 아니라 체계와의 관계도 중요하게 여겨 왔다. 체계 이론을 활용한 통합방법론을 창조해 낸 Pincus와 Ltinahan(1973)은 관계란 사회복지사와 그가 관계하는 다른 체계 간의 정서적 유대로 볼 수 있으며, 이들 관계에는 협력, 협상 또는 갈등의 분위기가 포함될 수 있다고 주장하였다. 이들은 모든 사회복지실천에서의 관계의 공통적 요소로서 의도성, 클라이언트의 욕구에 대한 의무, 사회복지사 입장에서의 목적성과 자기인식 등을 들고 있다.

Bisman(1994)은 바람직한 관계를 형성하는 데 있어 사회복지사와 클라이언트가 동시에 지녀야 할 마음가짐을 사회복지실천 관계에서 '신념 유대(belief bonding)'로 간주해서 설명했다. '신념 유대'에서는 사회복지사와 클라이언트는 서로 다음의 사실을 믿어야 한다. 즉, 사회복지사는 클라이언트에게 적용할 수 있는 지식과 자료를 갖춘 능력이 있는 사람이며, 클라이언트 현존의 상황을 변화시켜 나갈 능력을 갖춘 존중받을 만한 사람이라는 사실이다. 사회복지사의 능력에 대한 믿음, 변화에 합일하는 클라이언트 능력에 대한 믿음, 그리고 클라이언트의 존엄에 관한 믿음 등의 세 영역에서 사회복지사는 클라이언트와의 신념 유대를 확립할 책임을 지게 된다.

이상과 같이 사회복지 분야에서의 관계에 대한 개념은 초창기부터 여러 학자에 의해 강조되고 발전되어 왔지만 하나의 공통된 개념으로 의견을 모으지는 못하였다. 그러나 분명한 것은 사회복지실천에서 사회복지사와 클라이언트의 관계는 실천 결과에 영향을 미치는 하나의 중요한 요소로 여겨져 왔다는 점이다. 또한 클라이언트와의 바람직한 관계에 관한 연구가 거듭되면서 '전문적 관계'에 관한 기본적 원리들이 도출되었다.[1]

2) 사회복지실천에서 관계의 목적 및 중요성

사회복지실천에서 사회복지사와 클라이언트가 관계를 형성하는 목적은 사회복지사와 클라이언트 간의 태도와 정서의 역동적 상호작용으로서 심리·사회적 문제를 가진 클라이언트를 도와주거나 클라이언트가 자신과 사회환경 간에 더욱 효율적으로 적응하도록 도와주는 데 있다.

사회복지실천에서 사회복지사와 클라이언트 간 형성되는 관계의 중요성은 일반적인 사적 관계가 아니라 전문적인 관계로서 특별히 클라이언트를 돕는 과정을 촉진하는 매개물이라 할 수 있다. 관계의 중요성은 사회복지사와 클라이언트의 관계 질에 영향을 받는다. 즉, 사회복지사의 영향 및 개입에 대한 클라이언트의 수용 정도, 클라이언트를 돕는 전문적 과정 등이 관계의 질이라고 할 수 있다.

3) 사회복지실천의 전문적 관계 특징

사회복지사와 클라이언트 관계의 가장 큰 특징은 클라이언트는 도움을 요청하고 사회복지사는 전문적 도움을 제공하는 전문적 관계라는 것이다. 전문적 관계는 언제나 클라이언트의 관점에서 출발해야 하며 사회복지사는 관계의 전반적인 과정에 전문적 책임을 지게 된다. 사회복지실천에서의 관계는 클라이언트와 전문사회복지사 간에 정서적인 교감을 기초로 이루어지는 전문적 관계로서 의도적인 목적성, 시간 제한성, 권위성, 통제적 관계 등의 특성을 포함하는 관계로서 일반적인 인간관계와는 차이가 있다. 다음은 사회복지사의 전문적 관계의 특징에 포함된 내용이다.[2]

(1) 전문적 목적성

사회복지사와 클라이언트 간 관계는 전문적 목적을 달성하기 위해서 형성된 관계이다. 전문적 관계는 사회복지사와 클라이언트가 상호 합의한 의식적인 목적을 성취하고자 하며 그 목적은 사회복지사업의 전반적인 목적과 가치체계 속에 들어있다는 점이 일반적 인간관계와는 다르다. 즉, 클라이언트와 사회복지사가 서로 합의한 목적이 있다. 목적이란 클라이언트의 좀 더 나은 적응과 문제해결을 위한 원조이다.

(2) 시간 제한적

클라이언트와 구체적으로 한정된 기간을 갖고 관계를 맺는다. 목적이 달성되었거나 달성될 수 없다고 생각될 때 관계는 종결된다. 사회복지실천과정은 시작단계, 중간단계, 종결단계에 이르는 시작과 종결이 요구되는 과정이기에 관계에서도 시간적인 제한이 필요하다. 목표가 달성되면 특별한 관계는 끝을 맺게 된다. 관계의 활용이 원만히 이루어져야 시간 제한성도 명확해질 수 있다.

(3) 클라이언트에 헌신

사회복지사는 자신의 이익보다 클라이언트의 이익을 위해 자신을 헌신한다. 따라서 사회복지사는 타인의 욕구에 민감할 수 있도록 객관성과 자기인식에 기초한 관계를 형성한다.

(4) 권위성

때로 클라이언트의 권리와 힘을 확인해주려는 의도에서 사회복지사가 클라이언트보다는 도움이 될 만한 지식과 경험을 가졌으면서도 그것을 거부하는 듯한 행동이나 언사를 쓰는 경우가 있다. 그러나 이것은 클라이언트에게 아무런 도움도 되지 못한다. 따라서 사회복지사가 권위를 가짐으로써 클라이언트가 안정감을 느끼게 되고 결국 관계도 공고해질 것이다. 즉, 사회복지사는 특화된 지식 및 기술 그리고 전문직 윤리강령에서 비롯되는 권위를 지닌다.

(5) 통제적 관계

객관성을 유지하고 자기 자신의 감정, 반응, 충돌을 자각하고 그 책임을 진다는 의미에서 통제적 관계이다.

2. 관계형성의 구성요소

1) 전문적 관계형성의 요소

사회복지실천에 있어서 전문적 관계형성의 요소로는 타인에 관한 관심과 원조의지, 헌신과 의무, 권위와 권한, 진실성과 일치성, 수용성, 정서적, 감정이입, 전문가로서의 사회복지사의 자질 등으로 구분되어 설명되는데, 그 내용은 다음과 같다.[3]

(1) 타인에 관한 관심과 원조의지

클라이언트에게 일어난 일에 대해 진실한 관심을 가지며, 클라이언트가 느끼는 감정에 대해 교류할 수 있어야 함을 말한다. 클라이언트에 관한 관심이란 책임감, 타인에 대한 이해 등을 포함하고 클라이언트의 삶과 욕구에 대한 조건 없는 긍정적 인정을 의미한다. 클라이언트를 도우려는 원조 의지는 원조관계에서 필수적인 자질인데, 클라이언트가 자신의 삶을 스스로 선택하고 통제할 수 있는 능력을 향상시킬 수 있도록 원조하는 자세나 태도이다.

(2) 헌신과 의무

헌신과 의무는 원조 과정에서 책임감을 의미하는 것으로 일관성을 포함하는 개념이다. 전문적 관계에서 관계의 목적을 달성하기 위해서는 사회복지사뿐 아니라 클라이언트도 관계에 대한 헌신과 의무를 가져야 한다. 사회복지사의 헌신과 의무로는 관계를 맺을 때 필수적인 절차상의 조건들을 유지하는 것을 말한다. 그 내용으로는 시간약속, 클라이언트의 문제에 대한 초점을 유지하는 것과 성장과 변화를 가져오는 관계를 유지하는 것이다. 그리고 클라이언트의 헌신과 의무로는 자신의 문제에 대해서 정직하고 개방적으로 제시하고 전문적 관계에서 요구되는 시간약속 등을 지키는 것 등을 들 수 있다.

(3) 권위와 권한

권위란 사회복지사가 전문적 지식과 경험을 갖추고 지위를 얻음으로써 클라이언트에게 영향력을 행사하는 것을 말한다. 권위(authority)는 클라이언트와 기관에 의해 사회복지사에게 위임된 권한(power)으로 사회복지사는 전문적 지식과 경험을 보유함으로써, 또한 일정한 지위에 있음으로써, 영향력을 미칠 수 있는 권한을 가진다. 권위는 제도적 측면과 심리적 측면으로 나눌 수 있다. 제도적 측면에서의 권위는 사회복지기관 내에서 사회복지사의 위치와 기능으로부터 비롯된 권위를 말하고, 심리적 측면에서의 권위는 전문가인 사회복지사에게 정보와 조언을 구함으로써 클라이언트가 사회복지사에게 부여하는 권위를 말한다.

권위와 권한을 잘못 사용하는 경우 클라이언트가 사회복지사에게 불신과 반감을 표현하거나 저항을 할 수 있으므로 사회복지사는 자신이 갖는 권위와 권한의 내용, 권위와 권한의 범위 및 사용방법 등을 클라이언트에게 설명하여 클라이언트가 안전과 보호의 느낌이 들 수 있도록 해야 한다.

(4) 진실성과 일치성

진실성이란 클라이언트와의 관계 속에서 실제적이고 순수해질 수 있는 능력을 의미하는 것으로서 사실적으로 가슴으로부터 말을 하는 것이다. 즉, 관계형성에서 진실하다(genuine)는 의미는 서로에게 정직하고 위선되지 않는 것을 의미한다.

일치성(congruence)은 사회복지사가 클라이언트와 관계 형성 시 일관성 있고 정직한 개방성을 유지하며, 대화의 내용과 행동이 항상 일치하면서도 전문가로서의 자아와 가치체계에 부합하여야 함을 의미한다.

(5) 수용성

관계의 기초를 이루는 것은 생존의 중요성과 가치에 대한 개인의 권리를 수용하는 것이다. 수용은 비심판적인 것 이상으로, 클라이언트의 모든 능력과 가치를 존중하고 동시에 클라이언트의 성장과 성숙을 신뢰로써 받아들이는 것을 의미한다. 비심판적인 태도를 전달하고 동시에 능동적으로 이해하는 것이며 클라이언트는 공포, 분노, 기쁨, 성장, 발전, 변화를 자유롭게 표현할 수 있는 존재로 받아들여야 함을 의미한다.

(6) 정서적 관계

태도나 감정을 주고받는 가운데서 관계가 발생하며 이러한 정서적 관계에서 생각을 나누고 결정을 하게 된다. 관계형성 초기에는 언어보다는 비언어적·정서적 상호작용이 가장 빈번하게 일어나기 때문에 정서가 중요하다.

(7) 감정이입

원조관계에서 중요한 것은 클라이언트가 처한 상황에서 클라이언트가 가질 수 있는 감정을 이해하면서 클라이언트를 원조할 수 있는 사회복지사의 능력이다. 클라이언트의 감정을 파악한 후에, 사회복지사는 그 감정을 이해했음을 전달해야 하는데, 이를 '감정이입적 반응(empathic responding)'이라고 한다. 감정이입적 이해를 하게 된다는 것은 사회복지사가 클라이언트와 '감정을 함께 공유'한다는 것이다. 즉, 감정이입은 다른 사람의 감정을 깊이 느낄 수 있는 능력이며 동시에 그 감정에서 분리되어 객관적 지식을 활용할 수 있는 능력이다. 사회복지사는 클라이언트에게 감정이입을 하면서도 문제 자체와 그 해결 가능성을 객관적으로 분석하고 이성적으로 행동해야 한다. 감정이입을 하기 위해서는 적극적 경청과 지속적으로 주의를 기울이며 비언어적 표현에 대한 민감성이 필요하다.

(8) 구체성

구체성(concreteness)이란 클라이언트가 자신의 행동, 사고, 감정을 자신의 독자적인 방법으로 표현할 수 있도록 도와주는 능력을 말한다. 즉, 클라이언트에게 자신의 경험과 감정을 정확하고 구체적으로 표현하게 하여 자신의 문제에 대한 개별화된 인식을 촉진할 수 있으며, 사회복지사의 공감을 촉진할 수 있고, 또한 문제해결의 구체적 계획을 세우는 데 근거가 되는 정보를 얻을 수 있다

(9) 직접성

직접성(immediacy)이란 사회복지사와 클라이언트가 현재 일어나고 있는 상호작용 속에서 경험하는 행동, 감정 그리고 사고에서의 현실을 정확히 묘사하고 명확히 하며, 진지하게 토의하면서 바로 그 장면에서 그러한 현실을 직접 수정할 수 있는 능력이다. 즉, 사회복지사와 클라이언트가 현재 경험하고 있는 감정이나 사고에 대해 이를 명확히 묘사하고 토론하는 것을 말한다. 다시 말해 사회복지사와 클라이언트가 상호작용하는 그 순간에 발생하는 감정이나 경험의 차이를 이해하게 하려면 현재 사회복지사가 클라이언트에 대해 어떻게 느끼고 있는지를 바로 표현하면서 피드백을 주는 것이다

(10) 자기노출

자기노출(self disclosure)은 사회복지사가 원조과정에서 적절하다고 생각되는 자신의 경험을 클라이언트와 함께 나누는 것이다.

(11) 자아인식

사회복지사들은 클라이언트와의 좋은 관계형성과 발전적 변화를 이루기 위해 '자아의 활용(use of self)'에 의존하므로 자신의 자아인식(self-awareness)이 기본 전제조건이 된다. 특히 자신의 가치나 태도에 대한 인식이 중요한데, 사회복지사는 클라이언트에게 특별한 반응을 보이고 또는 특별한 감정을 갖고 생각하며 왜 어떤 특별한 방법으로 클라이언트를 다루게 되는지를 알 수 있기 위해서다.

(12) 전문가로서의 사회복지사의 자질

전문가로서의 사회복지사의 자질은 성숙함, 창조성, 자기를 관찰하는 능력, 용기, 민감성 등으로 나누어진다.

첫째, 성숙함은 변화와 성장에 대해 두려움 없이 수용하고, 그 과정에서 자신을 성장하며 발전하는 인간으로 키워가는 것이다.

둘째, 창조성은 클라이언트의 문제 상황에 대한 해결책에 대해 개방성을 유지하며, 최선의 해결책을 찾기 위해 자신을 개방하는 것이다.

셋째, 자기를 관찰하는 능력으로 자신의 목표에 관해 신중히 생각하고, 자신을 신뢰하며, 자신을 복잡한 개입활동의 한 부분으로 관찰할 수 있는 능력이다.

넷째, 용기로 실패, 어려운 상황에 휘말리는 일, 통제할 수 없는 상황에 감정적으로 비난 또는 학대받는 일, 예측할 수 없는 상황에 계속적으로 연관되는 일, 신체적으로 위협받는 일 등을 받아들일 힘을 말한다.

다섯째, 민감성으로 특정한 단서 없이도 클라이언트의 내면세계를 느끼고 감지할 수 있는 능력으로, 사회복지사가 새로운 상황에 대한 개방성과 변화에 대한 준비 자세를 갖추고 있는지와 밀접하게 관련되어 있다.

2) 관계 형성의 원칙 : 관계의 7대 원칙

Biestek(1957)은 관계를 "사회복지사와 클라이언트 간의 감정과 태도의 역동적인 상호작용"이라고 정의하였다. 그는 원조를 구하는 사람들에게는 공통적인 기본감정 및 태도 유형이 존재한다고 하면서 이를 바탕으로 관계의 7대 원칙을 정립하였다.

Biestek은 「케이스워크 관계(casework relationship)」(1957)에서 사회복지사와 클라이언트 간의 원조관계의 기본원칙으로서 개별화, 의도적 감정표현, 통제된 정서적 관여, 수용, 비심판적 태도, 클라이언트의 자기결정 그리고 비밀보장의 7가지 원칙을 제시하였고, 이는 오늘날까지 가장 고전적인 관계의 원칙으로 알려져 있다.

Biestek이 제시한 케이스워크 관계의 7대 원칙은 사회복지사-클라이언트 간의 상호작용에 있어서 사회복지사의 책임을 규정하는 유용한 방식으로, 주된 내용은 다음과 같다(〈표 7-1〉 참조).[4]

표 7-1 사회복지사와 클라이언트 간의 감정과 태도의 상호작용

번호	1방향: 클라이언트의 욕구표현	2방향: 사회복지사 반응	3방향: 클라이언트의 의식	관계 원리의 명칭
1	개별적인 욕구를 가진 인간으로 대우받고 싶은 욕구	클라이언트의 욕구표현에 대하여 사회복지사는 민감하며 이해하고 적절히 반응한다.	클라이언트는 사회복지사의 민감성, 이해 및 반응을 어떻게든지 의식한다.	개별화
2	감정을 표현하고자 하는 욕구			의도적 감정표현
3	문제에 대한 공감적 반응을 얻으려는 욕구			통제된 정서적 관여
4	가치 있는 개인으로 인정받으려는 욕구			수용
5	심판받지 않으려는 욕구			비심판적 태도
6	스스로 선택하고 결정하려는 욕구			클라이언트 자기결정
7	자신의 비밀을 지켜주기를 바라는 욕구			비밀보장

(1) 개별화

개별화(individualization)는 각 클라이언트가 개별적인, 독특한 특성을 가지고 있다는 것을 인정하고 이해하여 개별 클라이언트를 원조하는 내용과 방법, 과정에서 개별적으로 다루어져야 한다는 원칙이다. 즉, 모든 클라이언트는 개별적인 욕구를 가진 존재로 개별화해야 한다는 것이다.

사회복지사의 역할은 다음과 같다.

첫째, 인간에 대한 편견이나 선입관에서 탈피한다.

둘째, 인간행동 및 발달에 대한 지식을 갖고 활용할 수 있어야 한다.

셋째, 귀담아듣고 관찰할 수 있는 능력이 있어야 한다.

넷째, 클라이언트의 진행 속도에 맞추어 진행해 나가는 능력을 갖춘다.

다섯째, 클라이언트의 미묘한 감정을 통찰한다.

여섯째, 클라이언트의 현재의 능력을 활용하게 한다.

일곱째, 클라이언트의 개성과 상황에 따라 원칙을 융통성 있게 적용한다.

개별화를 위한 수단으로 사회복지사는 클라이언트에 대한 자세한 배려와 참여를 할 수 있도록 하며 클라이언트를 위한 개별환경 등 비밀이 존중된다는 안도감과 신뢰감을 주며 클라이언트와 약속 시각을 준수한다. 그리고 면접을 위한 사전준비를 철저히 한다.

(2) 의도적인 감정표현

의도적인 감정표현(purposive expression of feeling)은 클라이언트가 감정을 표현하고 싶은 욕구를 인식하여 클라이언트가 자신의 감정을 자유롭게 표현하도록 도와주는 것을 의미한다.

의도적인 감정표현에 대한 사회복지사의 역할은 다음과 같다.

첫째, 클라이언트가 자신의 감정을 자유롭고 안전한 분위기 속에서 표현할 수 있도록 물리적인 환경 등에 신경을 써서 편안한 분위기를 만들어야 한다. 즉, 클라이언트가 부정적인 감정을 가질 수 있다는 것과 그러한 감정을 표현해도 좋다는 것을 알려준다.

둘째, 클라이언트를 스트레스나 긴장에서 완화해 주며, 문제를 분명하고 객관적으로 보게 한다.

셋째, 클라이언트의 감정표현을 진지하게 경청하는 것 자체가 클라이언트에게 심리적 지지가 된다. 외적인 문제보다 문제를 둘러싼 감정 자체가 클라이언트의 진정한 어려움일 수 있으며 특히 부정적인 느낌이 진정한 문제일 수 있다.

넷째, 클라이언트를 면접할 때에는 시간적·정신적으로 여유를 가지도록 해주며 면접을 진행하는 클라이언트의 속도를 민감하게 인식한다.

의도적인 감정표현의 장애 요인으로 지적될 수 있는 것은 비현실적인 보장, 너무 성급한 초기의 해석, 너무 많은 해석, 클라이언트의 감정표현에 대한 비난 등이 있다.

(3) 통제된 정서적 관여

통제된 정서적 관여(controlled emotion response)는 클라이언트의 감정에 민감성을 가지며, 그 의미에 대해 이해하고, 클라이언트의 감정에 대한 의도적이고 적절한 반응을 하는 것이다. 클라이언트의 감정에 대한 사회복지사에 민감성, 이에 대한 감정이입적 이해, 적절한 반응으로 이루어지며, 원조 목적에 맞게 통제되고 조정되어야 한다.

여기에서 클라이언트의 욕구는 문제에 대한 공감적 반응을 얻고 싶어 한다는 점이다. 이에 대한 사회복지사의 반응은 클라이언트의 표현된 감정에 반응을 보임으로써 정서적으로 관여한다. 그 결과 클라이언트는 수용된다는 느낌, 자신의 문제가 이해되는 느낌으로 심리적 안정을 찾는다.

통제된 정서적 관여의 구성요소는 다음과 같다.

첫째, 클라이언트의 감정에 대한 사회복지사의 민감성을 들 수 있다. 클라이언트가 자기의 감정을 직접 말로써 표현하지 않더라도 태도에서 드러나는 그의 감정을 잘 파악해야 한다.

둘째, 클라이언트의 감정이 의미하는 것에 대해 이해를 해야 한다. 문제에 관련하여 클라이언트가 갖는 감정의 의미를 이해해야 하는 것으로 이는 지속적인 과정이다. 인간행동의 지식인 심리학, 정신의학, 기타 사회과학은 감정의 의미를 이해하는 데 필수적이다.

셋째, 클라이언트의 감정에 대해 의도적이고 적절한 반응을 한다. 클라이언트의 태도에 대한 반응은 클라이언트에 따라 개별화해야 하며, 클라이언트의 마음 변화에 따라 호응해야 하는 대단히 어려운 기능이다. 반응은 얼마나 마음속 깊이 우러나오는가에 따라 의미가 있다.

(4) 수용

수용(acceptance)이란 클라이언트의 장점과 약점, 혹은 단점 등을 포함하여 있는 그대로의 모습을 이해하고 다루어 나가는 행동의 특징을 말한다. 클라이언트가 불평하고 부당한 요청을 하는 등 클라이언트가 자신을 어떠한 모양으로 표현하더라도 그것을 비판하지 않는 것이다. 이는 사회복지사의 인내심, 경청하려는 의지 등을 통해서 나타난다. 수용의 대상은 좋은 것(good)이 아니라 있는 그대로의 것(real)이며, 수용의 목적은 치료에 있다.

수용에 대한 클라이언트의 욕구는 가치 있는 인간으로 인정받고 싶어 한다. 이때 사회복지사의 반응은 클라이언트의 장점과 약점, 바람직한 성격과 그렇지 못한 성격, 긍정적인 감정과 부정적인 감정 등을 다 포함하여 있는 그대로 인정하고 존중해준다. 그 결과 클라이언트는 수용 받는 경험을 통하여 있는 그대로의 자신을 표현하고 안정감을 느낀다.

수용에 있어서 사회복지사의 역할은 클라이언트에 대한 완전한 이해와 클라이언트와 가치관 차이를 극복하는 것을 들 수 있다. 또한 수용에 있어 장애물을 줄이는 전략을 수립하여야 한다.

수용의 장애 요인으로는 첫째, 인간행동 양식에 관한 불충분한 지식, 둘째, 사회복지사로서 어떠한 면을 받아들이지 못하는 태도, 셋째, 자기 자신의 감정을 클라이언트에게 맡겨 버리려는 것, 넷째, 편견과 선입견, 다섯째, 보장할 수 없으면서 말로만 안심시키는 태도, 여섯째, 수용과 허용의 혼돈, 일곱째, 클라이언트에 대한 존경의 결여를 들 수 있다.

(5) 비심판적 태도

비심판적 태도(nonjudgemental attitude)는 문제의 원인이 클라이언트의 잘못 때문인지 아닌지, 혹은 클라이언트에게 책임이 있는지 등을 심판하지 않고, 클라이언트의 특성 및 가치관을 비난하지 않는다는 원칙이다.

비심판적인 태도에 대한 클라이언트의 욕구는 심판받지 않으려는 인간의 욕구에 기반을 둔다. 이때 사회복지사의 반응은 문제의 원인이 클라이언트의 잘못 때문인지 아닌지, 혹은 클라이언트에게 책임이 있는지 등을 심판하지 않고, 클라이언트의 특성 및 가치관을 비난하지 않는다.

사회복지사의 비심판적 태도는 클라이언트의 억압된 감정을 풀어주어 클라이언트는 자신에게 충실해지며 분열된 자아를 재통합하려는 건설적 힘이 강화된다. 사회복지사는 클라이언트의 행동, 태도, 가치표준 등을 객관적으로 평가해야 하는데, 이는 그를 판단하기 위한 것이 아니라 이해하기 위함이다.

비심판적 태도의 장애 요인으로는 편견이나 선입견을 들 수 있는데, 클라이언트를 객관적으로 보기 어렵게 한다. 또한 성급한 확신으로 클라이언트가 자신에게 심판적인 태도를 보인다고 느낄 수 있다. 그리고 다른 사람과의 비교, 또는 유형화하려는 태도도 들 수 있는데, 클라이언트는 자신을 범주화한다고 느낀다. 또 사회복지사에 대한 적개심과 같은 클라이언트의 부정적 감정표현을 들 수 있다.

(6) 클라이언트의 자기결정

사회복지실천과정에 있어서 클라이언트의 자기선택과 결정(client self-determination)을 내릴 수 있는 권리와 욕구를 실제로 인식하여 클라이언트가 모든 의사결정 과정에 참여하여 스스로 선택하고 결정하는 자유를 누리게 하는 것이다. 클라이언트 스스로 자기가 나갈 방향을 결정하려는 것을 존중하며 그 욕구를 결정하는 잠재적 힘을 자극하여 활동하게 할 수 있도록 도와준다. 클라이언트의 자기결정권은 적극적·건설적 결정을 내릴 수 있는 클라이언트의 능력 및 법률이나 도덕의 테두리 또는 사회기관의 기능의 테두리에 따라 제한받는다.

자기결정에서 클라이언트의 욕구는 자신의 삶에 대해 스스로 선택과 결정을 내리고 싶어 하는 것이다. 이때 사회복지사의 반응은 클라이언트 스스로 자기가 나갈 방향을 결정하려는 것을 존중하며 그 욕구를 결정하는 잠재적 힘(강점)을 자극한다. 그 결과 클라이언트가 자신 속에 있는 인격적 자원을 발견하고 활용할 수 있게 된다. 문제해결에 적극적으로 참여하게 된다.

사회복지사의 역할은 클라이언트가 자기수용을 할 수 있도록 원조하고 클라이언트 자신 속에 있는 자원을 알게 한다. 또한 클라이언트에게 적당한 사회적 자원을 알게 하며, 클라이언트가 자기 문제를 스스로 해결하도록 하며 인격적 성장을 할 수 있는 분위기를 만들어 준다. 그리고 정보나 조언을 줄 수는 있지만 최종 결정은 클라이언트가 하도록 한다.

자기결정 원칙을 적용할 때 사회복지사의 주의사항은 사회복지사가 문제해결을 위한 중요한 책임을 지고 클라이언트에게는 부차적인 역할만 하도록 하지 않는다. 즉, 주요 문제해결자는 사회복지사가 아니라 클라이언트임을 강조해야 한다. 또한 클라이언트가 요구하는 서비스는 도외시하고 클라이언트의 사회적·정서적 생활에 사소한 조사를 강조하지 않는다. 그리고 직접·간접적으로 조종하거나 강제적으로 설득해서는 안 된다.

(7) 비밀보장

비밀보장(confidentiality)은 클라이언트가 전문적 관계에서 노출한 정보를 사회복지사가 전문적 치료 목적 외에 타인에게 알려서는 안 된다는 원칙이다. 비밀보장은 사회복지실천의 가장 기본원칙이며, 사회복지사의 윤리적 의무이다. 그러나 비밀보장은 절대적인 것은 아니고 예외적인 상황이 있다(비밀보장의 한계)는 것을 알고 클라이언트의 이익을 최우선으로 하여 비밀보장의 한계를 극복해야 한다.

비밀보장에서 클라이언트의 욕구는 자신에 대한 비밀보장을 받고 싶어 한다. 이때 사회복지사의 반응은 전문적 관계에서 나타나는 클라이언트에 대한 정보를 보호하며, 사회복지사가 전문적 치료목적 외에 타인에게 알려서는 안 된다. 그 결과 원조 관계, 과정에 대한 신뢰감을 느끼게 되어 적극적으로 참여하며, 클라이언트가 자기방어기제를 사용하여 자신을 왜곡하는 현상을 줄일 수 있으며, 사회복지사와 클라이언트 간 상호작용이 촉진된다.

사회복지실천에서 일어날 수 있는 비밀보장과 관련된 갈등은 다음과 같다.

① 클라이언트 자신의 내적 갈등으로 클라이언트의 비밀보장 권리와 다른 권리 및 의무와의 모순·충돌이다.

② 타인의 권리와의 충돌로 양쪽의 권리를 비교하여 중요한 권리를 택해야 한다.

③ 사회복지사의 권리와의 충돌로 클라이언트의 비밀을 보호하려면 사회복지사 자신의 권리가 박탈될 경우가 생길 수 있다. 이 경우에도, 양쪽 권리를 비교하여 중대한 편을 선택해야 한다.

④ 사회기관의 권리와의 충돌에서 클라이언트의 비밀을 지키기 위해 기관의 사회적 사명과 권한을 넘는 조치를 강요당하는 경우가 있다.

⑤ 사회의 권리와의 충돌로 사익과 공익, 개인의 권리와 공공복지 간에 충돌이 있을 수 있다.

⑥ 개인은 사회적 존재이므로, 자기에게는 불리하더라도 사회공공의 복지를 위해 협력할 의무가 있다.

⑦ 클라이언트의 비밀보장에 대한 권리는 클라이언트 권리, 자신보다 더 높은 의무, 타인의 권리, 사회복지사가 속한 기관의 권리, 사회의 권리에 의하여 제한을 받는다.

3. 관계형성의 장애요인

1) 변화를 방해하는 관계요인

변화를 방해하는 관계요인에는 클라이언트의 불신, 전이 및 역전이 반응 다루기, 저항 및 저항 다루기(침묵, 핵심에서 벗어난 주제 말하는 것, 무력함의 표현, 저항을 행동화함), 문제 축소 및 마술적 해법의 기대, 양가감정, 미숙 및 부적절한 사회복지사의 태도 등이 있는데, 그 내용은 다음과 같다.[5]

(1) 클라이언트의 불신

사회복지사의 온정, 관심, 공감하는 좋은 의도에도 불구하고 어떤 클라이언트는 살아온 과정에서 격려와 인정을 받을 기회가 적었기 때문에 사회복지사에게 의지하기가 쉽지 않고, 비난, 거부, 상처를 예상하여 방어적 태도를 보이게 된다. 이런 상황에서 클라이언트의 자기 노출은 어려워지고 더 이상의 변화는 기대할 수 없다.

(2) 전이

전이(transference)는 클라이언트가 다른 사람(대개 부모, 부모를 대신하는 사람, 형제자매)과 과거의 경험에서 비롯된 소망, 두려움, 그리고 다른 감정을 사회복지사에게 보이는 것이다. 이러한 감정들은 아주 어린 시절에 그 뿌리를 두고 있거나 과거의 경험했던 일에 대한 것으로 스스로 인식하지 못하는 경우가 많다. 또한 분노, 원망, 증오와 같은 부정적인 전이만이 저항으로 작용하는 것은 아니다. 긍정적인 감정도 마찬가지로 변화를 일으키지 못한다.

(3) 역전이

역전이(counter-transference)는 사회복지사가 클라이언트를 마치 자신의 과거 어떤 인물인 것처럼 느끼고 무의식적으로 그렇게 반응하는 것이다. 역전이는 왜곡된 인식과 감추어진 부분, 소망과 치료를 방해하는 감정반응과 행동을 만들어내면서 관계를 악화시킨다.

(4) 저항

사회복지사와 클라이언트의 관계에서 변화를 방해하는 힘을 저항(resistance)이라 한다. 저항은 개입목표와는 반대되는 클라이언트의 행동을 말하는데, 클라이언트가 이런 행동을 인식하고 있을 때도 있지만, 의식하지 못하고 사회복지사의 눈에만 보이는 경우가 많다.

(5) 양가감정

저항의 근원지는 인간의 양가감정(ambivalence)에서 찾을 수 있다. 즉, 인간은 변화를 원하여 도움을 청하면서도 동시에 익숙한 것을 버리고, 새로운 행동을 해야 하는 것에 대한 두려움으로 변화에 대해 저항을 하게 된다. 또 다른 저항의 근원지는 서비스와 개입에 대해 잘못된 이해를 하고 있거나 혹은 익숙하지 못한 상황에 직면하는 것이 두려워 저항을 보일 수 있다.

(6) 미숙 및 부적절한 사회복지사의 태도

미숙하거나 부적절한 사회복지사의 태도의 경우를 보면, 첫째, 클라이언트가 경험하는 중요한 감정을 인식하지 못하거나 둘째, 클라이언트가 비난이나 비방이라고 해석할 수 있는 메시지로 보내거나 셋째, 태만해지거나 클라이언트를 무시하거나 적절치 않게 직면을 사용한다. 그리고 마지막으로 클라이언트가 성장하고 있음을 인식하지 못하는 등이다.

2) 변화를 방해하는 관계 다루기

변화를 방해하는 관계 다루기에는 클라이언트의 불신 대처하기, 전이반응 다루기, 역전이 반응 다루기, 저항 다루기, 양가감정 다루기, 직면하기, 긍정적 재해석하기, 문제를 성장의 기회로 재규정하기 등이 있는데, 그 내용은 다음과 같다.[6]

(1) 클라이언트의 불신 대처하기

사회복지사는 신뢰하지 않는 클라이언트를 만나면 인내하고 참아야 한다. 신뢰와 긍정적 관계를 성립하기 전에 자기를 드러나게 하는 것은 클라이언트가 관계중단을 재촉하는 결과를 가져온다. 이러한 클라이언트 중 많은 이들이 절박하게 도움이 필요하며, 약속을 제대로 지키지 않는 것은 동기가 부족하다기보다 회피하는 경향임을 인식하는 것이 중요하다. 사회복지사가 클라이언트의 회피행동 뒤에 숨어있는 두려움을 맞설 수 있도록 돕는다면 전문적 관계가 형성될 것이다.

(2) 전이반응 다루기

전이반응 다루기에서는 사회복지사는 클라이언트가 자신의 왜곡된 인지를 깨닫고 사회복지사를 비롯한 다른 사람들에게 정신적 이미지, 신념 또는 태도를 과잉 일반화하여 투사하는 것이 아니라 자신의 고유한 개인으로 차별화할 수 있도록 대인관계에서의 인지능력을 개발하도록 해야 한다. 또한 클라이언트의 반응이 비현실적임을 지적하고 사회복지사에 대한 현실적인 관점을 갖도록 하며 사회복지사에 대한 감정을 과거에 다른 사람에게도 느낀 적이 있는지 알아보고 그 근원에 대해 클라이언트가 깨닫도록 도와준다. 그리고 클라이언트가 어린 시절, 신체적 또는 성적 학대 등 외상성 스트레스를 경험했다면, 과거 경험을 차분하게 설명하게 하고 탐색하는 것이 중요하다.

(3) 역전이 반응 다루기

역전이 반응 다루기에서는 사회복지사는 먼저 자신의 감정의 기원에 관심을 갖고 클라이언트의 현실적인 관계에 관점을 갖도록 노력해야 하며 그다음으로 역전이로 인해 관계를 지속할 수 없을 때는 클라이언트에게 사회복지사 자신의 문제로 인해 관계를 지속할 수 없음을 알리고 다른 사회복지사에게 의뢰해야 한다.

(4) 저항 다루기

저항 다루기에서는 클라이언트가 익숙하지 못한 상황에 직면하거나 압도될 때 경험하는 염려와 두려움 등에 대해서 클라이언트의 두려움을 탐색하고 시범과 역할극을 통해 상황에 익숙해지도록 돕는다. 또한 저항을 부정적인 것으로만 받아들이지 않고 변화의 자연스러운 과정으로 생각하는 것도 중요하다. 그리고 저항 다루기를 통해 클라이언트는 부정적인 감정을 표현함으로써 대인관계에서의 부정적인 감정을 효과적으로 다룰 수 있는 경험을 가지도록 해준다.

(5) 양가감정 다루기

양가감정 다루기에서는 사회복지사는 양가감정이 매우 자연스러운 것임을 수용하면서 자유롭게 표현할 수 있도록 도와야 한다. 클라이언트는 자신의 양가감정을 인식하게 되고 저항을 줄일 수 있게 된다. 또한 클라이언트가 변화에 반대하더라도 클라이언트를 수용하고 클라이언트의 자기결정권의 측면에서 권리를 옹호하면서 변화를 유도해야 할 것이다.

(6) 직면하기

직면하기는 클라이언트가 자신의 문제의 원인이 되거나 영향을 미치는 사고, 감정, 행동과 대면하는 것을 말하는 것으로 클라이언트의 자기인식을 고양하고 변화를 촉진하는 도구이다. 즉, 클라이언트가 자신의 행동, 생각, 감정 사이의 모순을 발견하지 못할 때 효과적이지만 클라이언트가 받아들일 준비가 되어있지 않을 때는 역효과가 나타나기 쉽다. 또한 한 인간으로서 클라이언트에 관한 관심을 전달하지 않으면서 직면을 오용하고 남용하는 것은 비윤리적이며 개입의 효과도 없다. 특히, 유도 질문은 좀 더 적극적인 직면 형태일 수 있지만 역시 존중하는 태도로 전달해야 한다.

(7) 긍정적 재해석하기

긍정적 재해석하기는 클라이언트 입장에서 부정적이고 바람직하지 못한 감정들에 긍정적 의미를 부여하는 것으로서 클라이언트의 자기방어를 줄이고 자존심을 보호할 수 있도록 해주는 기술이다. 긍정적인 해석의 목적은 클라이언트의 반대를 용서하거나 왜곡된 인지를 강화하려는 것이 아니라, 클라이언트의 방어를 최소화하고 상처받기 쉬운 자존심을 보호하며 강점관점으로 일관되게 행동하는 것이다.

(8) 문제를 성장의 기회로 재규정하기

문제의 재규정하기는 긍정을 강조함으로써 불편, 두려움, 변화에서 얻을 수 있는 강점을 부각하는 것이다. 또한 변화되어야 할 문제를 성장하고 도전할 기회로 인식하여 문제에 대한 낙관적 관점을 제공하고, 변화 동기를 형성해주는 것이다. 그리고 클라이언트가 자기 문제에 대해 부정적인 요소뿐만 아니라 긍정적인 요소도 있다는 관점에서 조명할 수 있도록 돕는다.

제 8 장 면접의 방법과 기술

1. 면접의 개념·특성 및 목적

1) 사회복지면접의 개념

면접이란 최소한 두 사람 이상이 특정한 목적을 가지고 함께 이야기를 나누는 것으로서, 언어적·비언어적 의사소통의 다양한 방식 중 하나이며, 특별한 의사소통 방식이라 할 수 있다. 즉, 생각 및 느낌의 교환, 개인들 사이의 언어적·비언어적인 의사소통을 포함한 목적 지향적인 대화라고 할 수 있다. 그리고 면접은 의식적이고 서로 수용한 목적을 위하여 이루어지는 대인 간의 상호작용을 포함하고 있고 더욱더 공식적인 구조와 명백하게 정의된 역할의 담당, 그리고 상호작용이 과정을 규정하는 일련의 기준을 포함한다.

사회복지실천과정에서의 면접이란 도움이 필요한 사람이 전문적 훈련을 받은 사회복지사와 대면 관계에서, 생활과제의 해결과 사고, 감정, 행동 측면의 인간적인 성장을 위해 노력하는 학습과정이라고 할 수 있다. 즉, 인간의 행동과 반응에 대한 전문적 지식과 인간관계의 기술을 갖춘 사회복지사가 클라이언트가 그의 문제를 이해하고 원조한다는 목적을 가지고 의도적으로 이끌어가는 전문적 대화라고 할 수 있다.[1]

2) 사회복지면접의 특성

사회복지면접은 두 사람 이상이 어떤 목적을 가지고 대화로 이루어진다는 점에서 다른 면접과 큰 차이는 없지만 특별한 주제를 가지고 사회복지사에 의해 의도적, 전문적으로 이루어진다는 점이 특징이다. 즉, 사회복지면접은 인간의 행동과 반응에 대한 전문적 지식과 정교한 인간관계 기술을 갖춘 사회복지사가 클라이언트와 그의 문제를 이해하고 원조한다는 목적을 가지고 의도적으로 이끌어나가는 전문적 대화라고 할 수 있다.

Brown(1920)은 효과적인 면접에 영향을 미치는 요인을 다음과 같이 제시하였다.

① 사회복지사의 자기인식 정도이다.
② 주고받는 심리의 고유한 역동성에 대한 이해이다.
③ 원조 관계를 발전시킬 사회복지사의 능력이다.
④ 클라이언트를 존중하며 클라이언트가 커뮤니케이션 과정에 적극적으로 관여하도록 하는 사회복지사의 능력이다.
⑤ 클라이언트에게 기술적으로 말을 하고 질문하는 사회복지사의 능력이다.
⑥ 면접이 행해지는 분위기와 장소이다.
⑦ 전이와 역전이 같은 면접과정에서 유발되는 역동성에 대한 사회복지사의 인식이다.

사회복지면접의 특성을 살펴보면 다음과 같다.[2]

첫째, 특정 클라이언트에게 규정된 제공하는 기관이 있고 면접내용은 특정 상황에 한정되어 있어서 특정 상황과 관련되지 않는 요인들은 제거된다.

둘째, 면접은 목적 지향적인 활동이며 의사소통은 개입목적에 관련된 내용들로 제한된다.

셋째, 면접은 한정적이고 계약적이며, 사회복지사와 클라이언트가 목적달성을 위해 함께 활동하며 상호 합의한 상태에서 진행된다.

넷째, 면접자인 사회복지사와 피면접자인 클라이언트는 각각 특정한 역할 관계를 규정하고 그 역할에 따라 상호작용하며, 면접에서 사회복지사와 클라이언트의 역할이 서로 다르므로 이들의 특수한 역할 관계가 수반된다.

다섯째, 사회복지면접은 개인적이거나 사적인 차원에서 이루어지는 것이 아니라 공식적이고 의도적인 활동이라 볼 수 있다.

여섯째, 사회복지면접은 클라이언트와 사회복지사가 목적달성을 위한 일련의 과정을 상호 합의한 상태에서 진행해야 하며 구체적 목표를 달성하기 위해 수행되는 과정이다.

3) 면접의 목적

면접은 그 목적에 따라 실행되는 방법과 진행 방향이 크게 달라질 수 있다. 면접의 궁극적 목적은 삶의 질적 향상과 성장을 목적으로 문제를 해결하고 이에 필요한 전략이나 행동을 모색하기 위해 정보를 주고받는 것으로 사회복지 면접은 대개 문제 상황에 처한 클라이언트에 대한 정보를 수집하고 도움을 제공하는 것이다. 이처럼 면접의 목적은 클라이언트 개인과 상황 간 문제를 이해하고 적합한 원조방법을 제공하여 문제를 효과적으로 해결하려는 데 있다.

Brown(1992)은 사회복지실천에 있어서 면접의 목적을 자료수집, 치료관계의 확립과 유지, 클라이언트에게 정보제공, 원조과정에서 장애를 파악하고 제거하는 것, 목표 달성을 향한 활동을 파악하고 이행하는 것, 그리고 원조과정을 촉진하는 것이라고 했고 Kadushin(1990)은 클라이언트의 욕구와 문제를 파악하기 위한 자료수집, 치료관계의 확립과 유지, 클라이언트에게 정보제공, 원조과정에서의 장애파악과 제거, 목표달성을 위한 활동파악과 이행, 원조과정의 촉진 등이라고 했다.

따라서 사회복지실천에 있어서 면접의 목적은 전문적 지식과 가치를 바탕으로 클라이언트와 그 상황을 충분히 이해함으로써 그 문제를 효과적으로 해결하는 데 있다. 또한 클라이언트의 문제해결을 위한 정보를 얻는 것뿐만 아니라 면접을 통해서 클라이언트에게 도움을 주는 것이다. 즉, 클라이언트와 문제에 대해 충분히 이해하여 적절한 원조를 제공하며 클라이언트 개인, 가족, 사회적 환경 등에 관한 여러 가지 정보를 수

집하고 서비스 결정을 위한 사정, 기능향상 및 환경변화를 위한 치료 등이라고 할 수 있다.[3]

2. 면접의 종류

1) 구조화 정도에 따른 면접의 종류

면접을 진행하는 방법은 크게 구조화된 면접방식, 반구조화된 면접방식, 비구조화된 면접방식으로 나누는데, 그 내용은 다음과 같다.[4]

(1) 구조화된 면접

조사대상의 수가 많은 경우 사전에 구조화된 조사표, 대개는 질문지를 가지고 면접조사를 실시하게 된다. 많은 응답자가 똑같은 질문을 받게 된다는 뜻에서 표준화면접이라 하며, 사전에 준비한 똑같은 순서나 같은 내용으로 질문하므로 구조화면접(structured interview)이라고도 한다. 구조화된 면접은 질문이나 내용이 매우 구체적으로 짜여 있으며, 이 흐름에 따라 알아보고자 이미 작성된 내용에 관해 구조화된 질문을 하게 된다. 구조화된 면접이 적절한 경우는 수집한 자료를 비교하는 것이 중요할 때, 한 명 이상의 면접자가 면접을 수행할 때, 면접자의 면접경험이 부족할 때 사용된다.

구조화된 면접의 단점으로는 논리적인 반응을 하게 되는 경향이 있어 정서적인 내용이 거의 없으며, 피면접자에 따라 특정한 질문이 해당되지 않거나 부적절할 수 있어 면접시간을 낭비할 수 있다는 한계가 있다.

(2) 반구조화된 면접

반구조화된 면접(semi-structured interview)은 표준화와 비표준화의 중간 형태로서 개략적인 조사표를 가지고 융통성 있게 면접내용을 조정하는 경우를 말하며 반표준화면접 또는 준 구조화 면접이라고 한다. 지침이 있는 면접으로 미리 결정된 질문이나 주요 단어가 있으나 구조화된 면접과는 달리 특정 관점에서 질문할 수 있고, 피면접자의 반응에 따라 적절한 시점에서 개방형 방식으로 질문할 수 있다. 비구조화된 면접이나 구조화된 면접 양자의 장점을 취하는 특징이 있다.

(3) 비구조화된 면접

만약 조사하고자 하는 대상이나 사례가 특수하여 미리 구조화된 조사표를 작성하기가 어려운 때도 있다면, 숙련된 조사원은 최소한의 방향만 제시하는 지침을 가지고 면접당사자 간의 상황에 따른 말이나 문답의 순서에 구애됨이 없이 자유로운 상태에서 면접이 진행된다. 이러한 면접을 비표준화 면접 또는 비구조화 면접이라고 한다. 비구조화된 면접(unstructured interview)은 면접 시 질문이나 알아보고자 하는 내용이 미리 짜여 있다기보다는 말 그대로 구조화되지 않은 채 면접의 목적에 따라 개방적으로 진행되는 면접 형식으로 피면접자의 세계에 대해 심층적이며 자세한 묘사와 이해를 얻고자 할 때 사용한다.

2) 목적에 따른 사회복지실천 면접의 종류

일반적으로 사회복지실천 면접은 정보수집 또는 사회조사를 위한 면접, 사정을 위한 면접, 그리고 치료를 위한 면접으로 구분되지만, 실제로는 면접에서 이 세 종류가 서로 중복되기도 한다. 이렇게 중복되는 일도 있지만, 이 세 종류 유형의 면접은 구성과 이행방식이 각기 다른데, 이 세 가지 종류는 다음과 같다.[5]

(1) 정보수집(사회조사) 면접

정보수집 면접의 목적은 클라이언트와 그를 둘러싼 환경이나 상황을 파악하여 문제를 잘 이해하고 효과적인 개입을 하는 데 필요한 정보를 수집하거나 사회조사를 위한 것이다. 일반적으로 면접에 포함되는 내용은 일반적 사항(나이, 성별, 학력, 결혼상태, 주소 등), 현재 문제(현재 문제 상황, 현재 문제와 관련된 과거력 등), 가족력(클라이언트와 원 가족과의 관계, 부모형제 관계, 부부관계, 자녀관계 등), 개인력(아동기 성장과정, 발달 단계상의 문제, 학교생활, 교우관계, 직장생활, 결혼생활 등), 사회적·직업적 기능(클라이언트의 사회적·직업적 기능 정도 등) 등이다.

사회조사 면접은 사회기능에 관련된 가족력과 사회력 등의 자료에 관한 선택적 수집이다. 이와 같은 정보를 수집하는 것이 사회복지사가 사회문제 상황에 관련된 클라이언트를 이해하는 데 도움이 된다. 그리고 클라이언트와 그의 상황에 대한 지식은 클라이언트를 이해하는 데 전제 조건이고 이러한 이해는 효과적인 개입을 하는 데도 필수적인 조건이 된다. 면접에서는 모든 정보를 수집할 필요가 없고 단지 클라이언트를 효과적으로 돕기 위하여 이해하는 데 필요한 것을 수집한다. 그리고 사회복지사가 추구하는 정보는 객관적 사실과 주관적인 감정 및 태도를 포함한다. 이러한 정보 수집은 클라이언트와의 계속된 접촉을 통하여 축적된다.

(2) 사정을 위한 면접

사정을 위한 면접은 서비스의 적격 여부를 평가하고 결정하기 위한 것으로 진단적 의사결정 면접이라고도 할 수 있다. 즉, 사정은 자료를 해석하고 의미를 부여하며 실천방향 및 개입방향을 결정하는 일이므로, 사정을 위한 면접은 서비스에 대한 의사결정을 하기 위한 면접으로 정보를 수집하기 위한 면접보다 목적 지향적이다. 또한 사정을 위한 면접을 통해 클라이언트가 처해 있는 현재의 문제 상황, 문제해결 목표, 목표를 달성하기 위해 어떤 개입방법을 선택해야 할지 결정하게 된다.

최근에는 클라이언트의 자원, 동기, 장점, 능력 등을 모두 보기 때문에 '진단'이란 용어보다는 '사정'이라는 용어를 더 많이 사용하고 있다. 사정 면접은 어떤 서비스를 제공할지 구체적 서비스에 대한 의사 결정을 위한 면접이다.

(3) 치료적 면접

치료적 면접은 가장 보편적인 것으로 클라이언트를 도와서 그 자신이 변화하거나 클라이언트가 더 나은 사회기능을 수행할 수 있도록 사회적 환경의 변화를 돕는 것을 말한다. 치료적 면접을 통해 클라이언트에게 자신감과 자기효율성을 강화하고, 필요한 기술을 훈련하며 문제를 해결할 수 있는 능력을 키운다.

치료적 면접의 목적은 사회적인 환경 속에서 있는 힘의 균형을 클라이언트의 이익을 위해 변화시키는 것에 있다. 치료적 면접은 어떠한 방법으로든지 클라이언트 자신의 행동, 태도, 혹은 의견을 교정하려는 데 목적이 있다.

환경변화를 목표로 한다면 클라이언트에게 중요한 다른 사람들과 면접이 이루어지며 이때 사회복지사는 중재자나 대변자로 관여하여 클라이언트를 대신해서 그들에게 영향을 미쳐야 한다. 클라이언트의 권리와 이익을 옹호 및 대변하기 위하여 사회복지기관, 지역사회, 관련 공무원, 때에 따라서는 정책변화와 관련되어 활동이 이루어진다.

3. 면접의 요건

면접의 요건에는 주로 물리적 환경, 면접시간, 기록, 면접의 비밀성, 면접자의 예비지식 등이 포함되는데, 그 내용을 정리하면 다음과 같다.[6]

1) 물리적 환경

물리적 환경인 면접 장소는 어느 정도의 비밀성과 안락하고 이완된 분위기를 가지는 것이 중요하다. 어떤 방해나 전화소리가 들리는 것을 최소로 줄여야 할 것이다. 또한 클라이언트를 기다리게 하거나 면접 도중에 중단하는 것이 불가피한 경우에는 이에 대해 클라이언트에게 알리고 양해를 구해야 한다. 그리고 사무실에서 면접하는 경우에는 일반적으로 면접 중 개인의 비밀이 존중될 수 있고, 외부로부터 방해를 받지 않고 안정된 상태에서 이야기할 수 있는 면접실을 이용하는 것이 효과적이다.

면접 장소로서 클라이언트의 가정은 그와 그의 상황에 관한 진단적 이해를 하는 데 유익하다. 가정방문은 클라이언트의 생활을 실제로 파악할 수 있고 더 많은 정보를 얻을 수 있다. 면접은 또한 병원이나 시설 그리고 기타 여러 장소에서도 이루어진다. 이러한 면접은 일어난 생활 사건에 관한 임상적 활용에 도움이 된다. 그 외 직장이나 학교, 다방 또는 공원 등을 면접 장소로 이용할 수 있겠지만 전문적인 면접 관계를 유지하기가 어려우므로 피하는 것이 바람직하다.

2) 면접시간

면접은 일반적으로 클라이언트가 기관에 찾아와서 사회복지사를 만나면서부터 시작한다. 첫 면접 이후의 면접시간은 클라이언트와 의논을 하여 약속하는 것이 바람직하다. 면접시간의 약속은 사회복지사 자신의 일정표에 따라 일방적으로 클라이언트의 면접시간을 결정할 수 있겠으나 이보다는 클라이언트가 이용하기에 편리한 시간을 제시하여 그중에서 클라이언트가 이용하기에 더욱 편리하거나 적절하다고 생각되는 시간을 선택하도록 하는 것이다.

일반적으로 면접은 1주 1회, 그리고 1회의 면접은 1시간 정도의 시간을 할애하는 것이 적당할 것이다. 그리고 클라이언트와 기관의 사정을 고려한 면접의 목적에 따라 다소 융통성 있게 면접시간을 배려해야 할 것이다.

3) 기록

면접자가 면접 직후에 몇 분 동안 면접에 관하여 적어 둘 수 있다면 면접도중에 많은 것을 적을 필요가 없을 것이다. 보통 면접에서 클라이언트의 이름, 주소, 날짜 및 직업 등의 기본적 속성은 그가 말하는 즉시 기록하는 것이다.

면접 중에 많은 시간을 기록하는 데 소모하게 된다면 클라이언트는 자신의 개인으로서보다는 하나의 사례로 취급받는다는 인상을 받게 되어 면접이 중단되거나 방해될 것이다. 경험이 적은 사회복지사는 클라이언트에게 집중하면서 될 수 있으면 많은 기록을 하려고 한다. 그러나 면접 도중에 클라이언트가 보는 앞에서 많은 것을 기록하기보다는 될 수 있으면 기억을 잘해 두었다가 면접 직후에 자세하게 기록하는 것이 효과적인 면접을 위해 바람직하다.

4) 면접의 비밀성

효과적인 면접을 위해서는 클라이언트의 비밀이 보존될 수 있게 해야 한다. 이것은 면접 장소의 물리적 환경면에서도 고려되어야 하지만, 클라이언트에 대한 사회복지사 태도도 중요하다. 면접과정 동안에 클라이언트는 사회복지사 앞에 자기 자신을 드러내기 때문에 사회복지사는 클라이언트와의 전문적 관계의 유지에 대한 책임을 이행하여야 한다. 즉 사회복지사는 클라이언트의 비밀성을 경솔하게 취급하지 않아야 한다.

5) 면접자의 예비지식

사회복지사가 명백히 인식해야 할 것은 일반성을 기초로 하는 이론과 구체적인 실제를 기초로 하는 특수성에 관한 지식을 가지고 있어야 한다는 점이다. 그리고 구체적인 실제를 취급하는 데 따른 특수한 지식이 요구되는 것이다. 바꿔 말하면, 사회복지사는 일반적인 이론을 구체적인 실천에 활용하기 위한 자신의 창의력이 필요하게 된다.

4. 면접의 기술

사회복지사는 면접의 목적을 달성하기 위하여 클라이언트가 이야기를 잘할 수 있도록 격려하고 의사소통 흐름을 유지하기 위한 다양한 기술들을 활용할 수 있어야 한다. Johnson(1989)은 면접의 기술로 관찰기술, 경청기술, 질문기술, 초점·안내·해석 기술, 분위기 조성 기술 등을 강조하였으며, Kadushin(1972)은 사회복지실천에서 사용되는 면접기술은 관찰, 경청, 명료화, 해석, 초점유지, 분위기 조성, 직면하기 등이며, 이러한 면접의 기술에 관한 내용은 다음과 같다.[7]

1) 관찰

관찰은 가장 기본적인 면접기술이다. 선입견을 버리고 실제 상황을 있는 그대로 보는 것이다. 관찰은 사회복지실천의 모든 과정 동안 사용하는 기술로서 클라이언트가 말하고 행동하는 것에 주의를 기울이는 것이다.

관찰은 초기면접 이전에 클라이언트가 대기실에서 기다리고 있는 상황에서부터 시작된다. 낯선 대기실에서 앞으로 일어날 일에 대한 초조함, 불안, 두려움, 그리고 비자발적 클라이언트의 경우 분노, 원망 등의 비언어적 행동이 나타날 것이다. 어떤 사람은 계속 왔다 갔다 하고 또 다른 사람은 대기실 벽에 걸려 있는 사회복지사 자격증이나 기타 안내문들을 유심히 살피기도 할 것이다. 또 어떤 사람은 대기실의 잡지들을 짜증스럽게 넘기면서 시계를 볼 수도 있다. 대기실에서의 이러한 태도는 클라이언트의 개입에 대한 태도와 평소 불안함과 두려움을 어떻게 다루어 왔는지를 알 수 있게 한다.

면접 중에는 역시 클라이언트의 언어적 표현뿐 아니라 비언어적 표현에도 민감해야 한다. 여기에는 표정, 손놀림, 눈 맞춤, 얼굴 붉힘 등이 포함된다. 이러한 비언어적 표현이 언어적 표현과 일치하는가 하는 것은 클라이언트의 감정과 표현의 차이를 밝히는데 매우 중요하다. 이 외에도 사회복지사는 처음 꺼내는 말과 종결하는 말의 내용, 화제의 이동, 반복적 주제의 제시, 클라이언트의 진술 간에 차이 등에 유의해야 한다.

2) 경청

경청기술은 면접에서 가장 중요한 기술이다. 면접에서 경청은 클라이언트의 어려움에 공감하고 그에게 필요한 반응을 해가면서 적극적으로 잘 듣는 것이다. 경험이 없는 사회복지사가 하기 쉬운 실수는 클라이언트에게 도움을 주고자 하는 급한 마음에 여러 가지 충고나 제안을 하거나 클라이언트의 말이 끝나기도 전에 다른 주제를 바꾸어 질문하는 것이다. 이러한 태도는 전문적 관계형성을 방해할 뿐 아니라 클라이언트가 사회복지사를 신뢰할 수 없게 한다.

경청기술은 그냥 클라이언트의 말을 듣는 것이 아니라 그가 지금 무엇을 표현하고 있는지, 그의 감정과 사고는 어떤 것인지 이해하고 파악해 가면서 듣는 것이다. 공감적 태도 속에서의 경청은 그것만으로도 클라이언트가 감정의 정화(catharsis)를 경험하고 마음의 안정을 찾게 하는 효과를 가져 올 수 있다. 특히 감정이 격해 있거나 부정적 감정을 표현하여 해소하고자 하는 클라이언트에게 경청은 그 자체가 변화를 위한 적극적 개입일 수 있다.

3) 질문

질문은 클라이언트의 의사소통을 격려하기 위하여 가장 많이 적용되는 기술이다. 또한 질문은 정보를 습득하고 클라이언트가 충분히 의사소통하도록 한다. 그리고 좋은 질문은 클라이언트가 발표하는 것을 조직하도록 돕는다. 질문에는 개방형 질문과 폐쇄형 질문이 있으며 사회복지사는 두 유형의 질문을 혼합해서 사용하는 것이 바람직하다.

(1) 개방형 질문

개방형 질문은 클라이언트가 원하는 방식대로 응답할 여지가 있으며 자유롭고 폭넓게 답할 수 있는 질문형식이다. 일반적으로 개방형 질문은 '어떻게', '무엇'을 주로 사용하는 질문으로 다양한 정보가 필요할 때 유용하며 클라이언트와의 촉진, 관계형성에 유리하다. "여기까지 어떻게 오셨어요?", "그때 당신의 기분은 어떠셨나요?", "그 외에 다른 무엇이 있었나요?"와 같이 더욱 많은 정보를 담고 자유롭게 응답할 수 있도록 묻는 형태이다.

(2) 폐쇄형 질문

폐쇄형 질문은 클라이언트의 초점을 제한하고 확실한 사실에 대해서만 묻는 방식을 말한다. 폐쇄적 질문은 필요한 구체적 정보에 대해 질문을 하는 것이며, 응답의 선택이 한정되는 질문이다. 즉, 일반적으로 '예', '아니요' 대답만 요구한다. 예를 들어, "오늘 우리 기관에 처음 왔습니까?", "점심은 드셨습니까?", "남편이 동의했습니까?"라고 질문을 한다. 이 질문은 호구 조사적인 내용을 얻기 위해서나 상세한 내용을 부각하기 위해 사용한다.

(3) 면접에서 피해야 할 질문

잘못된 질문은 클라이언트의 잘못을 추궁하게 되어 클라이언트에게 위협을 줄 수도 있고 대화의 흐름을 막는 역효과를 초래할 수 있으므로 질문을 할 때 가능하면 피해야 할 질문이 있다. 어떤 질문보다 자주 사용되는 것이 '왜'로 시작되는 질문인데 '왜'라는 질문은 클라이언트를 비난하는 것 같은 느낌을 주어 클라이언트가 자기 행동을 정당화시키려는 반응을 유발하여 방어적 태도를 보이게 만드는 경향이 있다. 그러므로 클라이언트의 행동이나 상황에 대해 '누가', '무엇을', '언제', '어떻게', 등에 초점을 두는 질문을 하고 '왜'라는 질문은 하지 않는 것이 좋다.

유도형 질문은 클라이언트가 바람직한 결과를 이끌어나가기를 바라는 마음에서 사회복지사의 감정이나 견해를 해결책의 형태로 간접적으로 나타내는 것으로 사회복지사가 클라이언트의 응답을 특정 방향으로 이끌어나가려는 태도를 보이기 때문에 될 수 있으면 피해야 한다. 예를 들면, "당신은 아내를 사랑하지 않죠?, 그렇죠?", "당신은 너무 어려서 독립할 수 없었던 게 아닙니까?"라고 질문하는 것이 유도형 질문 형식이다.

중첩형 질문은 한꺼번에 너무 많은 질문을 던지는 유형으로 이런 유형의 질문은 폭탄형 질문이라고도 표현되며 이러한 질문은 초점을 흐려 클라이언트의 대답이 피상적으로 되거나 혹은 중요한 정보를 빠뜨리기 쉬워 의사소통이 비생산적이 되기도 하므로 피해야 한다. 예를 들면, "당신이 상황을 통제할 수 없다고 느낄 때, 당신 마음은 어떠했나요? 그것에 관한 생각은 어땠나요? 또 당신은 어떤 행동을 했습니까?"라고 질문을 한꺼번에 많이 하는 것이다.

4) 명료화

명료화는 클라이언트의 말 속에 내포된 것을 클라이언트에게 명확하게 해주는 것을 의미한다. 즉, 클라이언트가 말한 내용을 더욱 명백하게 이해할 수 있도록 더욱 친밀한 용어로 바꾸어 이야기하는 것이다. 또한 명료화는 클라이언트의 실제 반응에서 나타난 감정이나 생각 속에 암시되었거나 내포된 관계 또는 의미를 보다 분명하게 말해주는 것이다.

클라이언트에게 언급해주는 내용의 의미와 관계는 어디까지나 클라이언트의 표현 속에 포함되어 있다고 사회복지사가 판단한 것이다. 즉, 명료화의 자료는 클라이언트 자신이 미처 자각하지 못하는 의미 및 관계이다. 클라이언트가 애매하게만 느끼던 내용이나 자료를 사회복지사가 말로 표현해준다는 점에서 클라이언트에게 자기가 이해를 받고 있으며 면접이 잘 진행된다는 느낌이 들게 해준다.

5) 요약

요약은 면접 동안에 줄곧 사용할 수 있는 기술이며 각각의 클라이언트를 개별화하고 특별하게 다루는 데 필수적인 기술이다. 요약은 클라이언트의 생각, 행동, 감정들을 사회복지사의 언어로 정리해줌으로써 사회복지사가 클라이언트의 말을 주의 깊게 듣고 있다는 확신을 주고 또한 클라이언트의 말을 정확히 이해했음을 확인시켜 준다. 즉, 요약은 부분적인 요약이나 상세한 요약은 의사소통의 범위를 확대하는데 도움이 되며 면접자는 논의해 온 내용을 간단히 재검토하여 면접의 방향을 제시한다.

면접자가 요약을 통해 지금까지 경청하고 있고 계속 다루어 온 내용을 알고 있다는 것은 클라이언트에게 알려주게 된다. 요약의 주요 목적은 클라이언트가 의식하지 못하고 있는 부분을 알게 하고 문제해결과 과정을 명백히 하고 자기 생각과 느낌을 탐색하도록 돕는 것이다.

6) 해석

해석은 클라이언트가 의식하지 못하는 표현을 의식의 언어로 바꾸는 것이라고 할 수 있다. 특히 정서적 이해가 중요하다. 즉, 가장 훌륭한 해석은 가장 적은 추측의 요소를 가진 것이며, 클라이언트의 의사소통에서 나온 증거에 의해 가장 명백하게 입증된 것이어야 한다. 또한 해석은 클라이언트가 말한 것을 간단히 재진술, 요약하거나 클라이언트가 미처 깨닫지 못한 것을 지적해주는 면접기술이다.

클라이언트의 표현과 행동상황 저변의 단서를 발견하고 그 결정적 요인들을 이해하며 그것을 클라이언트가 깨달을 수 있도록 도와주는 방법이다. 그리고 해석은 신뢰관계가 돈독히 세워졌을 때 해야 한다. 중요한 것은 해석을 통해 클라이언트의 태도나 행동에 약간의 수정을 줄 수 있는 것만으로도 클라이언트가 자신 스스로 문제에 관해 결정할 수 있고 해결할 수 있도록 도울 수 있다는 것이다.

7) 초점유지

초점을 유지하는 기술은 제한된 시간에 최대의 효과를 가져와야 하는 전문적 관계에서 불필요한 시간 낭비를 막아주는 효과적 기법이다. 이 기술을 통해 사회복지사는 전 과정에서 초점을 유지할 수 있으므로 클라이언트의 산만한 사고와 감정을 정리하여 중심이 되는 문제를 좀 더 깊이 탐색하고 원하는 변화를 이끌어 낼 수 있도록 도와준다.

8) 분위기 조성

분위기 조성 기술은 면접을 위해 심리적으로 편안한 분위기를 만드는 기술이다. 면접분위기를 조성하기 위해서는 일단 자연스럽게 자신의 관심사에 관해 이야기할 수 있도록 가벼운 일상 대화로부터 시작하여 클라이언트의 관심사와 문제에 초점을 두어 진행한다. Johnson(1989)은 이런 분위기 형성을 위한 중요한 특성으로 공감(empathy), 진심(genuineness) 그리고 온화함(warmth) 등을 들었다.

공감은 사회복지사가 클라이언트를 수용하고 그에게 관심이 있음을 전달하는 능력으로 클라이언트의 감정을 공개적으로 수용하고 인정하는 것이다.

진심은 클라이언트에게 사회복지사가 믿을 만한 사람임을 전달하는 것이다. 이는 사회복지사의 언어적 표현과 비언어적 표현이 일치함으로써 전달된다.

온화함은 친밀 하고자 하는 욕구를 전달하는 것으로 이러한 친밀감 속에서 클라이언트는 긍정적·부정적 감정을 표현할 수 있고 가치 있는 존재로 느낄 수 있게 된다. 이러한 온화함은 클라이언트에게 긍정적 존경과 친절을 보여줌으로써 그리고 클라이언트의 성장과 발전을 진심으로 기뻐하는 것으로서 표현된다.

9) 직면하기

직면하기란 클라이언트가 잘못하고 있거나 무엇인가 불일치하거나 모순점이 있을 때 클라이언트가 의식할 수 있고 살필 수 있는 것을 지적해주고 그것이 클라이언트 자신의 문제와 어떻게 관련되는지를 생각해 보도록 하는 작업이다. 또한 직면하기는 클라이언트의 말과 행동에서의 비일관성, 차이, 모순을 지적하는 것으로, 직면하기의 활용에 앞서 사회복지사와 클라이언트 관계가 잘 수립되는 것이 중요하다. 직면하기는 스트레스 다루기나 대처기술이 약한 클라이언트에게는 심각한 불균형을 일으킬 가능성이 있다.

직면하기는 어떠한 형태로 나타나든 상대방의 언행에서의 불일치나 모순점 또는 잘못되었거나 개선해야 할 점들을 지적해주는 것을 맞닥뜨림이라고도 부른다. 이는 상대방에게 반응하고 영향을 미치는 그래서 행동 변화를 일으킬 수 있는 강력한 힘을 가진 기술 중의 하나이다. 그래서 상대방이 이 기술에 대해 잘 반응을 하고 호응을 해주면 대단히 효과적이지만 그렇지 못하고 오히려 반발을 보이거나 심하면 클라이언트에게 심리적인 위협과 상처를 줄 수도 있는 강력한 것이다.

따라서 직면기술을 사용하는 데 있어서 클라이언트가 그것을 받아들일 준비가 되었는지를 자세히 고려해야 하며 충분한 신뢰관계가 형성되기 전까지는 이 방법을 가능하면 피해야 할 것이다. 그렇지만 문제의 근원이 클라이언트에게 있거나 그 자신의 잘못에 있다면 그것을 그냥 이해하고 넘어가서는 문제해결이 어려우므로 이 경우에는 그것을 적절히 지적하여 변화할 수 있도록 도와줄 필요가 있다.

5. 면접을 위한 기록

1) 기록의 목적

사회복지실천기록의 일차적 목적은 책무성, 효율성, 사적 관리 등에 있다. 그리고 클라이언트의 상황과 클라이언트의 서비스계획, 모니터링, 평가에 관한 정보를 문서로 만들어 보유하기 위해 이루어진다.

사회복지실천기록의 목적에 대한 학자들의 견해를 종합하여 정리하여 제시하면 다음과 같다.[8]

(1) 책무성

기록의 일차적인 목적이다. 실천가들은 기관과 클라이언트, 지역사회에 대해 법적이고 윤리적인 중요한 책임성을 가지고 자신들이 제공하는 서비스나 개입에 대해 기록하고 설명하고 평가함으로써 전문직을 수행하게 된다.

(2) 정보제공

클라이언트와 그 가족, 대리인, 고용주에게 정보를 제공한다. 특히 클라이언트의 알 권리를 존중하기 위해 정보를 개방하고 공유하며, 치료적 목적에 활용되기도 한다. 실천가, 지도감독관, 자문, 그리고 기관 내의 다른 전문가들에게 정보를 제공한다. 또한 법정과 지역사회 기관, 감독 및 기금조성을 위한 조직, 보호 관계망, 공인 집단에도 자료를 제공한다.

(3) 서비스의 과정과 효과의 점검(모니터)

기록은 서비스를 지속해서 평가하기 위한 유용한 도구이다. 사회복지사와 클라이언트는 서비스의 목적, 목표, 계획에 관한 계약을 체결한 후 서비스 과정을 통해 실무자는 계획을 실행하고 목표를 성취하고 서비스의 목적 달성에 관한 과정을 기록한다. 기록은 문서화뿐만 아니라 클라이언트와 함께 또는 대신해서 서비스 활동을 검토하고 평가하고, 수정하고, 계속 모니터하기 위해 사용된다.

(4) 클라이언트의 정보공유

기록은 클라이언트와 의사소통하는 도구로 사용될 수 있다. 클라이언트의 변화 정도를 스스로 기록하게 함으로써 사회복지사와 공유하는 형태와 사회복지사가 클라이언트를 개입한 내용 및 과정을 기록함으로써 공유하는 형태로 나눌 수 있다. 특히 클라이언트가 기록문서를 볼 수 있도록 허용하는 기관의 사회복지사는 자신의 기록이 클라이언트에게 읽힐 수 있다는 것을 항상 염두에 두는 것이 필요하다.

(5) 지도감독(슈퍼비전), 자문, 동료 검토의 원활화

기록은 슈퍼바이저, 자문가, 동료들과 클라이언트의 상황과 개입과정에 대해 공유하고 지도·감독받는 데 중요한 자료로 활용된다. 슈퍼바이저는 기록을 통해 사회복지사의 업무의 질을 사정하고 변화나 더 많은 발전을 해야 하는 분야를 파악하고 사회복지사의 강점이 무엇인지를 발견할 수 있다. 사례회의 시 기록을 통해 슈퍼비전, 동료의 검토, 자문이 이루어진다.

(6) 사례의 지속성 유지

기록은 담당 사회복지사의 휴가, 업무부서의 재배치, 사직, 이직 등이나 돌발적 상황으로 인하여 다른 사회복지사가 일시적 또는 영구적으로 클라이언트를 맡게 되었을 때, 클라이언트가 다른 기관으로 의뢰되었을 때, 현재까지의 진행 과정을 파악할 수 있게 하여 지속적 서비스를 제공할 수 있게 해준다.

(7) 사회복지활동 문서화

클라이언트에 대한 서비스가 시작되는 시점에서 종결되는 시점까지의 모든 것들이 기록되어야 한다. 만약 기록되어 문서로 만들어지지 않는다면, 클라이언트에게 아무것도 제공하지 않은 것으로 간주한다. 문서화된 기록은 사회복지사의 사고를 구조화하는 데 도움이 될 뿐만 아니라, 사회복지기관이 약속한 프로그램 및 서비스를 실제로 실행하고 있다는 것을 보여주며, 또 사회복지기관이나 프로그램에 대한 재정적 지원을 정당화해주는 것이다.

(8) 전문가 간 의사소통의 원활화

기록은 클라이언트 개입을 위해 노력하는 다른 전문가와의 의사소통을 촉진시키는 역할을 한다. 팀 구성원에게 집단결정과 집단행동을 강화하는 자원을 제공하고, 전문가들의 개별적 노력을 조정할 수 있도록 돕고, 팀의 모든 구성원이 접할 수 있는 새로운 정보를 만들어 낼 수 있다.

2) 기록내용의 구성요소

사회복지실천 현장에서 사용되는 기록은 클라이언트나 사회복지사 중심이 아니라 서비스 중심적이어야 한다. 또한 사회복지사의 책무성, 효율성, 사적 관리의 목표를 달성하기 위해 실제적으로 클라이언트에게 이루어지는 서비스에 대한 지속적 기록이 이루어져야 한다.

사회복지실천의 과정별로 기록의 내용을 요약하면 다음 〈표 8-1〉과 같다.[9]

표 8-1 사회복지실천 과정별 기록 내용

단계	기록	내용
탐색 단계	클라이언트의 특성	인구학적 정보는 전문적 판단을 요하지 않는 정보이며, 클라이언트의 인구학적 특성인 이름, 주소, 생년월일, 성, 교육수준, 가족구성, 직업, 수입, 종교, 결혼상태 등을 기록함.
	서비스 개시 이유	클라이언트가 의뢰된 경로, 현재의 문제에 대한 인식 등을 기록함.
	현재와 과거의 클라이언트 상황 기술	클라이언트의 문제를 역사적·생태학적 맥락에서 이해하기 위하여 현재 클라이언트의 상황을 이해하는 데 적절한 정보 등을 기록함.
	자원과 제약	클라이언트의 문제해결을 위하여 필요로 하는 이용 가능한 자원과 사회복지서비스, 그리고 자원의 부적합 요인과 장애 요인과 같은 자원활용에 대한 제약 등을 기록함.
	사정	클라이언트의 현재 상황, 문제의 원인과 개입계획에 대한 사회복지사의 소견과 사정 등을 기록함.
형성 단계	서비스에 영향을 미치는 결정	클라이언트에게 제공되는 사회복지서비스에 영향을 미치는 중요한 결정과 그 정당성 등을 기록함.
	서비스의 목적	사회복지실천을 통해서 무엇을 달성할 것인지를 구체적이고 명확하게 기록함.
	서비스의 계획	어떻게 사회복지실천의 목표를 달성할 것인지를 기록함.
	서비스의 특성	행정적 처리나 조사연구를 위한 구조화된 기록으로서, 사회복지 서비스의 특성을 기관별로 표준화된 기록양식에 따라 기록함.
실행 단계	중간노트	계획된 사회복지서비스가 시작되면, 클라이언트의 상황과 제공된 사회복지서비스에 대해 정기적으로 사정하고 기록함.
	서비스 재검토	사회복지서비스의 결정과 활동에 대한 공식적 재평가를 기록함. 일반적으로 날짜, 참여자, 제안내용, 결정내용 등을 기록함.

단계	기록	내용
종결 단계	서비스 종결의 방법과 사유	사회복지실천의 책무성과 평가, 향후의 계획을 위해 사회복지서비스의 종결이유와 방법을 기록함.
	서비스 활동과 결과 요약	사회복지서비스의 개괄적 서술, 서비스 개시 이유, 서비스 진행 동안의 클라이언트와 그 상황, 서비스의 목적, 계획과 과정, 중요한 사건, 종결 시의 클라이언트와 클라이언트의 상황, 서비스에 대한 평가, 향후 서비스와 사후검토를 위한 제안 등을 기록함.
	사후지도	서비스 종결 이후에도 클라이언트가 달성한 변화의 지속적 유지를 위한 사후지도가 필요하며, 클라이언트의 현재 상황 및 상태, 향후 서비스에 대한 제안, 클라이언트와 관련한 모든 행동에 대한 정보 등을 기록함.

3) 기록의 유형

기록의 종류는 다양하며, 새로운 실천방법의 등장에 따라 변화해 왔다. 사회복지사는 자기가 소속된 기관이 요구되는 기록을 정확하고 효율적으로 유지하는 능력을 발전시켜야 한다. 사회복지실천에 있어서 대표적 기록의 유형은 다음과 같다.[10]

(1) 과정기록

과정기록(process recording)은 클라이언트와 그 사회 상황에 대해 클라이언트가 면담하면서 이야기한 내용, 클라이언트의 행동, 그리고 사회복지사와 클라이언트의 상호작용 간의 관찰 등을 자세히 기록하는 방법이다.

① 기록방법

원조 과정이나 클라이언트와 사회복지사의 상호작용과정을 있는 그대로 세밀하게 기록하는 방법이다. 상담 중에 사회복지사와 클라이언트의 상호작용 내용을 대본처럼 또는 간접적으로 풀어서 기록할 수도 있다. 또한 상호작용 과정을 세밀하게 표현하기 위해 면접내용, 사회복지사의 의견, 슈퍼바이저 평가 등으로 나누어 기록할 수 있다. 면접을 녹화한 비디오테이프를 듣고 관찰한 모든 것을 기록하며 대부분 직접적 인용을 기록하고 관찰한 인상, 슈퍼비전은 오른쪽 별도의 난에 기록한다. 그리고 무엇을 이야기하는지, 어떻게 행동하는지에 초점을 두며 문서화는 연속된 사건을 검토하고 자신의 성과를 사정할 수 있다.

② 장점

슈퍼비전이나 교육적 도구로 매우 유용하며 실무 교습과 학습의 수단으로 사회복지 교육에서 널리 사용된다. 사회복지기관은 기록한 내용을 보면서 사례 진행에 대해 점검하고, 잘못된 경우가 있으면 예방할 수 있고 클라이언트와 상호작용을 상세하게 분석할 수 있을 뿐만 아니라 구체적이고 아주 상세한 기록양식으로 어려운 사례를 다루거나 새로운 기술 등을 개발할 때 유용하다.

초보 사회복지사나 실습생들은 클라이언트와의 면접이나 모임의 전부 또는 일부의 과정을 기록할 수 있고 이들의 사정기술, 자아인식, 실천기술을 발전시키기 위한 실습지도와 강의실 수업에서 사용될 수 있다. 또한 사회복지사가 클라이언트의 세션을 녹음하거나 녹화하는 것은 아주 유용할 수 있고 오디오 테이프나 비디오테이프를 사용하여 무엇이 일어났는지에 대해 더 정확한 이해를 도모할 수 있다. 그리고 클라이언트와의 세션을 녹화하는 것은 사회복지사의 면접과 문제해결 스타일에 관한 구체적인 피드백을 얻는 데도 사용될 수 있다.

③ 단점

면접이나 서비스 상호교류에서 실제로 일어났던 일에 대해 간접적, 불완전, 왜곡된 정보를 제공할 수 있다. 그리고 사회복지사가 다른 직무를 수행하지 못할 정도로 기록하는 데 시간이 너무 많이 소요된다.

④ 유의사항

정직하게 기록해야 하며 기록에 너무 치중하다 보면 오히려 면담에 방해가 될 수 있다. 또한 내용을 생생한 사실을 정확히 기록하기 위해서는 면접 직후에 가능한 빨리 기록한다. 그리고 과정기록 내용을 공식적으로 활용할 때는 클라이언트의 이름 등 개별적인 사항은 비밀로 해야 하며, 슈퍼바이저가 검토하고 승인한 후 별도로 보관한다.

(2) 요약기록

요약기록은 일반적으로 사회복지기관에서 가장 많이 사용되는 기록 형태로 시간의 흐름에 따라 변화된 상황, 개입활동, 중요한 정보 등을 요약하여 기록하는 것이다.

① 기록방법

날짜와 클라이언트의 기본 사항을 기록한 뒤 기록해야 할 중요한 내용을 선택하여 시간의 흐름별로 조직화하여 기록한다. 또한 주제별 제목으로 조직화하여 기록한다. 그리고 요약기록의 질은 정보들을 효과적으로 조직하는데 달려있는데, 세부적인 면담 내용을 제외하고 사회복지사가 한 일보다는 클라이언트에게 일어난 변화에 초점을 두어 기록한다.

② 장점

사례가 장기간 지속할 경우 유용하다. 기록에 융통성이 있기 때문에 사회복지사가 중요하다고 판단한 것을 포괄할 수 있다. 또한 과정기록보다 시간이 적게 들고 전체 서비스 과정을 고려하면서 쉽고 짧게 사용할 수 있다. 그리고 클라이언트와 그 상황, 서비스가 갖는 나름의 특수한 본질을 개별적으로 반영할 수 있다.

③ 단점

클라이언트의 언어적, 비언어적 표현 등이 사실적으로 전달되지 않을 수 있다. 클라이언트나 사회복지사의 생각이나 느낌이 잘 드러나지 않을 수 있다. 무엇을 기록하고 빨리 결정해야 하므로 더 많은 생각과 조직을 요구한다. 또한 기록내용은 사회복지사의 능력에 상당히 의존적이므로 면담내용이 단순하여, 기록내용의 초점이 명료하지 않다. 그리고 기록은 실제로 제공한 서비스의 질보다 사회복지사가 기록에 투자한 시간에 좌우할 수 있다.

④ 유의사항

복합적이고 개별화된 서비스에 대해서만 요약기록을 활용한다. 단기서비스나 전형적인 일상 서비스는 구조화된 양식이나 점검표를 활용한다. 또한 기록에 포함해야 할 내용과 포함되지 않는 내용에 대한 지침서를 세밀히 만든다. 그리고 면담 후 즉시 기록하여 기록의 정확도와 신뢰도를 확보한다. 장기개입의 경우, 요약기록이 유용하므로, 매일 면담내용을 기록할 수 있는 사례 노트를 활용하여 시간에 따라 기록하도록 한다.

(3) 이야기체 기록

① 기록방법

사회복지실천 분야에서 보편적으로 활용하는 방법의 하나로서 사회복지사가 클라이언트, 상황, 서비스에 관해 이야기하듯이 서술해나가는 기록방법이다. 면접내용이 정리, 재구성되어 서술되며, 총괄적인 기록이 가능하고 클라이언트의 상황, 서비스 교류의 특별한 특성들을 잘 나타내고 있다. 또한 서비스가 개인, 부부, 가족, 집단 등 누구에게 전달되든지 상관없이 개별화된 서비스를 문서화하는 양식이다. 그리고 몇 가지 주제 등으로 제목을 정하면 문서가 훨씬 조직화하며, 단점과 한계를 보완하기 위해 사례노트를 사용한다.

② 장점

사회복지사가 중요하다고 간주하는 모든 것을 기록할 수 있는 융통성이 있다. 그리고 클라이언트와 상황과 서비스가 가지는 나름의 특수한 본질을 개별적으로 반영할 수 있다.

③ 단점

시간이 많이 소모되고, 지나치게 길며, 상담내용을 지나치게 단순화해서 초점이 모호할 수 있고, 정보를 쉽게 복구할 수 없다. 또한 기록의 질은 제공된 서비스의 질보다 사회복지사의 문장력이나 기록에 투여된 시간에 의해 좌우될 수 있다. 그리고 사회복지사가 재구성하여 작성하므로 기록자의 문장력에 따라 좋은 기록이 될 수도 있고 그렇지 않을 수도 있다.

④ 유의사항

복합적이고 개별화된 서비스에 관한 정보에 대해서만 이야기체 기록을 활용한다(체계적이거나 전형적인 정보에 대해서는 구조화된 양식이나 목록 사용). 또한 사건이 있을 때마다 가능한 즉시 기록하여 정확도와 신뢰도를 확보한다. 그리고 특정한 사례와 관련된 매일의 활동을 기록할 수 있는 사례 노트를 만들어 활동한 것에 대하여 시간 순으로 요약해 적어두는 것이 좋다(일어났던 일 추적 도움, 이야기체 기록의 효율성 높임).

(4) 문제중심 기록

① 기록방법

기록을 조직화하는 데 간소한 양식을 제공한다. 문제중심 기록(POR: Problem-Oriented Recording)은 병원 또는 의료적 프로그램에서 자주 사용하는 기록형식의 한 방법이다. 또한 문제중심 기록(POR)의 네 가지 요소 즉, 데이터베이스의 설정, 문제목록, 초기계획, 진행노트가 있는데, 이러한 요소들은 문제해결 과정의 기본적인 단계와 관련이 있다. 그리고 사회복지실천과정의 종료단계에서 문제는 해결되거나 안정화를 보이며, 해결되지 않는 문제는 대안적인 계획이나 지역사회의 타 기관에 의뢰한다. 그리고 사회복지기관에서도 문제중심 기록이 널리 사용된다.

② 'SOAP'식 진행기록과 수정된 'SOAIGP'식 진행기록

가. 문제중심 기록은 주로 'SOAP'식 진행기록의 방법을 많이 사용한다.

- S: 주관적 정보(subjective Information): 클라이언트의 자기 보고에서 나오는 것으로 클라이언트가 상황을 어떻게 인식하고 느끼는가를 나타낸다.
- O: 객관적 정보(Objective Information) 전문가의 직접적인 관찰, 임상적 실험, 체계적인 자료수집 등에서 얻어진다.
- A: 사정(Assessment) 주관적 정보 및 객관적 정보의 검토를 통해 추론된 전문가의 개념화와 결론을 말한다.
- P: 계획(Plan) 전문가가 특정한 문제를 제기하거나 해결하는 방법을 나타낸다.

나. 진행노트의 형식에는 'SOAP' 식 진행기록에서 'SOAIGP' 식 진행기록으로 수정하기도 한다.

- S : 환자와 가족이 제공하는 부수적인 데이터베이스 정보(Supplementary data base information)
- O: 사회복지사와 다른 서비스 제공자들의 관찰(Observations)
- A : 클라이언트와 함께하거나 클라이언트를 위한 활동(Activities)
- I : 인상(Impressions) 또는 사정(Assessments)
- G : 목표(Goals)
- P : 계획(Plans)

② 장점

타 전문직과의 의사소통을 촉진하며, 여러 분야의 공조를 원활하게 해주고 특정한 문제에 초점을 맞추도록 한다. 또한 문제해결의 진전에 대한 점검(모니터링)과 사후지도를 쉽게 할 수 있다. 그리고 전문직 간 책무성이 증가한다.

③ 단점

문제의 사정이 부분적이거나 지나치게 단순하며 클라이언트의 강점과 자원을 중요시하지 않는다. 또한 클라이언트의 강점보다는 문제를 강조하고 개인과 환경의 상호작용보다는 개인에게 초점을 둠으로써 생태체계적 관점이나 강점관점과 잘 부합되지 않는다. 그리고 서비스 전달의 복잡성을 간과하는 경향이 있고 심리사회적인 관심보다는 생의학적 관심에 초점을 맞춘다.

④ 유의사항

사례를 진행하면서 다른 문제들이 표면화될 때마다 새로운 문제 추가하며 각 문제에 번호를 매기도록 한다. 또한 기관에 따라 표준용어, 통일된 번호체계를 사용하여 클라이언트의 문제유형을 파악하고 쉽게 하며 책무성을 나타내는 문서가 되도록 한다. 그리고 사례기록에서 별도의 페이지를 두어 목록을 찾게 하고, 사례 진행과 계획을 검토하게 하며 사례의 계획과 개입의 초점을 제공하는 역할을 한다.

(5) 목표 중심 기록

① 목표 중심 기록의 특징

목표성취척도를 활용하여 서비스의 구체적 목표를 달성하고자 하는 움직임을 기록하고 평가하는 방법이다. 또한 목표 중심 기록에서는 기록의 모든 요소를 다 포괄하는 대신, 목표를 구체화한다. 그리고 목표를 성취하고자 하는 클라이언트의 노력을 대표하는 측정의 내용을 결정하고, 목표성취를 향한 클라이언트의 실제 노력을 기록하고 평가한다.

② 장점

사회복지사가 클라이언트의 성취할 수 있는 목표에 초점을 맞추도록 하고 그것을 측정할 수 있다

③ 단점 및 유의 점

서비스가 효율적이었는지, 성취된 결과가 서비스에 의한 직접적 영향에 의한 것인지 알기는 어렵다.

(6) 녹음 및 녹화 기록

① 녹음 및 녹화 기록의 특징

음성녹음과 화면녹화를 이용하여 면접 과정을 관찰하고 재조사하며 분석하는 기록이다. 또한 면담이나 개입장면 전체를 기록하는 것이므로 직접 필기하는 것보다 효과적이다. 그리고 기록 보관의 보충적인 자료로 사용된다.

② 장점

교육용으로 유용하다. 그리고 개입모델 중 특히, 가족치료의 과정을 지도감독 할 때 유용하다.

③ 단점 및 유의점

클라이언트가 녹화나 녹음을 지나치게 의식하여 집중력이 감소하거나 평소처럼 자연스럽지 않고 어색할 수 있다. 그리고 녹음이나 녹화 시 클라이언트에게 사전에 알리고 반드시 동의를 받아야 한다.

(7) 시계열 기록

① 녹음 및 녹화 기록의 특징

서비스의 목표를 달성하는 과정에 대한 정보를 제공하기 위한 것으로서 서비스 효과를 기록한다. 또한 개입의 표적이 되는 행동이나 태도 등을 계속해서 반복해서 기록한다. 그리고 사회복지사, 클라이언트, 또는 제 삼자에 의해서 정보가 수집된다.

② 장점

클라이언트의 행동과 태도, 반응의 여부, 목적 달성 등의 변화를 알기위해 시각적으로나 통계적으로 분석될 수 있다. 또한 사회복지사와 클라이언트의 목적을 설정하고 성취하는 데 유익하다. 그리고 행동주의 개입에서 보편적으로 활용되는데 사회사업실천에서는 현재 제한적으로 활용되고 있으나 활용이 증가 추세에 있다.

③ 단점 및 유의점

측정 과정이 개입과정과 개입의 효과에 영향을 미칠 수 있다. 또한 사회복지실천과정을 방해할 수 있으며, 너무 시간이 소모적이거나 기관, 의뢰 클라이언트, 또는 다루어야 할 문제에 적합하지 않을 수 있다. 그리고 사회복지사와 클라이언트가 달성할 목적을 정의하고 그것이 얼마나 성취하는가를 시간의 경과에 따라 기록하는데, 측정과정 자체가 서비스 과정과 서비스 효과에 영향을 줄 수 있다.

(8) 컴퓨터와 표준화된 기록

자동화로 인해 문서화의 과정과 정보의 사용을 변화시켜왔고 클라이언트의 욕구, 담당 건수, 서비스 양식, 효과성, 욕구 및 만족도 조사, 평가 등의 자료가 빠르게 분석

되고 사용된다. 또한 예산, 회계 등을 수행하고, 클라이언트, 서비스 기관의 직원들에 관한 정보를 수집 및 분석하고, 그 밖의 문서 준비를 효과적으로 준비할 수 있고 여러 가지 기록이 효율적으로 저장되며 정정된다. 그리고 특수한 정보가 체계적으로 기록되고, 대부분 기록은 질문이나 체크 표의 양식으로 문서화된다.

기록의 보관을 간소화하고 일상화하며, 기관관리에 필요한 정보에 쉽게 접근할 수 있게 한다. 그리고 컴퓨터를 통하여 미해결로 완료했던 사례와 재조사를 위한 분석이 가능하다. 그러나 클라이언트 상황의 독특한 성격이나 서비스 거래의 특수한 질적 내용을 포착하는 것에는 용이하지는 않다.

4) 기록을 위한 지침

기록을 위한 지침에는 좋은 기록을 작성하는 지침, 좋지 않은 기록의 특징, 그리고 기록의 유의 사항 등이 있는데, 그 내용은 다음과 같다.[11]

(1) 좋은 기록을 작성하는 지침

① 서비스의 결정과 행동에 초점을 둔다.
② 사정, 개입, 평가의 기초가 되는 클라이언트와 상황에 관한 정보가 들어있다.
③ 각 단계에서 목적, 목표, 계획, 과정과 진행을 포함하여 서비스 전달에 관한 정보가 들어있다.
④ 상황묘사와 사회복지사의 견해가 명확하게 분리되어 별도의 제목 하에 쓰여서 읽는 사람들이 사회복지사의 관찰사항과 해석을 구분하여 이해할 수 있다.
⑤ 구조화되어 있어서 정보를 효과적으로 문서화 할 수 있고, 쉽게 색출해 낼 수 있다.
⑥ 문장이 유연하며 조직화되어 있어, 서비스 전달이 잘 묘사되고 모든 문서가 정확하여 유용하다.
⑦ 기록이 간결하고, 구체적이며, 타당하고, 명확하며, 논리적이고, 시기적절하며, 의미 있고, 사실에 근거한다.

⑧ 전문가적 윤리를 바탕으로 한다.
⑨ 수용된 이론에 기초해 있다.
⑩ 전문가의 견해를 담으면서도 클라이언트의 관점을 무시하지 않는다.

(2) 좋지 않은 기록의 특징

① 부정확한 사정, 잘못된 판단, 비윤리적 행동, 부적절한 개입을 담고 있다.
② 정보가 너무 많이 또는 너무 적게 쓰이고 조직화하지 않아 필요한 사람에게 정보를 제대로 제공하지 못한다.
③ 뒷받침되고 관찰과 평가 없이 결론을 내려 기록상 과잉 단순화가 나타난다.
④ 초점이 없고, 모호하며, 편견에 치우쳐 있고, 추리에 의존하며 정확하지 않다.
⑤ 맞춤법상의 오류가 있고 지나치게 요약하여 정보로서의 가치 없는 기록이 된다.
⑥ 반복된 표현, 장황한 표현, 진부한 용어를 사용한다.
⑦ 의미가 없고, 비판적이며, 과장되게 표현한다.
⑧ 클라이언트와 상황에 대한 독단적인 견해의 표현, 특히 클라이언트에 대한 비난 또는 부정적인 낙인을 붙인다.
⑨ 행위자가 식별되지 않는 수동태 문장으로 표현한다.

(3) 기록의 유의사항

① 기록하기 전에 클라이언트에게 양해와 동의를 구하며, 기록하는 목적과 기록이 클라이언트에게 어떤 도움이 되는지 간략하고 이해하기 쉽게 이야기한다.
② 클라이언트의 매우 사적인 생활이나 비밀스러운 행동 등 민감한 정보는 자세하게 기록하지 않으며 일반적인 용어로 기술한다.
③ 정확한 것으로 입증된 정보만 기록하고, 부정확한 것으로 확인되면 삭제하거나 이전에 기록된 정보가 정확하지 않음을 추가로 기입한다.
④ 어떤 정보가 기록에 포함 또는 배제되어야 하는지 알고 있어야 하며, 사례기록은 반드시 잠금장치가 되어 있는 곳에 보관하고 기록 파일에 빈번히 접근해야 하는 사람만이 잠금장치를 열 수 있도록 한다.

⑤ 특별히 허가된 매우 예외적인 경우를 제외하고는 기록파일 자체를 기관 외부로 내보내지 않는다.

⑥ 면담 중이나 회의 중에 사례기록을 내버려 두거나 일과 중에 책상 위에 펼쳐두어 아무나 볼 수 있게 해서는 안 되며, 일과를 마치면 기록을 제대로 보관하고 퇴근해야 한다.

⑦ 전산화된 기록은 암호장치를 두어 합법적 권한을 가진 사람만이 접근하도록 한다.

⑧ 사회복지기관은 외부기관이나 개인에게 정보를 제공하는 절차에 대해 규칙을 갖고 있어야 하며, 기관의 절차를 사회복지사가 잘 지킬 수 있도록 훈련하고 감독하여야 한다.

⑨ 서비스 제공에 필요하거나 서비스 전달 및 평가와 관련된 것만 기록한다.

⑩ 사실적인 내용이나 약속 등에 대해서는 정확하게 기록하고 각각의 기재사항을 작성하고, 각 기록을 정리하고, 각각의 기록 체계를 개발하는 데 있어서 효율성과 클라이언트 사생활이라는 중요한 목적에 대하여 항상 책임성을 염두에 두어야 한다.

⑪ 사회복지사는 기록내용이 다른 사람에게 함부로 공개되어서는 안 된다. 다른 사람이 쉽게 접근할 수 없도록 신경을 쓴다.

⑫ 기록을 슈퍼비전이나 사례회의에 사용할 경우, 클라이언트의 사적인 정보가 노출되지 않도록 유의한다.

⑬ 면담에서의 기록을 할 경우, 사회복지사가 너무 기록에 집중하면 클라이언트는 사회복지사가 자신에게 관심이 없다고 생각할 수도 있고 면담의 진행에 방해를 주므로, 기록하는 것을 최소한 줄여야 한다. 상세한 기록이 필요할 경우, 반드시 클라이언트의 동의를 구하고 기록을 해야 한다.

제 3 부

사회복지실천의 과정

제 9 장 접수 및 자료수집단계

1. 접수단계

1) 사회복지실천과정

사회복지실천과정은 사회복지사가 클라이언트와 클라이언트를 둘러싼 다양한 환경 내의 체계들을 변화시키기 위해 그의 전문직 가치와 지식에 기초하여 개입하는 과정이다. 즉 클라이언트와 그를 둘러싼 다양한 환경의 변화를 위하여 잘 계획된 전문적 개입과정이라고 할 수 있다. 잘 계획된 전문적 개입을 위하여 학자들은 전 과정에 대한 절차를 면밀하게 구조화하여 효과적 개입이 되도록 다양한 입장을 표명하고 있다.

사회복지실천과정에 대한 학자들의 다양한 입장을 살펴보면, Sheafor(1997) 등은 원조과정을 접수와 관계형성, 자료수집과 사정, 계획과 계약, 개입과 모니터링, 그리고 평가와 종결로 구분하고 있다. Hepworth와 Larsen(1990)은 원조과정을 탐색·사정·계획, 변화와 목표달성, 종결과 평가의 3단계로 구분 짓는다. Northen(1995)은 사정, 계획, 초기단계, 핵심단계(문제해결단계), 종결, 평가의 6단계로 구분하고 있다.

이처럼 각 학자의 사회복지실천과정에 대한 다양한 입장을 정리해 보면 〈표 9-1〉과 같다.

표 9-1 사회복지실천과정에 대한 학자들의 다양한 입장

학자들	사회복지실천과정
Sheafor 외(1997)	접수와 관계형성 - 자료수집과 사정 - 계획과 계약 - 개입과 모니터링 - 평가와 종결
Hepworth와 Larsen(1990)	탐색·사정·계획 - 변화와 문제해결 - 종결과 평가
Jonson(1998)	사정 - 계획 - 직접적 개입활동 - 간접적 개입활동 - 평가 및 종결
Northen(1995)	사정 - 계획 - 초기단계 - 핵심단계 - 문제해결단계 - 종결 - 평가

이상과 같이 학자에 따라 다양한 입장은 클라이언트와 그를 둘러싼 환경에 대한 변화를 돕는 사회복지실천의 전 과정에 대한 기본적 입장에서는 크게 차이가 없는 것을 알 수 있다. 그리고 학자마다 사회복지실천의 효과성을 높이기 위해 전 과정이 잘 계획된 구조화된 과정이 될 것을 강조하고 있다는 것을 알 수 있다. 따라서 이 책에서는 사회복지실천의 개입효과의 극대성을 위한 개입과정을 접수, 사정, 계획, 개입, 평가와 종결의 5단계로 분류하여 접근하고자 한다. 이와 같은 과정을 그림으로 나타내면 [그림 9-1]과 같다.

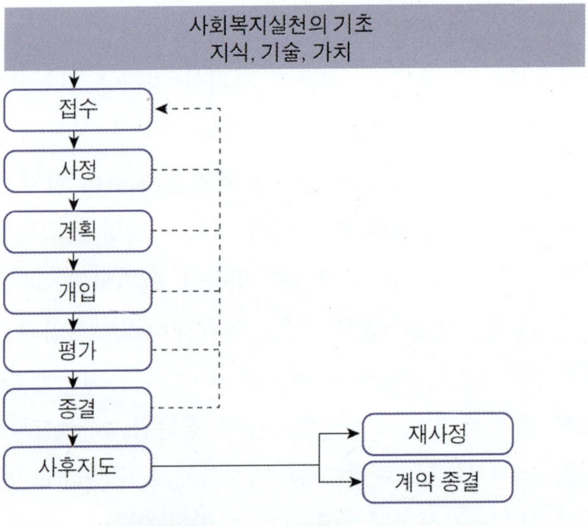

그림 9-1 사회복지실천 전 과정 단계

출처: Kirst-Ashman & Hull, Jr., 1999.

그리고 사례에 대한 사회복지실천과정 계획서는 다음 〈표 9-2〉와 같다.

표 9-2 사례에 대한 사회복지실천과정 계획서

실천과정	지침서 내용
접수	• 주 호소 문제 • 접촉 목적 및 횟수 • 클라이언트의 개인력 및 이상행동 특성 등 일반적 사항 • 클라이언트의 가족 상황(가계도, 가족력 등)
사정	• 문제사정 위한 체계분류(클라이언트체계, 표적체계, 행동체계, 변화매개체계) • 문제들(각 체계의 문제들) • 강점들(각 체계의 강점들) • 약점들(각 체계의 약점들) • 목적과 하위목표 - 궁극적인 목적(해결해야 할 가장 궁극적인 목적) - 하위목표(궁극적인 목적을 달성해야 할 각 단계: 초기단계, 중간단계, 종결단계의 목표; 하위목표마다 개입해야 할 사회복지실천 모델들〈개별대상, 집단대상, 지역사회대상 중심으로〉)
계획	• 계획(하위목표에 입각한 구체적 계획을 서술할 것) - 초기단계에 의한 계획 - 중간단계에 의한 계획 - 종결단계에 의한 계획 • 각 단계에서 적용된 사회복지실천 모델들〈개별대상, 집단대상, 지역사회대상 중심으로〉의 구체적 기법들
개입	• 개입과정(각 단계에서의 하위목표 및 계획에 입각한 개입과정) - 초기단계 개입과정 - 중간단계 개입과정 - 종결단계 개입과정 • 각 개입과정에 포함해야 할 항목들 (예) 1차 개입(일시, 장소, 개입 목표, 개입 내용〈활동 내용, 상담내용, 프로그램 진행내용: 요약〉, 개입과정에서의 실천이론 적용내용, 클라이언트의 변화 내용, 개입에 대한 사회복지사평가, 슈퍼바이저의 평가, 다음 2차 개입에 대한 계획 등)
평가	• 평가(담당 사회복지사 평가, 슈퍼바이저 평가 등) - 개입과정의 평가 - 목표의 평가 - 결과의 평가 • 각 개입과정에서 적용한 사회복지실천이론에 대한 평가 • 사회복지사 개입 후 변화사항 - 사회복지사가 개입단계마다 개입한 후 각 체계의 변화사항 • 평가설계 및 분류 체크 - 사회복지사의 평가방법: 단일사례 설계, 목적성취척도, 과제성취척도 - 유의성에 따른 평가방법: 시간적, 통계적, 실질적, 이론적 유의성 평가 - 평가 분류: 결과평가, 과정평가, 통합평가
종결	• 종결 여부 체크 - 조기 종결, 시간 제약에 따른 계획된 종결, 사회복지사로 인한 종결 등 • 클라이언트의 종결반응 체크 - 긍정적인 종결, 부정적인 종결
사후지도	• 클라이언트의 변화유지를 위한 종결 후 사후계획 - 비공식적 자원체계의 활용 등 - 공식적 자원체계의 활용 등 - 사회적 자원체계의 활용 등

2) 접수단계

(1) 접수의 개념

접수(intake)란 문제나 욕구를 가진 사람이 사회복지기관을 찾아왔을 때 사회복지사가 그의 문제와 욕구를 확인하여 그것이 기관의 정책과 서비스에 부합되는지 여부를 판단하는 과정이다. 접수를 통해 그 기관에서 적합한 서비스를 줄 수 있다고 판단될 때 사회복지사를 찾아온 사람은 클라이언트가 되어 그다음 실천과정인 자료수집, 사정의 단계를 거쳐 적절한 서비스를 받게 된다.[1]

(2) 접수단계의 과제

접수는 원조과정의 최초 단계이며 기관의 서비스를 수급여부를 결정하는 중요한 과정이므로 기관에 따라서는 경험과 지식이 풍부한 접수 담당 사회복지사(intake worker)를 따로 두기도 한다. 이 단계의 주된 목표는 잠재적 클라이언트의 욕구가 기관의 목적과 서비스 내용에 적합한지 아닌지를 판단하여 접수 여부를 결정하고 접수된 사례의 개입과정에 클라이언트가 최대한 참여하도록 유도하는 것이다. 그런데 이 두 가지 활동은 상호 긴밀히 연관되어 있다. 접수과정은 다음과 같은 구체적 활동과 결정을 수반한다.

첫째, 가장 중요한 것은 클라이언트의 문제와 욕구를 분명하게 확인하는 것이다.

둘째, 클라이언트와 사회복지사는 원조의 목적을 분명히 하고 원조과정에서 기대하는 바가 무엇인지를 명확히 한다.

셋째, 클라이언트의 욕구가 기관의 자원과 정책에 부합되는지를 판단하는 것이다.

이 세 가지 활동에 기초하여 클라이언트에 대한 서비스를 접수, 제공하든지 아니면 다른 기관으로 의뢰하든지를 결정하게 된다. 접수단계에서 사회복지사의 역할은 매우 중요하다. 사회복지사와 클라이언트와의 관계에서 사회복지사는 클라이언트가 가지는 두려움, 양가감정을 완화하고 비자발적인 클라이언트가 동기를 가질 수 있도록 돕고, 클라이언트의 문제나 욕구가 기관에서 다룰 수 있는 것인지를 판단하여 기관의 서비스와 적합하지 않으면 적합한 타 기관에 의뢰해야 한다. 접수과정에서 클라이언트를 유형화해서는 안 되며, 모든 클라이언트를 개별화해서 클라이언트 각자의 인격을 존중하고 관심을 보여야 한다.

다음은 접수단계의 내용과 사회복지사의 과제에 관한 내용이다.[2]

① 클라이언트의 문제 확인

문제 확인이란 클라이언트가 놓여 있는 체계에 대한 심층적인 분석이 아니라 현재 명백하게 드러나는 문제를 확인하는 것이다. 문제 확인은 현재 클라이언트가 문제로 호소하는 것에서 출발하게 되는데 사회복지사는 그 문제의 성격이 어떤 것인지, 그리고 그 문제가 클라이언트에게 얼마나 중요한 것인지, 무엇 때문에 이런 문제가 발생했는지 그 원인에 대해 탐색을 하게 된다. 클라이언트가 호소하는 문제 때문에 기관을 찾아온 이유가 될 수 있지만 때로는 실제 문제가 처음 찾아온 이유와 다를 수도 있다. 또한 같은 문제에 주어진 의미가 클라이언트마다 다를 수도 있다. 그러므로 사회복지사는 클라이언트의 실제 문제가 무엇인지 정확하게 판단해야 한다.

문제 확인의 목적은 닫힌 마음을 여는 일이며, 감정의 표현이나 수용으로 관계의 유대를 확립하는 일 및 주관적 사고로 문제 속에 잠겨 있는 클라이언트와 사회복지사 양자의 지각을 증진하는 것이다.

② 의뢰

의뢰는 클라이언트의 문제와 욕구를 기관에서 해결할 수 없을 경우 혹은 문제해결에 더 적합한 기관이 있으면 다른 기관으로 클라이언트를 보내는 것을 말한다. 이때 사회복지사는 클라이언트에게 의뢰하는 기관의 서비스에 대한 정보를 제공하고 그 기관과 접촉할 수 있도록 도와주어야 한다. 의뢰할 때는 클라이언트가 말하는 문제를 재확인하여 치료나 서비스가 부여될 수 있는 다른 기관을 소개해 준다. 적절한 의뢰를 하기 위해서는 사회복지사가 자신의 기관뿐만 아니라 다른 기관의 강점과 약점, 정책과 자원, 접촉 가능한 담당자, 그리고 지역사회 내의 여러 자원에 대해서도 자세히 파악하고 있어야 한다. 이를 통해 사회복지사는 클라이언트가 모든 가능한 서비스를 받을 기회를 제공할 수 있어야 한다.

의뢰란 원조를 적절하게 받게 하는 최고의 선택이므로 사회복지사는 의뢰 시 세심한 주의를 기울여야 한다. 또한 다른 기관으로의 의뢰가 모든 임무의 완성이 아니므로 클라이언트에게 관심을 보여주고 그가 원하는 서비스를 적절히 받고 있는 지를 반드시 확인하여야 한다.

③ 참여유도

참여유도는 기관에 찾아온 사람에게 그가 원하는 욕구가 무엇인가를 평가하기 위해 클라이언트와의 친화관계를 성립하는 것을 말한다. 클라이언트가 개입과정에 적극적으로 참여하도록 유도하기 위해서는 동기화, 양가감정의 수용과 저항감 해소, 클라이언트와의 관계 형성과 같은 과업이 필요하다.

가. 동기화

원조과정에서 클라이언트가 변화하고자 하는 동기나 의지가 없다면 매우 어렵거나 실패하게 되므로 클라이언트가 원조과정 동안 적극적으로 참여할 수 있도록 동기를 부여해야 한다. 즉, 자발적 클라이언트와 비자발적 클라이언트 모두를 위한 관계형성이 요구된다.

비자발적인 클라이언트는 원해서 찾아온 것이 아니라는 사실을 명심(병원 혹은 학교에서 의뢰된 클라이언트)하고 이들을 자발적인 참여자로 변화시키려면 초기 단계에서의 저항감과 두려움 등 부정적인 감정을 완화하는 것이 중요하며, 사정단계에서는 개인의 욕구에 대한 파악 및 이해와 수용이 중요하다. 자발적 클라이언트는 변화에 대한 동기부여는 되어있으나 두려움을 갖고 있으므로 이제까지 견뎌온 의지를 격려하며, 문제가 해결될 수 있다는 희망을 품게 하여 동기화시킨다.

나. 양가감정의 수용과 저항감 해소

양가감정은 같은 대상이나 상황에 대하여 정반대의 감정이나 태도, 그리고 생각이나 욕구를 동시에 가진 것인데 변화에 앞서 누구나 양가감정을 가질 수 있다. 저항은 양가감정, 도움을 수용하기 꺼리는 마음, 지위나 자원의 상실에 대한 두려움, 변화할 수 없으리라는 생각 등에서 기인하는데 원조과정에서 비협조적인 태도 등으로 표현되기도 한다. 사회복지사는 클라이언트의 양가감정을 수용하고 자유롭게 표현하여 저항을 해소해 주어야 한다.

다. 관계형성

사회복지실천에서 접수단계는 사회복지사와 클라이언트가 처음 만나는 것에서 부터 출발한다. 첫인상은 매우 중요하기 때문에 첫 대면 접촉은 이후의 모든 만남에 영향을 미친다. 따라서 사회복지사는 첫 만남이 서로에게 긍정적인 경험이 될 수 있도록 노력해야 하는데, 이를 위해서는 무엇보다도 클라이언트와의 라포(rapport)관계가 형성되어야 한다. 이러한 라포형성은 사회복지사가 편안한 분위기를 만들어서 찾아온 클라이언트에게 잘 왔다는 마음을 가질 수 있도록 온화하고 친절하게 그리고 지지적인 환경을 제공함으로써 이루어질 수 있다. 라포가 형성되면 클라이언트는 자신의 문제를 불안감 없이 털어놓을 수 있게 되고 앞으로의 모든 과정에 더 적극적으로 참여하게 된다.

사회복지기관에 찾아오는 클라이언트들은 자발적인 클라이언트들도 있지만, 법원 등에서 의뢰되거나 해결되지 않은 위기의 결과로 상담을 받아보라고 설득되어 비자발적으로 참여하는 클라이언트도 많아서 라포형성을 통해 참여를 유도하는 것은 사회복지사의 매우 중요한 능력이다. 라포형성은 클라이언트와 사회복지사가 원조관계에 필요한 효과적 의사소통을 할 수 있다. 따라서 사회복지사는 클라이언트를 따뜻하게 이해하고 진정으로 도우려는 의지가 있어야 하며 진실해야 한다. 이러한 관계를 통해 클라이언트는 좀 더 자신의 문제를 드러내고 앞으로의 개입과정에 참여하고자 하는 동기를 가지게 된다. 사회복지사와 클라이언트의 관계형성 및 유지를 위한 효율적인 관계의 조건으로 다음과 같은 특성을 보인다.

가) 감정이입

감정이입(empathy)이란 사회복지사가 클라이언트의 주관적 경험과 감정을 인지하는 능력이고, 클라이언트가 이것의 의미를 잘 포착하는 것을 의미한다. 감정이입적인 태도와 감정이입의 기술은 강력한 신뢰와 친밀감의 유대를 형성한다. 사회복지사는 감정이입적인 기술을 통해 클라이언트에 대한 이해와 수용을 제대로 전달할 수 있다. 감정이입적인 태도란 판단을 뒤로 미루고 상대방의 세계를 있는 그대로 이해하려는 자세를 말한다. 함부로 판단하지 않기 위해서는 편견이나 가정, 그리고 클라이언트를 이해하는 데 방해가 되는 반응을 자제할 수 있어야 한다. 또한 감정이입은 주로 클라이언트에게 주의를 집중하고, 비언어적 단서에 민감하게 반응하는 것을 통하여 전달된다. 이와 같은 능동적인 과정은 정확한 감정이입을 위해 순간마다 필요한 접촉의 틀을 제공할 뿐 아니라 클라이언트가 의사소통하는 것에 대한 사회복지사의 인지나 이해의 실수를 확인하게 해 준다.

사회복지사의 감정이입을 표현하기 위하여 감정이입 기술은 두 가지 요소로 구성되어 있다. 첫째, 사회복지사는 클라이언트의 감정과 시각을 지각할 수 있어야 한다. 그러자면 자신의 경험과 클라이언트의 경험을 혼동하지 않을 만큼 풍부한 자각과 정서적 성숙이 요구된다. 둘째, 감정이입적 반응이다. 감정이입적 반응이란 클라이언트의 표현을 사회복지사가 자신의 말로 바꾸어 전달하는 것이다. 이렇게 반응하기란 어려운데, 왜냐하면 클라이언트는 자신의 감정을 추상적으로 모호하게 하거나 비언어적으로 표현할 때가 많기 때문이다. 감정이입적 반응을 할 때는 클라이언트의 감정을 정확하게 반영할 어휘나 어구를 사용해야 하는 어려움이 있다. 기본적인 수준에서의 감정이입적 반응을 할 때는 분명하게 표현된 감정에 대해 반영한다. 그러나 좀 더 높은 수준에서 감정이입적 반응을 할 때는 클라이언트가 주는 비언어적 단서를 통해 반영한다.

나) 긍정적 고려

긍정적 고려란 모든 클라이언트는 가치 있는 존재이며 외모나 행동, 환경과 관계없이 존엄하게 대우받아야 한다는 믿음을 의미한다. 이것은 사회복지사가 클라이언트의 파괴적인 행동까지도 받아들이고 승인한다는 것이 아니고 클라이언트를 내재적 가치를 지닌 존재로 보아야 한다는 뜻이다. 타인을 비판하는 성향은 효과적인 의사소통을 방해하는 주요 요인인데, 이것은 감정이나 느낌이 혼란스러울 때 많이 나타난다. 우리가 타인을 심판하려 할 때 우리는 클라이언트 관점이 아닌 우리의 관점으로 상황을 보게 된다. 클라이언트의 행동, 동기를 판단하는 것을 중지하고 클라이언트의 사고, 감정, 행동을 비난하거나 용서하는 것을 피하는 능력, 즉 비심판적인 태도를 유지해야만 의사소통이 증진될 수 있다.

다) 온화함

온화함이란 클라이언트들이 편안해하고, 수용되며, 이해되고 있다는 것을 사회복지사가 느낄 수 있도록 해주는 것이다. 온화함은 사회복지사의 선의와 동기를 말해주기 때문에 클라이언트가 모험을 감행할 용기를 준다. 온화함은 상담관계를 형성하는 초기 단계에서 특히 중요한 역할을 하며, 클라이언트가 위기에 처했을 때 클라이언트를 지지해 주는 데 큰 도움을 준다. 사회복지사가 온화한 배려를 통해 설득할 때 클라이언트도 사회복지사의 피드백을 좀 더 잘 수용할 수 있다.

온화함의 본성을 행동적으로 어느 정도 확인할 수 있지만, 클라이언트에 대한 진지한 배려의 감정에서 우러나와야 한다. 그렇지 않으면 사회복지사의 행동이 진실이 없는 것처럼 보일 것이다. 사회복지사가 클라이언트에게 적절한 때에 미소 짓거나 클라이언트에게 진지한 관심을 드러냄으로써 온화한 마음을 전달할 수 있다. 사회복지사는 전적으로 클라이언트에게 초점을 맞추고 있다는 사실을 비언어적으로 전달함으로써 온화함을 드러내야 한다. 적절한 농담 역시 온화함을 더해 준다.

온화함이 없다면 사회복지사의 말은 공허하고 성의 없게 들려서 치료 효과를 얻지 못할 것이다. 온화함은 말로 전달되는 것이 아니라 미소, 부드러운 목소리, 편안하고 관심 있는 자세, 눈의 접촉, 수용 그리고 개방성을 나타내는 몸짓으로 표현된다.

라) 진실성

진실성이란 자기 자신의 있는 모습 그대로의 거짓 없고, 방어적이지 않으며, 일관되고 솔직하게 드러내는 태도이다. 사회복지사는 자신의 '전부'를 드러낼 필요는 없으나 드러낼 때는 자신의 '참모습'을 드러내야 한다. 진실한 사회복지사는 매우 신뢰할 만하다. 진실한 사람은 클라이언트에게 거짓말을 하지 않는다. 적절한 때에 도움이 될 피드백을 주려고 한다. 클라이언트에게 온화하고 감정이입적이면서 동시에 개방적이고 정직하게 대함으로써 클라이언트에 대한 존중을 표현한다. 숨은 의도를 가지고 대하거나 가면을 쓰거나 진실성을 감추려 하지 않는다.

2. 자료수집단계

1) 자료수집의 개념

자료수집은 클라이언트와 클라이언트가 가진 문제를 이해하는 데 필요한 사실을 모으는 과정으로, 수집한 자료를 바탕으로 클라이언트를 사정(assessment)한다. 자료수집은 개입 가능성을 판단하고 클라이언트의 문제를 파악하고, 개입에 도움이 되는 자료를 마련하며, 나아가 클라이언트의 강점과 잠재적 역량을 이해하는데 매우 중요한 지속적 과정이다.

2) 자료수집단계의 과제

자료수집단계의 목표는 개입 가능성을 판단하고 개입에 도움이 될 수 있는 자료를 마련하는 데 있으며, 사회복지사는 클라이언트의 문제와 욕구를 명확하게 규정함으로써 개입의 방향을 설정한다.

3) 자료수집의 내용

자료수집은 클라이언트의 문제를 분석하고 해결하는 데 필요한 자료를 수집하는 과정이다. 자료수집과 사정은 거의 동시에 일어나지만, 자료수집이 선행단계로 수집된 자료를 근거로 사정을 하는 것이 일반적이다.

자료수집 내용은 객관적인 자료나 정보, 클라이언트의 주관적인 사실에 관한 인식의 파악을 포함하는 것이다. 일반적으로 클라이언트 개인의 생활력, 인간관계, 경제문제, 건강·정서적 상태, 현재 어려움에 처한 문제내용 등에 대한 사실을 수집한다.[3]

(1) 클라이언트의 일반적 사항

클라이언트의 인적사항과 가족사항 및 주거사항 등 기본정보를 수집한다.

(2) 개인력

클라이언트의 개인역사로 생활주기에 따라 영유아기, 아동기, 청소년기, 청년기, 성인기, 노년기 등으로 구분하여 생활사건, 클라이언트의 경험 및 감정, 사회적 관계에 관한 정보를 수집한다.

(3) 가족력 및 가족관계

클라이언트 가족의 살아온 역사, 가족구성, 가족관계 등에 관한 정보를 수집한다.

(4) 클라이언트의 기능

클라이언트의 신체적 기능, 정서적 기능, 사회적 기능, 지적 기능 등을 포함하여 정보를 수집한다.

(5) 클라이언트의 능력

클라이언트의 강점과 약점, 잠재능력 등에 관한 정보가 포함된다.

(6) 클라이언트의 사회적 지원

공식적 자원 및 비공식적 자원의 이용 및 적절성, 문제점 등을 파악한다.

(7) 클라이언트의 강점 및 한계 등

클라이언트의 문제만이 아니라 클라이언트가 문제 해결하는 데 있어 사용할 수 있는 강점 및 클라이언트와 클라이언트를 둘러싼 환경 속에 있는 한계, 동기 등에 대해 정보수집을 한다.

4) 자료수집 방법

(1) 면접

면접은 생각과 느낌이 교환되는 가운데 개인들 사이에서 언어적·비언어적인 의사소통을 포함한 목적 지향적인 대화를 말한다. 이러한 면접은 크게 정보를 얻기 위한 면접, 사정을 위한 면접, 치료를 위한 면접 등으로 구분할 수 있다.

(2) 관찰

관찰은 비언어적인 형태의 자료를 수집할 때 유용한 방법이다. 관찰은 수집하고자 하는 정보의 종류에 따라 자연스런 관찰과 일련의 순서가 있는 구조화된 관찰로 구분할 수 있다.

(3) 검사

클라이언트의 심리상태는 지능, 동기화, 대처행동의 유형, 자아개념, 불안이나 우울의 정도 등을 표준화된 심리검사를 통해 파악할 수 있다.

5) 자료수집의 정보원

자료수집의 정보원은 매우 다양하다. 클라이언트의 자료는 보통 클라이언트가 작성한 양식, 클라이언트와의 이야기, 클라이언트의 비언어적 행동, 사회복지사의 개인적 경험, 부수적인 정보, 심리검사 및 사정도구, 클라이언트와의 직접적인 상호작용에 근거한 사회복지사의 경험, 클라이언트의 자기 모니터링 등이 있다.[4]

(1) 클라이언트가 작성한 양식

기관의 초기면접에서 클라이언트가 작성한 기록양식의 정보로 이것은 첫 번째 중요 자료원이 된다. 보통 첫 면접 이전에 기관의 간단한 초기면접 시에 클라이언트가 직접 이름, 성별, 나이, 직업, 주소나 전화번호, 문제, 가족구성원 등을 작성하기도 하는데 이것도 클라이언트를 이해하는 중요한 정보원이 될 수 있다.

사회복지기관만이 아니라 서비스 기관에서는 초기면접 양식을 자주 사용한다. 사회복지기관에서 〈표 9-3〉에서 보는 바와 같이 초기 면접지를 사회복지사가 잠재적 클라이언트인 신청자와 이야기를 나눈 후에 기록하기도 하지만, 기본적인 인적사항이나 호소 문제 등은 신청자가 직접 기록하는 경우도 있다.

표 9-3 **초기 면접지**

- 클라이언트의 기본정보: 이름, 성별, 나이, 결혼관계, 주소, 전화번호, 직업 등
- 가족관계: 동거 중인 가족을 중심으로 가족구성원의 이름, 나이, 직업, 교육 정도, 종교 등
- 주요문제: 클라이언트가 사회복지사에게 도움을 청하게 된 문제가 무엇이며 언제부터 어떤 과정으로 지속하였는지에 대한 내용
- 기관에 오게 된 동기: 기관에 찾아오게 된 이유 등에 관한 내용
- 의뢰이유: 타 기관 또는 가족으로부터 의뢰된 경우, 의뢰한 이유
- 이전의 사회복지서비스 경험: 과거에 어떤 사회복지관에 어떤 서비스를 받았는지에 대한 내용

그리고 기관마다 초기 면접지의 양식이 다르지만, 일반적으로 많이 쓰이는 공통적 요소들이 담겨 있는 초기면접 양식은 아래 〈표 9-4〉와 같다.

표 9-4 **초기면접 양식**

[인적 사항]			
신청일	년 월 일		사례번호: -
이름:	집 전화번호:	휴대폰번호:	이메일:
주소			
성별:	결혼 상태: 미혼, 기혼, 이혼, 별거, 기타		
직업:	직장 전화번호:		나이: 만 세

[가족 사항]						
이름	관계	나이	학력	직업	동거 여부	본인과의 관계 (매우 좋음: 5 아주 나쁨: 0)

○ 시기:
○ 기관명:
○ 결과:

접수면접지:

(2) 클라이언트의 이야기

클라이언트의 이야기는 주요한 정보원이며 때에 따라서는 유일한 것이기도 하다. 클라이언트의 문제, 그의 감정, 문제를 해결하기 위한 개인적 자원, 문제해결 노력, 문제의 역사, 원인 등에 대한 의견 등이다. 그리고 이야기 뒤에 있는 비언어적 행동, 즉 표정, 손동작, 목소리 억양 등에서 클라이언트의 감정과 사고가 더 정확하게 전달될 수 있다.

사회복지사는 관찰로서 비언어적인 행동의 의미를 파악하여야 한다. 그러나 클라이언트에게서 얻는 자료는 왜곡되는 경우도 흔하다.

예를 들면 미혼인 40대 초반 여자가 직장에서의 대인관계 문제로 사회복지사를 찾아왔는데 그것은 대인관계 문제가 아니라 직장 사장과의 10년 이상의 불륜이 문제였다. 직장 내 사원들과 사장과의 인간관계에 클라이언트가 지나치게 예민한 반응을 하므로 이러한 민감성이 클라이언트와 직장동료들과의 대인관계에 나쁜 영향을 주어 자신의 대인관계에 문제가 발생한다는 것을 모르고 있었다. 그러므로 사회복지사는 클라이언트 이야기의 객관성을 정확히 인지하여야 한다.

(3) 클라이언트의 비언어적 행동

클라이언트의 비언어적 행동은 가치 있는 정보의 출처가 될 수 있다. 즉, 초기면접에서 클라이언트의 일거수일투족은 앞으로의 원조과정에 대한 동기수준과 반응양식을 예측하도록 하는 직·간접적 실마리가 될 수 있으므로 사회복지사는 클라이언트의 구두보고를 적극적으로 경청함과 동시에 클라이언트의 비언어적 행동에 대해 세심히 관찰해야 한다. 경험이 많은 사회복지사일수록 비언어적 단서에 많은 관심을 기울이고 이를 파악하여 해석하게 된다. 이 단서는 클라이언트가 실제로 무엇을 생각하고 느끼는지를 아는 데 매우 귀중한 가치를 지닌다.

클라이언트의 언어적 표현뿐만 아니라 비언어적 행동, 즉 몸짓, 얼굴표정, 어조, 눈빛, 손과 팔 등의 몸동작, 옷차림과 외모 등은 때에 따라 클라이언트의 감정과 사고를 더 정확하게 판단할 수 있어서 사회복지사는 세밀하게 관찰하고 클라이언트의 비언어적 행동까지도 읽을 수 있는 능력을 갖추어야 한다. 그리고 비언어적 단서들은 클라이언트 자신의 살아온 인생역정을 암시하는 주요 자료가 될 수도 있다.

그런데 간혹 클라이언트의 비언어적 반응들이 주저함이나 걱정, 의구심 등의 형태로 나타나기도 하면서 사회복지사에 의해 단순히 "저항"으로 간주되는 경우가 있다. 이러한 경우 사회복지사의 단순한 해석은 클라이언트를 더욱 멀어지게 하고 심지어는 클라이언트를 비난하는 경향을 띨 수도 있음을 주지해야 한다.

(4) 상호작용의 직접적 관찰

클라이언트와 그의 삶에 중요한 다른 사람과의 상호작용을 직접 관찰함으로써 문제에 대한 실마리를 발견하는 출처를 말한다. 이때 우연에 의한 관찰이 아닌 어떤 특정한 목적을 위해 의도적으로 계획된 관찰이어야 하며, 사회복지사가 선택하는 관찰기법은 수집하려는 정보의 질과 정확성을 좌우한다. 배우자와의 상호작용, 가족 구성원과의 상호작용, 집단 내에서의 상호작용 등의 직접적 관찰로 사회복지사는 많은 정보를 얻게 된다.

사회복지사와 클라이언트의 상호작용에서 고려되는 사항은 비주장적·수동적·순종적·공격적·수동공격적·조종적 행동, 철회, 단정함, 돌봄, 강한 동기, 의존성 등이 있다. 이러한 사항은 클라이언트의 문제행동에 대한 가치 있는 정보를 제공할 수 있다.

클라이언트가 타인과 상호작용하는 것에 대해 사정을 하기 위해서는 사회복지사 자신의 직관을 활용해야 하며 한계가 있다는 것을 인식해야 한다. 어떤 클라이언트는 자신의 독특한 면을 사회복지사에게 나타내지 않기 위해 일상적 상호작용을 하지 않을 수 있다.

(5) 부수적인 정보

정보는 가끔 다양한 부수적인 자료로부터 수집된다. 부수적인 정보는 가족, 이웃, 친구, 친척, 사회기관, 고용주, 학교, 그리고 관련된 다른 사람 등으로부터 수집한다. 이러한 정보수집을 위해서 직접 방문하거나 편지나 메일을 보낼 수 있고, 전화를 걸어 볼 수도 있다. 이것들은 클라이언트로부터 얻지 못한 소중한 정보를 제공하기도 한다. 사회복지사는 이와 같은 정보를 얻기 위해 정보의 정확한 소재지를 파악하여야 하며,

부수적인 정보를 얻을 때 사전에 클라이언트의 동의를 얻어야 한다. 부수적인 정보에서 상반된 정보를 얻을 수가 있다. 자녀에 대한 문제에 대해 어머니와 아버지의 상반된 진술은 관점의 차이에서 올 수가 있다. 따라서 사회복지사는 각 정보 정보제공자의 신뢰도에 주의를 기울여야 하며 어떤 인간관계에서 이와 같은 관점의 차이가 있는가에 대해 주의를 기울여야 한다.

(6) 사회복지사의 개인적 경험

클라이언트와 사회복지사가 상호작용하는 패턴을 보면 클라이언트가 다른 사람들과 어떻게 상호작용하는지 상호작용의 유형을 짐작할 수 있게 해줄 뿐만 아니라 문제행동을 이해하는데 실마리를 제공한다.

사회복지사는 클라이언트와 상호작용하는 과정에서 자신이 느끼는 감정이 다른 사람에게도 비슷할 것이라는 생각을 하게 되고, 사회복지사의 이러한 감정이 결국은 문제행동에 대한 중요한 정보를 제공할 수 있다는 것이다.

사회복지사가 필요로 하는 정보영역은 사례에 따라 서로 다르므로 가장 적절한 자료를 수집하는 것이 바로 사회복지사의 능력이라고 볼 수 있다. 일반적으로는 생활력, 인간관계, 경제문제, 건강, 정서, 문화, 클라이언트의 기능, 가족력, 클라이언트의 자원 등에 관한 자료들이 수집된다. 자료수집과 사정에서 사회복지사가 명심해야 할 원칙은 다음과 같다.

첫째, 클라이언트의 참여가 절대적으로 필요하다는 것이다. 원조를 성공적으로 이끌기 위해서는 클라이언트의 문제를 정의하는 것에서부터 우선순위를 결정하기까지 클라이언트의 참여가 중요하다.

둘째, 클라이언트의 강점을 평가한다. 자칫하면 클라이언트의 문제에만 관심을 가지기 쉬우므로 사회복지사는 클라이언트의 강점을 확인하여 문제해결방안을 모색해보는 것도 중요한 과제가 된다.

셋째, 한 가지 문제만 가진 클라이언트는 거의 없다. 그러므로 사회복지사는 클라이언트의 문제를 다양하게 규정할 줄 알아야 한다. 그리고 문제의 심각도에 따라 우선순위를 정해야 한다.

이러한 우선순위는 사회복지사가 임의대로 정하는 것이 아니라 다음 네 가지 기준에 의해 정한다.

첫째, 문제의 존재가 클라이언트가 인정하는 문제여야 한다.

둘째, 사회복지사와 클라이언트 모두가 이해할 수 있는 분명한 용어로 정의된 문제여야 한다.

셋째, 사회복지사와 클라이언트 모두가 현실적으로 해결 가능한 문제여야 한다.

넷째, 문제정의가 다양해야 하는 것처럼 개입방법도 다양하게 설정해야 하며 실현 가능성, 효과의 기준에서 우선순위를 결정해야 한다.

(7) 심리검사

다양한 심리검사를 통한 정보는 사정 시 매우 유용한 정보가 된다. 이와 같은 검사는 클라이언트가 자기보고식으로 응답한 결과를 전문가가 해석한 것이므로 매우 중요하다. 현재 임상 사회복지사가 활용하는 검사로는 자아존중감, MMPI, 간이정신진단검사, 사회성숙도, 자아개념검사 등이 있으며 객관적이고 표준화된 측정을 통해 클라이언트의 내적·심리적 특성을 파악하는 과정이다. 각종 검사 도구들은 이러한 자료와 행동을 수량화해서 유용하게 사용될 수 있지만, 검사지에 대한 충분한 지식이 없다면 타 전문가의 도움을 구하는 것도 바람직하며, 클라이언트의 자기 보고식 응답의 결과를 전문가의 해석으로 과학적이고 객관적인 자료로 얻을 수 있다.

이러한 도구들로부터 직접 얻을 수 있는 정보의 양과 질은 매우 제한적이지만 클라이언트를 이해하는 데 중요한 단서가 되기도 한다. 즉 그러한 도구들에 임하면서 하는 말들, 반응하는 방식들은 사회복지사가 정교한 사정을 구성해나가는 데 중요한 자료들이 될 수 있다. 게임 또한 이러한 측면에서 활용되기도 하는데 특히 아동의 경우 게임 활동을 통한 관찰은 사정을 위한 중요한 자료원천이 될 수 있다.

제 10 장 사정단계

1. 사정의 개념 및 특성

1) 사정의 개념

사정(assessment)이란 클라이언트의 관심과 상황을 이해하고 이것을 기반으로 활동계획을 개발하기 위한 활동이다. 즉, 클라이언트의 문제가 무엇인지, 어떤 원인으로 발생했는지, 그 문제를 해결하거나 감소시키기 위하여 무엇이 변화되어야 하는지에 대한 방법을 알아 가는 사회복지실천과정 중 하나이다.

사회복지실천 초기에는 사정(assessment) 대신 진단(diagnosis)이라는 용어를 사용하였다. 그러나 최근 들어 사회복지실천에서는 진단보다는 사정이라는 용어를 사용하고 있다. 이는 사회복지실천의 목적이 클라이언트의 어려움을 해결하는 일뿐만 아니라 클라이언트의 성장과 기능 및 잠재력을 향상하며 새로운 자원을 개발하는 데 두는 강점 중심적 접근이 강조되고 있기 때문이다.

사정은 다음과 같은 4가지 점에서 진단과 다르다.[1]

첫째, 어떤 문제 상황을 이해하려고 할 때 클라이언트 상황에 대한 중범위 및 거시적 측면이 포함되는 클라이언트의 환경적 측면도 미시적 측면만큼 고려된다.

둘째, 문제가 클라이언트 외부에도 존재한다고 인식하기 때문에 외부체계도 변화표적이 될 수 있다. 즉, 조직정책이나 공법이 문제의 근원이 될 수 있다. 따라서 사회복지사는 클라이언트를 치유하기보다는 이러한 법 개정을 위한 노력에 초점을 둔다.

셋째, 진단과 사정의 중요한 차이는 문제해결 과정에서 클라이언트 참여이다. 의료모델에서의 클라이언트는 문제를 가진 것으로 진단된다. 따라서 사회복지사는 클라이언트 치료를 돕기 위하여 어떤 유형의 치료를 한다. 클라이언트는 치료에 대해 반응을 하며 변화의 과정에서 파트너가 되기보다는 변화의 표적이 된다. 일반주의 실천에서 사정은 사회복지사가 클라이언트에 '관하여'가 아니라 클라이언트와 '더불어' 활동한다는 것을 강조한다. 사회복지사는 클라이언트 변화과정에서 함께 활동한다. 문제 사정 활동에는 개별 클라이언트의 생활뿐만 아니라 클라이언트 외부의 체계적 문제까지 포함하게 된다. 따라서 양자는 변화하고 문제를 해결하는 데 함께 협력할 수 있다.

넷째, 클라이언트의 강점에 관한 관심이다. 진단에서는 병리에 초점을 둔다. '무엇이 문제인가?, 개별 클라이언트에게 무슨 이상이 있는가?' 등에 관심을 둔다. 한편 사정에서는 표적이 클라이언트의 문제에만 있는 것이 아니다. 클라이언트의 강점에도 있다. 강점을 강조한다는 것은 사회복지사가 클라이언트의 성장을 위한 잠재력을 발휘하게 하고 클라이언트의 자긍심을 제고시키도록 돕게 한다는 것이다.

이와 같은 사정의 내용은 클라이언트의 개인적 상황뿐 아니라 클라이언트가 처해 있는 사회적 환경 그리고 구체적 개입 방향과 이후까지도 예상하는 것을 포함하고 있어 사정이 사회복지사의 개입 활동에서 매우 포괄적임을 시사하고 있다.

2) 사정의 특성

사정이란 클라이언트의 문제와 상황을 이해하여 이것을 근거로 개입을 위한 계획에 연결하는 것으로, 클라이언트의 문제가 무엇인지 이해하고 문제의 원인을 규명하고 이것을 해결하거나 감소시킬 방법에 대해 전문적인 판단을 하는 것이다. 즉, 사정을 통해 목표를 설정하고 개입하게 되므로 개입의 효과란 사정의 정확도에 달려있다고 할 수 있다.

주요 학자들이 설명하는 사정의 특성을 살펴보면 공통으로 다음과 같다.[2]

(1) 지속적인 과정과 결과

Hepworth과 Larsen(2006)은 사정의 가장 대표적인 특성으로 사정은 지속적인 과정이며 결과라고 강조했다. 즉, 사정은 초기단계부터 종결단계까지 사회복지실천이 진행되는 내내 일어난다. 초기 단계에서는 사정에 일차적인 초점이 맞춰지지만, 치료과정에서 새로운 정보가 나타나고 새로운 이해가 나타날 수 있다. 개입에 초점을 두고 있더라도 사정은 진행된다.

그리고 결과물로서의 특성은 클라이언트 및 문제에 대한 사정을 통해 나온 사회복지사의 기록이 바로 결과물이 되기 때문이다. 사회복지사는 공식적인 사정기록을 통해 개입계획을 수립하기 때문에 사정기록은 매우 중요한 자료가 되며 심리·사회적 조사기록이 바로 사정의 결과물이다.

(2) 상호작용

사정은 사회복지사와 클라이언트가 면담하는 과정에서 상호작용을 통해 얻어진다. 클라이언트는 사정의 각 측면에 참여하도록 격려되고 사회복지사는 관찰하고 수집한 자료에 대해 클라이언트와 논의하여 사정의 결과물을 만들어낸다. 즉, 사정의 상호성을 통해 클라이언트가 역량강화가 되며 자신이 소극적 수혜자가 아닌 중요한 파트너라는 것을 깨닫게 된다.

(3) 클라이언트의 관여

사회복지사는 사정하면서 클라이언트의 문제를 자신의 관점으로 판단하여 구성하고자 하지만 클라이언트는 다를 수 있으므로 사회복지사는 반드시 클라이언트를 관여시켜 그와 함께 상호 합의하여 문제에 대한 시각과 기술 내용을 선택해야 한다.

(4) 판단성적용

사회복지사는 사정에서 무엇을 고려해야 할지, 어떤 지식과 이론을 적용할지, 클라이언트를 어떻게 관여시킬지, 문제를 정의하는 방법 등이 일어나며 언제나 판단이 일어난다. 그리고 판단을 할 때는 우선순위를 결정하는 것을 포함하기 때문에 언제나 쉬운 것은 아니다.

(5) 클라이언트의 강점적용

클라이언트의 강점을 포함하는 것이 바로 진단과 사정의 큰 차이이다. 클라이언트는 문제를 갖고 있지만, 문제를 해결하는 데 강점 사정을 통해 개입계획을 설정하는 것이 중요하다. 클라이언트의 강점이 문제해결의 수단을 제공하기 때문이다.

(6) 이중초점

사정의 두 가지 초점은 클라이언트의 욕구, 문제에 대한 이해, 상황 속의 클라이언트를 이해하는 것에 초점을 두는 것과 그리고 정보를 수집하고 분석하여 문제해결을 위한 개입계획의 기초를 제공하는 것이다.

(7) 수직적·수평적 탐색

초기과정에서는 현재의 관계, 능력, 기능 등의 수평적 정보를 중심으로 클라이언트의 욕구를 발견하고, 원조 과정이 진행됨에 따라 수직적 탐색으로 문제해결에 필요한 정보를 수집한다. 사회복지사는 상황과 필요에 따라 수평적·수직적 탐색을 적절히 사용하는 기술을 갖추고 있어야 한다.

(8) 지식적 근거

사정을 위한 클라이언트의 상황을 이해하기 위해서는 전문적 지식이 필요하다. 인간행동에 대한 이해, 인간의 다양성, 가족관계, 집단과 지역사회, 정책, 행정 등 사례에 따른 개별적인 지식이 필요하기도 한다.

(9) 생활상황에서의 이해

사정은 병리적이거나 독특한 상황뿐만 아니라 자연스럽고 일반적인 생활상황 가운데서 욕구를 발견하고 규명하며, 그 의미와 패턴을 설명하는 것이다.

(10) 개별화

클라이언트마다 독특한 상황에 처해 있는 개별적인 사례이다. 그리고 인간의 상황은 모두 다르므로 개별화되어야 한다.

(11) 한계 인식

클라이언트를 완전히 이해하는 데는 언제나 한계가 있기 마련이다. 또한 사정으로 클라이언트를 완벽하게 이해할 수는 없다. 그리고 사정은 클라이언트를 이해하는 보조적인 수단 또는 방법이다.

2. 사정단계의 과정

사정이란 수집된 자료를 해석하고 의미를 부여함으로써 최종적으로 문제를 규정하여 실천의 방향을 결정하는 일이다. 자료수집이 클라이언트와 그의 문제를 이해하는 데 도움이 될 만한 많은 자료를 모으는 것이라면 사정은 수집 정리된 자료를 분석하고 심사숙고하여 문제를 규정해내는 작업이다. 문제가 규정되면 문제의 중요성과 변화의 시급성을 기준으로 표적문제(target problems)를 찾아내어 개입의 목표를 정한다.

사정과정의 과업은 첫째, 문제를 발견하고, 둘째, 정보를 수집하고, 셋째, 문제를 형성해서 개입계획 수립의 '무엇을, 어떻게'에서 '무엇을'에 해당하는 질문에 대답하고자 하는 것이다. 즉, 충족되지 않은 욕구를 인지하고 욕구충족의 장애물을 규명하여 욕구충족의 장해를 제거하는 방식을 설정하는 과정이다.

1) 문제의 발견

사정의 첫 번째 작업은 문제를 발견하는 것이다. 이것은 접수 및 참여 유도단계에서의 문제 확인보다는 좀 더 심층적으로 문제의 성격과 원인을 이해하는 것이다. 접수 및 참여 유도단계에서 문제의 확인이 주로 클라이언트 스스로가 말하는 문제에 기초한다면 문제의 발견단계에서는 문제에 대한 사회복지사의 평가에 더 큰 비중을 둔다. Johnson(1989)은 문제규명에는 세 가지 단계가 있다고 제시하였다.[3]

첫째, 사회복지사는 해결되지 않은 클라이언트의 욕구가 무엇인지 확인해야 한다.

둘째, 욕구를 충족시키는데 장애가 되는 요인을 파악해야 한다. 즉, 클라이언트 욕구충족을 방해하는 장애물을 클라이언트 내부 혹은 그를 둘러싸고 있는 환경에서 찾아보는 것이다.

셋째, 문제해결 계획이나 개입 방향이 드러나도록 문제를 규명하는 것이다. 예를 들어, 여기에 경제적으로 곤경에 처한 클라이언트가 있을 때 위의 단계를 밟아서 문제를 규명하면 첫 번째로, 이 클라이언트의 해결되지 않은 욕구는 돈이고, 두 번째로, 이것을 충족하지 못하도록 방해하는 것은 일자리가 없기 때문이고, 세 번째로, 그의 문제를 실업으로 규명하게 되며, 이러한 문제의 규명은 바로 취업, 직업훈련 등의 문제해결 방향을 가리킨다.

클라이언트의 문제에 대한 학자별로 분류하면 〈표 10-1〉과 같다.

표 10-1 클라이언트의 문제에 대한 학자별 분류표

Reid & Epstein(1977)	Northen(1982)	Germain & Gitterman(1966)	Kirst-Ashman & Hull, Jr.(1999)
• 대인관계 상 갈등문제 • 사회적 관계상 불만족 • 공식적 체계와의 문제 • 역할 수행상의 어려움 • 의사결정 문제 • 정서적 문제 • 부적합한 자원문제 • 심리문제와 행동문제	• 대인관계 상 갈등문제 • 사회적 관계 상 불만족 • 공식적 체계와의 문제 • 역할수행 상의 어려움 • 의사결정 문제 • 정서적 문제 • 부적합한 자원문제 • 심리문제와 행동문제 • 관계상실 • 문화적 갈등	• 생활 전환상 문제 - 발달적 변화 - 역할지위 변화 - 위기사건 • 사회적·물리적 환경으로부터의 적절한 반응을 얻지 못함에서 오는 문제 • 가족과 기타 일차집단 내의 의사소통과 관계상 어려움	• 대인관계 문제 • 사회적 관계 상의 불만 • 공식적 체계와의 문제 • 역할 수행 상의 어려움 • 직업전환, 자녀출산, 이혼, 사별과 같은 생활 상 전환의 문제 • 심리 및 행동문제 • 부적당한 자원(자원결핍) • 의사결정 문제 • 문화적 갈등 • 문제의 우선순위를 결정하는 문제

사회복지사는 클라이언트의 가장 빈번한 문제의 유형을 알고 있어야 한다. Kirst-Ashman과 Hull(1993)은 클라이언트의 가장 빈번한 문제를 다음과 같이 분류하였다.[4]

(1) 인간관계에서의 갈등문제

인간관계에서의 갈등문제는 주변의 다른 사람들과의 관계에서 명백한 어려움이 있는 문제를 의미하는 것으로 배우자 간, 부모-자녀 간, 형제자매간, 혹은 친척 간에 의사소통유형, 아동양육방법, 여가선용, 친척관계, 부모부양문제 등의 이유로 인한 갈등을 의미한다.

(2) 사회적 관계에서의 불만족

사회적 관계에서의 불만족은 타인과의 관계에서 어려움이 심화함으로써 나타나는 문제라고 볼 수 있다. 사회적 관계상의 어려움을 가지는 것은 수줍음이나 열등감 등으로 인한 대인관계의 어려움, 자기 생각이나 주장을 제대로 하지 못하는 것, 이로 인한 패배감이나 왜곡된 정체감을 가지는 것 등에서 비롯된다. 예를 들면, 흔히 사람들이 느끼는 사회적 불만족으로, 지나치게 소극적인 성격으로 인해 사람들과의 관계에서 언제나 피해를 본다고 느끼는 사람의 문제이다.

(3) 공식적 조직과의 문제

공식적 조직과의 문제는 클라이언트가 흔히 제기하는 문제로, 예를 들면, 사회복지사가 자신에게 불친절했다거나 기대한 만큼의 생활비를 주지 않았다고 불만 등을 갖는 것이다.

(4) 역할 수행상의 문제

역할 수행상의 문제는 역할 갈등적인 상황이 심한 경우를 일컫는다. 자신의 지위에 따라 사회적, 문화적으로 기대되는 행동 양식을 수행하는 데 어려움을 느끼는 문제들이다. 지식, 기술, 경험이 부족하여 기능을 수행하는 데 어려움이 있는 경우도 포함될 수 있다.

(5) 사회적 전환에서 파생되는 문제

사회적 전환에서 파생되는 문제는 사람들이 일생 결혼, 임신, 퇴직, 이혼 등과 같은 중요한 전환기를 겪게 되는데, 이럴 때 적응하지 못하고 심각한 정서상의 혼란을 겪거나 대처할 방향도 찾지 못해 문제 상황에 놓이게 되는 것을 말한다.

(6) 심리 행동상의 문제

심리 행동상의 문제는 정서 심리상태가 불안하거나 우울 정도가 심한 경우, 적절한 감정반응이나 지각반응 등이 이루어지지 않는 경우, 이러한 정서 심리상태로 인한 분노 폭발, 신경증적 거식증, 약물 남용과 같은 행동상의 문제와 범죄 행위 등과 같은 통제되지 않은 행동이 모두 포함된다.

(7) 부적합한 자원문제

부적합한 자원문제는 기본적으로 필요한 욕구가 해결되지 않음으로써 발생되는 것으로, 예를 들면, 가난의 문제는 돈이라는 자원의 결핍을 의미하고, 의료서비스의 부족, 생계비 부족 등이 여기에 속한다. 또한 생활상의 어려움이나 즐거운 일을 함께할 수 있는 사회적 자원의 결핍이나 부족은 개인이나 가족에게 심한 스트레스를 가져다 준다.

(8) 의사 결정상의 문제

의사 결정상의 문제는 여러 가지 이유로 의사 결정이 제대로 이루어지지 않는 경우의 문제를 말한다. 인생의 중대한 갈림길에서 감정적 혼란으로 인해 객관적이며 합리적인 선택을 하지 못하는 경우이다.

2) 정보 및 자료 수집

정보 또는 자료수집은 사정이 정보를 수집하는 데 유용한 지침은 다음과 같다.[5]

(1) 클라이언트가 제시한 문제

'문제체계에 관련된 사람이 누구인가?'라는 질문의 답은 클라이언트가 제시한 문제에서 찾을 수 있다. 예를 들어 청소년이 가장 친한 친구와의 갈등 때문에 학교에 가지 않는다고 하는 문제에 관련된 사람은 친한 친구이다. 그러나 자세히 탐색해보면 그 친구와의 갈등이 선생님의 편애와 또 다른 친구로 확대된다. 이처럼 처음에 제시된 문제에 따라 문제에 관여된 주요 인물들은 쉽게 나타나지만, 사례가 진행되면 문제의 범위는 클라이언트의 문제에 관여된 개인, 집단 또는 조직으로 점차 확대되기도 한다.

(2) 문제체계에 관련된 사람들 간 상호작용

참여자들의 관여에 대한 질문은 문제체계에 관련된 사람들이 어떻게 상호작용하며 문제가 발생했나 하는 것에 관한 것이다. 다시 말해서 문제행동의 발생 전, 발생하는 동안, 발생 후에 관련된 참여자들이 각각 어떻게 행동하였고, 이것이 서로에게 어떤 영향을 주어 문제행동이 발생하였는가 하는 것이다.

(3) 클라이언트의 지각과 개념

문제에 대한 클라이언트의 지각과 개념이 행동을 동기화한다. 예를 들면 알코올 중독자인 남편은 기분이 안 좋을 때마다 술을 마신다. 그가 술을 먹는 이유는 과음하면 잠을 잘 수 있으므로 술을 마신다고 한다. 이 사람은 알코올중독을 가정의 평화를 위한 것이라고 의미를 부여한다. 이처럼 문제행동에 의미부여는 그 행동을 한 동기를 이해하게 하며 또한 변화되지 않는 이유를 알게 된다. 가정의 평화를 위한 음주는 중단할 수 없는 것이기 때문이다. 때에 따라서는 클라이언트가 문제행동에 의미부여 하는 것 자체가 변화의 표적이 될 수 있다.

Hurvitz(1975)는 변화를 방해하는 의미부여 형태를 사이버 과학적 설명, 심리적 낙인, 다른 사람에게 변화의 능력이나 동기가 없다는 믿음, 변화될 수 없는 외적 요인, 변화될 수 없는 내적 속성에 대한 잘못된 믿음, 무력함에 대한 비현실적 감정, 고정된 철학적·종교적 원칙, 인간 본질에 대한 가정 주장, 문제에 관련된 다른 사람의 한계점을 주장 등으로 제시하고 있다.

(4) 문제행동을 야기한 상황적 요인을 발견

문제행동의 원인에 대한 질문은 문제행동을 일으킨 상황적 요인을 발견하는 데 도움이 된다. 학교에서 과잉행동을 보이는 아이가 집에서는 이런 행동이 보이지 않는다면 집과 환경적 차이에서 과잉행동을 유발하는 요인을 발견할 수 있을 것이다. 즉 집에서는 부모의 관심하에 있지만, 학교에서는 선생님의 관심이 분산되어 있으므로 선생님의 관심을 끌기 위한 행동일 수 있다. 이처럼 보이지 않는 장소와 보이는 장소의 차이를 통해 문제행동이 야기되는 요인을 밝힐 수가 있다.

(5) 문제행동이 일어나는 시간

문제행동이 일어나는 시간에 따라서 문제행동을 촉발하는 요인을 발견할 수 있다. 공포 반응이 있는 청소년이 엄마와 함께 있을 때 더욱 심각한 공포 반응이 일어난다. 문제행동이 일어나는 시기가 줄어드는 시기와의 차이를 통해 문제행동의 촉진요인을 발견할 수 있다. 이와 같은 상황에서는 이 요인에 관련된 사람의 행동을 관찰함으로써 인과관계를 밝힐 수 있다.

(6) 문제행동이 일어나는 빈도

문제행동이 일어나는 빈도를 알아내는 것은 문제행동이 클라이언트의 생활에 얼마나 많은 영향을 미치는지에 관한 이해를 도와준다. 어떤 사람은 종종 분노와 적개심이 일어나 고통을 받고 있는데 어떤 클라이언트는 거의 매일 분노와 적개심이 일어나 가까이에 있는 가족이나 친지들과의 언쟁 및 폭력사태에 시달린다. 이처럼 문제 상황의 빈도가 잦으면 가족과 친지들에게 큰 피해를 줄 수 있으므로 이런 질문을 통해 문제행동의 심각성을 알 수 있다.

(7) 문제행동의 시작된 시점

문제행동이 시작된 시점을 아는 것은 그 문제행동의 역사를 알아보는 것이다. 즉, 처음으로 문제행동이 발생한 시기는 언제이며, 어떤 과정을 거쳐 현재까지 진행되었는가를 알게 되는 것이다. 제일 처음 문제행동이 발생했던 상황에 대한 탐색은 문제행동의 초기 유발사건을 알아내는데 중요한 단서가 된다.

문제행동의 시작에 대한 질문은 또 다른 질문과 연결되기도 한다. 즉, 왜 이제 도움을 요청하는가에 대한 질문이다. 결혼 초부터 가정폭력에 시달린 부인이 20년이 된 현재 도움을 요청하는 이유는 그동안은 자녀들이 사춘기이므로 참고 있다가 자녀가 성장해 모두 대학에 진학했기에 더는 인내하기가 어려워 이혼을 원하는 것이었다는 예에서 알 수 있다.

(8) 사회복지사의 공감과 직관력

클라이언트는 자신의 통찰 결여로 피상적으로 이야기하게 되므로 사회복지사는 자신의 공감과 직관력으로 클라이언트의 정보를 정확히 알아내야 한다. 예를 들면 성격 차이로 항상 갈등 관계에 있는 부부의 경우 좀 더 깊이 탐색하여 보면 그 부부는 서로에 대한 의존적 욕구로 인해 의존성을 만족하지 못해 갈등으로 표현되는 것을 발견하게 된다. 이러한 불만족한 욕구는 두 부부가 해결해야 할 목표가 된다. 이처럼 사회복지사의 공감과 직관력을 통해 클라이언트가 자신의 문제를 해결하겠다는 동기부여에 자극을 줄 수 있다.

(9) 문제에 대한 클라이언트의 정서적 반응

클라이언트가 문제에 대하여 정서적으로 어떤 반응을 하고 있는가에 대한 질문은 클라이언트의 감정의 정도에 따라 문제가 약화하기도 하고 이러한 감정이 문제행동을 일으키는 요인이 되어 문제행동 뒤에 가려지기도 하므로 중요하다. 예를 들면 불안이 심한 어머니는 딸의 늦은 귀가에 교통사고를 상상하며 불안이 최고조에 달한다. 딸이 들어오자마자 소리를 지르며 난리를 친다. 이러한 문제로 딸은 어머니와 갈등 관계에 있게 되어 가출하게 된다. 이 사례에서 가출보다는 어머니의 불안이 문제행동의 요인이 된다. 따라서 사회복지사는 문제에 대한 클라이언트의 정서적 반응을 탐색해야 한다.

(10) 클라이언트의 문제대처 및 대처기술

클라이언트가 이전의 문제에 어떻게 대처해왔으며, 이것을 해결하기 위해 어떤 기술을 사용해왔는지에 관한 질문이다. 이와 같은 질문은 지금까지 클라이언트가 스트레스에 대처했던 수준과 그의 문제해결 및 대처기술 방법을 파악하는 데 도움이 된다. 그리고 과거에 이와 유사한 어려움에는 어떻게 대처해왔으며, 지금은 무엇 때문에 이전과 같이 대처하지 못했는가에 대한 실마리를 제공해 준다.

(11) 클라이언트의 장점과 기술

클라이언트의 장점과 기술에 관한 질문은 클라이언트의 문제를 해결하는 데 활용 가능한 자원이 무엇인지를 알게 해주고, 클라이언트의 장점과 잠재력을 최대한 발휘하여 클라이언트가 문제를 해결하기 위한 에너지를 얻고 자기 자신에 대한 부정적인 평가에서 벗어나도록 도와준다. 이와 같은 방법은 클라이언트가 문제해결을 하는데 용기를 얻게 되고, 변화 동기가 강화되며, 긍정적 효과를 기대할 수 있다. 그러므로 사회복지사는 클라이언트가 스스로 깨닫지 못했던 자신의 장점을 알도록 도와주고, 또한 클라이언트가 문제해결에 필요한 기술을 적극적으로 찾아내어 활용하도록 도와주어야 한다.

(12) 클라이언트에게 필요한 외적 자원

사회복지사는 클라이언트에게 필요한 외적 자원을 알아내어, 클라이언트가 필요한 자원을 얻을 수 있는 자격과 과정에 대한 정보를 제공하여 자원과 클라이언트를 연결해주는 중재자, 사례관리자, 조정자 또는 옹호자의 역할을 할 수 있다.

3) 문제형성(문제규정)

문제형성이란 이제까지 얻은 정보를 분석하여 사회복지사가 전문적인 시각에서 문제를 판단하는 것이다. 즉, 클라이언트가 호소하는 문제와 욕구 그리고 욕구충족을 방해하는 요인들이 무엇인가를 탐색하여 문제의 정의를 내리는 것이다. 이와 같은 과정을 통해 목표 달성과 개입계획을 세우게 되는 것이다. 문제형성을 하기 위해서는 무엇보다도 충족되지 못한 욕구가 어떤 것인가를 발견해야 하고, 어떤 요인들이 클라이언트의 욕구충족을 방해하였는지를 고려해야 한다.

클라이언트가 제시한 문제를 충족되지 못한 욕구로 바꾸어서 재진술하고 클라이언트의 욕구가 무엇인지 분명히 규정함으로써 욕구를 충족시키지 못하게 하는 요인들이 무엇인지를 파악하여 문제형성을 통해 클라이언트를 도울 수 있다.

욕구의 의미는 인간이나 사회체계가 현존하는 상황에서 합리적인 기대에 맞게 기능하는데 필요한 것이며 이것들에는 기본적인 자원, 심리·사회적 발달 욕구, 인간관계상의 욕구, 적절한 역할 수행상의 욕구들이 포함된다. 결핍이란 욕구와는 구별되는 것으로 행동을 유발하는 강한 욕망으로 만족과 안녕을 증대시키기 위한 것이다, 이러한 결핍은 반드시 충족되어야만 하는 것은 아니다. 그러므로 결핍보다는 욕구가 인간생존에 더 기본적임을 나타내고 있다.

욕구가 분명히 규정되면 그 욕구를 충족시키지 못하고 있는 요인이 무엇인지 파악하여 문제를 형성하는 것이다.[6]

3. 사정도구

1) 개인 차원의 사정도구

클라이언트를 정확하고 폭넓게 이해하기 위해서는 클라이언트를 둘러싼 가족, 집단, 지역사회 등 사회환경에 대한 사정이 필요하다. 클라이언트들은 사회적 지지가 없거나 사회적 지지가 부족할 경우, 클라이언트의 문제를 효율적으로 해결하지 못하는 어려움이 초래되므로, 이들의 잠재적인 사회적 지지의 사정 및 확인이 필요하다.

클라이언트의 사회적 지지체계를 사정할 수 있는 도구로는, 사회지지망 목록(social support network inventory), 사회적 상호작용을 위한 면담계획표(interview schedule for social interaction), 인지된 사회지지망 목록(perceived social support network inventory), 사회적 관계망 그리드(혹은 격자, support network grid) 등이 있다.

특히, 사회적 관계망 그리드(격자)는 개인의 사회적 지지체계를 사정하는 도구이지만 가족을 사정하는 데도 사용된다. 즉, 사회적 관계망 그리드(격자)는 개인, 가족의 사회적 지지체계를 사정하는 도구라고 볼 수 있다. 분석의 대상 자체는 한 사람이지만 가족구성원 여러 명을 차례로 분석하면 가족에 대한 사정도 가능하기 때문이다. 그리고 사회적 관계망을 그림이나 표로 보여줌으로써 클라이언트의 관계망을 전체적으로 볼 수 있게 해준다.

사회적 관계망 격자는 클라이언트의 환경 범위에 있으면서 영향을 미치는 중요한 사람들 또는 체계를 말하며, 필요할 때 의지할 수 있는 사람 등을 의미한다. 또한 가족들은 이러한 사회적 관계망을 통하여 사회적 지지를 받는다.

사회적 지지망의 유형으로 첫째, 클라이언트를 둘러싼 지역사회에서 자존감과 소속감 및 유대감을 제공하는 것, 둘째, 지역사회 내 자원에 대한 정보와 문제를 이해하고 대처할 수 있는 지식과 기술을 제공해 주는 것, 셋째, 클라이언트와의 관계를 통한 어려움이 있는 사건에 대한 감정을 안전한 환경에서 표현할 수 있도록 정서적 지지를 제공하는 것, 넷째, 재정적 또는 물리적인 필수품이나 서비스를 제공하는 도구적 지지를 제공하는 것이 있다.

사회적 관계망 그리드(격자)에서 알 수 있는 정보는 사회적 관계망의 중요한 인물, 지지를 받는 생활영역, 지지의 특정 유형, 지지 정도의 중요성, 상호적 및 일방적 지지의 성격, 개인적 친밀감 정도 및 접촉 빈도, 알고 지낸 시간 등이다.

〈표 10-2〉는 사회적 관계망 그리드(격자) 예시를 표로 만들어 정보를 알도록 한 것이다.[7]

표 10-2 사회적 관계망 그리드(격자) 예시

		생활영역	물질적 지지	정서적 지지	친밀감	접촉 빈도	알고 지낸 기간
사회적 관계망에서 중요한 인물 (지지 제공자)		①가족구성원 ②다른 가족 ③직장/학교	①거의 없다 ②가끔 ③자주	①거의 없다 ②가끔 ③매우 자주	①거의 친하지 않음 ②가까운 정도 ③매우 친함	①1년에 서너 번 ②한 달에 한 번 ③매주 ④매일	①1년 이하 ②1년에서 3년 사이 ③3년 이상
비공식 체계	어머니						
	아버지						
	언니						
	이모						
공식적 체계	동아리 친구						
	후배						
사회적 자원체계	청소년 복지관						

• 클라이언트 이름: ○ ○ ○ · 조사일자: ____년 ___월 ___일

2) 가족 차원의 사정도구

가족 차원의 사정도구는 가족사정 범주, 가계도, 생태도, 생활력 도표 등을 들 수 있으며 그 내용은 다음과 같다.[8]

(1) 가족사정 범주

① 가족범주도식

가족범주도식(family categories schema)은 Epstein, Bishop & Levin(1978)의 연구를 기초로 하며 가족사회복지사가 가족들과 첫 만남 이후 가족의 기능수행을 사정할 수 있도록 고안한 도구이다. 다음의 〈표 10-3〉과 같이 8개 범주에 대하여 60개 항목의 자기보고(self-report) 형식의 설문으로 이루어져 있다.

표 10-3 가족의 범주들

범주 영역	내용
문제해결	가족은 정서적·육체적 안녕 또는 기능수행 단위로서 가족의 생존에 대한 위협에 어떻게 대처하는가와 관련이 있다.
정서적 반응	가족구성원은 가족 내에서 행복한 정서와 위급한 정서 모두를 다양하게 표출할 수 있는지에 관련된다.
정서적 관여	가족구성원은 서로의 활동과 관심에 어느 정도 정서적으로 관여하고 있는지에 관련된다.
의사소통	가족의 언어적·비언어적 의사소통을 관찰한다.
역할행동	가족이 매일 접하는 여러 종류의 압력, 과제, 의무를 파악한다.
자주성	가족구성원이 독립적으로 행동하고, 독자적이고 책임 있는 선택을 할 수 있는 능력과 관련 있다.
행동통제방식	행동 통제는 가족이 충격을 이겨내고, 표준 행동을 유지하며, 위협적인 상황에 대처하는 방식과 관련이 있다.
일반적 역할	가족구성원이 가족 내에서 수행하는 다양한 역할 등을 파악한다.

② 가족사정의 차원

가족사정의 차원을 보면, 가족이 제시하는 문제, 생태학적 사정, 세대 간 사정, 가족 내부에 대한 사정 등으로, 그 내용은 다음과 같다.

가. 가족이 제시하는 문제

- 가족은 제시하는 문제 혹은 욕구를 무엇으로 보는가?
- 누가 가족이 제시하는 욕구 혹은 문제를 인식하는가?
- 가족들을 둘러싼 환경체계들은 가족의 문제를 무엇으로 규정하는가?
- 다양한 가족구성원은 문제를 어떻게 규정하며, 가족구성원 간에 생각의 차이가 있는가?

나. 생태학적 사정

- 가족구성원과 환경체계 간의 경계는 어떠한가?
- 환경체계들과의 관계에서 개별구성원 간의 차이가 나는가?
- 가계수입, 음식, 거주지의 안전 등 가족의 기본적 욕구는 충족되고 있는가?
- 거주지역의 안전, 교육 및 보건의료자원, 교통과 통신에 대한 접근 등은 어떠한가?
- 이웃이나 친구, 지역사회와 의미 있는 상호교류를 하며 적응적 균형을 이루는가?

다. 세대 간 사정

- 확대가족과의 관계 등은 어떠한가?
- 해결되지 않은 세대 간 가족문제가 있는가?
- 사고나 죽음, 별거 등과 같은 주요 상실을 경험했는가?
- 가계도 분석을 통해 드러난 가장 중요한 가족 유형은 무엇인가?
- 여러 세대를 거치면서 반복되어 내려오는 가족의 유형이나 관계, 문제 등은 무엇인가?

라. 가족 내부에 대한 사정

- 가족 의사소통을 지배하는 규칙들이 있는가?
- 가족 외부와의 경계는 개방적인가? 아니면 폐쇄적인가?
- 가족구성원 간 경계는 밀착되었는가? 혹은 경직되었는가?
- 가족 내 하위체계들이 각각 적절한 기능과 역할을 하는가?
- 가족구조와 기능, 의사소통, 가치, 신념체계 등은 무엇인가?

- 언어적 의사소통의 내용은 무엇이며 비언어적 의사소통을 통해 어느 가족구성원과 관계성은 친밀하고 신뢰가 있는가?

(2) 가계도

① 가계도의 개념

가계도(genogram)는 3세대 이상에 걸친 가족구성원에 관한 정보와 그들 간의 관계를 도표로 기록하는 작성방법으로 이를 통해 클라이언트 가족이 갖는 문제점을 조사하고 해결책을 모색하게 된다. 즉, 사회복지사와 가족구성원이 세대 간에 전승되어 내려오는 정서적이고 행동적인 패턴을 탐색하는 데 유용한 도구이다.

또한 가족계보를 중심으로 그 가족의 2~3세대 이상에 관한 정보를 보여주는 것으로서 결혼이나 별거, 이혼, 질병, 사망 등 중요한 생활 사건이나 인종, 민족, 종교, 직업 등 인구 사회학적 특성이 표시되어 있다. 즉, 가계도는 특정 기간의 클라이언트 가족의 역사와 그 과정에서의 주된 사건을 한눈에 볼 수 있게 해주는 사정도구로 여러 세대에 걸친 정서적 과정의 결과물을 반영하며, 살아 있는 유기체의 변천, 즉 다세대 가족을 평가한다.

가계도를 통해 가족과 함께 탐색할 수 있는 여러 가지 정보들을 획득할 수 있다. 가족관계를 간단한 그림으로 표현하여 원 가족과의 융합문제, 미분화 문제, 핵가족 정서적 체계, 정서적 단절, 삼각관계 등 가족 유형을 파악할 수 있게 해준다. 특히 면접 초기에는 수차례의 면접을 통해 정보를 수집하는 것보다 가계도를 그리고 해석하는 것이 가족의 장점뿐만 아니라 가족의 스트레스나 불안, 고통을 이해하는 데 더 도움이 될 수 있다. 또한 가계도를 그려 보는 것은 그 가족의 가족문제에 이바지하는 중요요인과 가족 패턴을 알 수 있어 가족 전체에 대한 이해와 통찰력의 향상을 꾀할 수 있다. 그리고 가계도는 종이와 필기도구를 사용하는 평가도구로서 상징적 기호들로 구성되며 가족에 관한 정보는 짧게 기술되는 것이 기본이다. 사회복지사는 가계도를 작성하고 해석하기 위해서 여러 가지 기호들을 익숙하게 활용하고 해석할 수 있는 기술이 있어야 한다.

② 가계도 작성방법 및 순서

가. 가계도 작성방법

보통 여성은 원으로, 남성은 네모로, 네모나 동그라미의 이중 테두리는 개인 클라이언트로 표시한다. 동일 세대의 가족구성원은 수평선으로 그리는데, 수평선은 결혼이나 관습법적 관계를 표시하며 결혼하여 생긴 자녀는 부모의 수평선 바로 밑에 수직선으로 연결한다.

수직선은 결혼 및 자녀를 나타내는 다른 원과 사각형에까지 연장해서 그리는데, 자녀는 연장자부터 연소자로 나이 순서에 따라 왼쪽부터 오른쪽으로 나열한다. 각 개인은 현재 그 가정에서 살고 있는지 생존자인지와 무관하게 가계도 상에서 명확히 필요한 지점에 표시되어야 한다. 또한 가족구성원의 이름과 연령은 네모나 원 안에 표기한다. 바깥쪽에 중요한 정보들을 '입원', '학교중퇴', '병원 입원' 등과 같이 문자로 기록한다. 가족구성원이 사망하였다면 사망 연도, 사망 나이, 사망 원인 등을 기록한다. 사망, 이혼 및 재혼 등과 같은 중대한 사건을 표시하고 재발한 행동 양식을 나타내기 위한 다른 기호 또는 문자해설을 포함한다. 그리고 가족원이 가계도 그리는 것에 거부감을 보이면 이를 존중해주어야 한다. 그러나 반드시 가계도가 필요한 경우, 가족과의 신뢰관계 안에서 이들의 허락을 받는 것이 무엇보다도 중요하다.

나. 가계도 작성순서

가계도 작성순서를 보면, 먼저 가족의 구조 도식화로, 각자의 가족구성원이 한 세대에서 다음 세대까지 생물학적, 법적으로 어떻게 관련되어 있는지를 도표로 묘사한다. 둘째, 가족구성원에 대한 정보기록으로, 기록은 가족구성원의 이력(나이, 출생, 사망 시기, 형제 서열, 결혼 상태, 직업 등)을 기록하고 중요한 생활상의 사건에 대해서는 과도기, 인간관계의 변화, 이사 등을 기록한다. 셋째, 가족관계 기록으로, 가족이 진술한 내용과 사회복지사의 관찰에 근거하여 가족구성원의 관계를 다양한 기호로 표현한다.

다음의 [그림 10-1], [그림 10-2], [그림 10-3]은 가계도의 표준기호 및 가계도의 예시들이다.

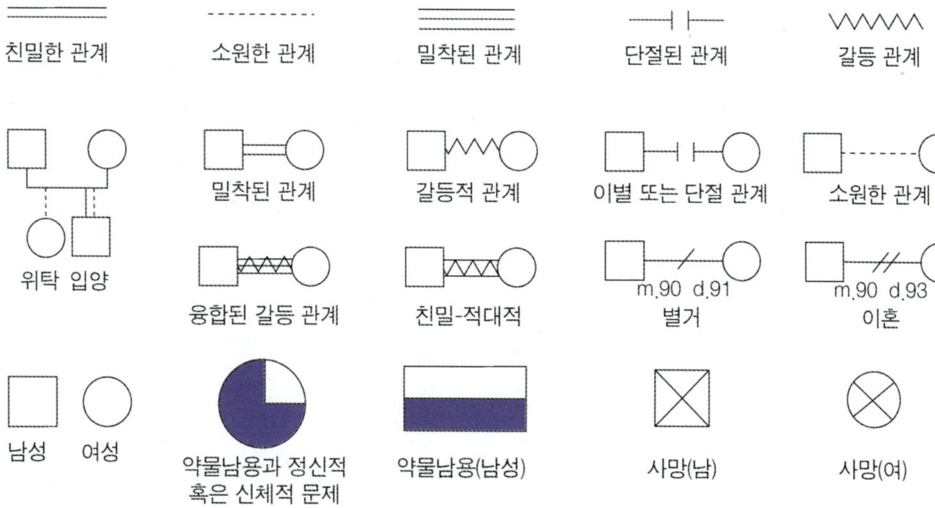

그림 10-1 가계도의 표준기호

출처: 이영실 외, 2014. 재인용

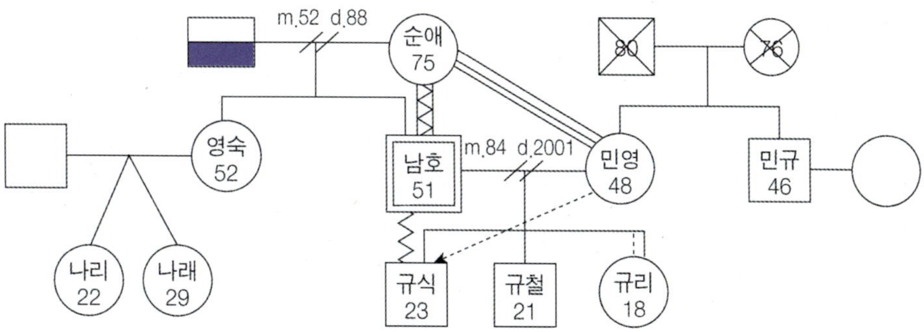

그림 10-2 가계도의 예시

출처: 이영실 외, 2014. 재인용

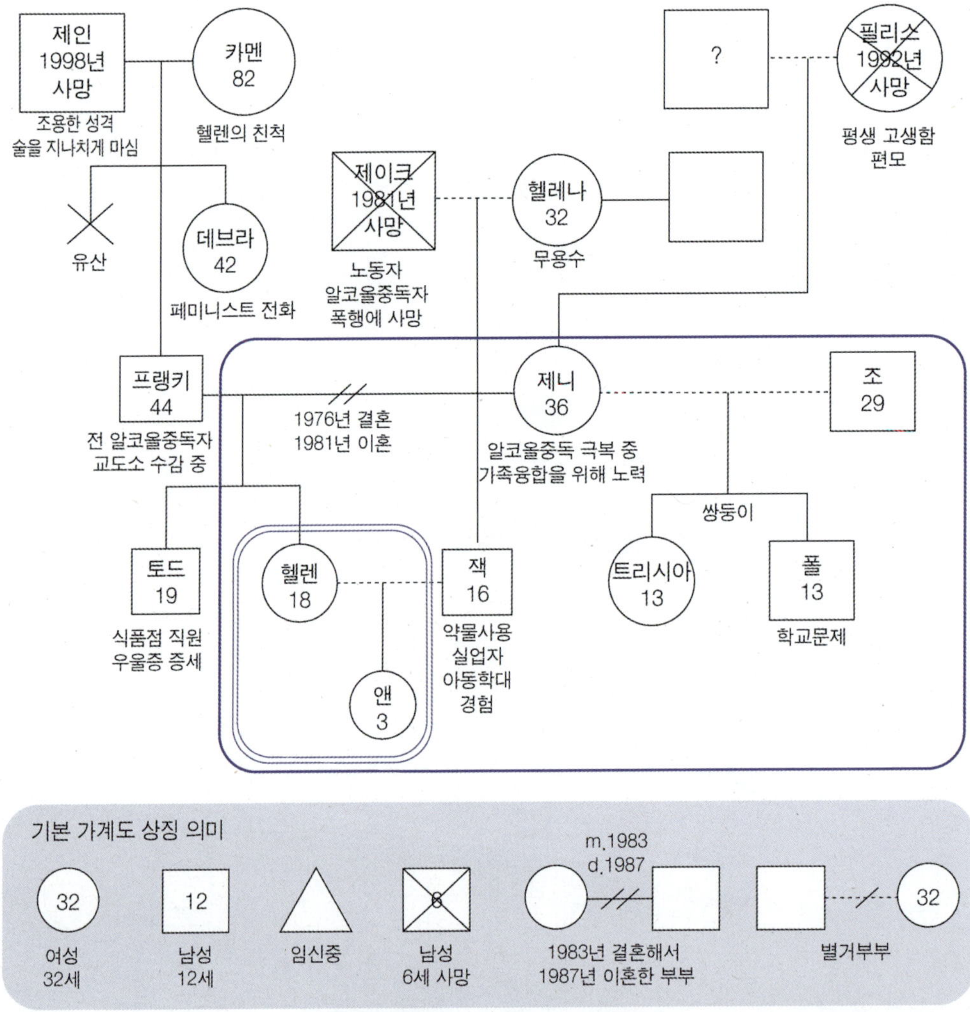

그림 10-3 4세대 가계도의 예시

출처: 이영실 외, 2014. 재인용

(3) 생태도(생태지도)

① 생태도의 개념

생태도(ecomap)는 1975년 Ann Hartman에 의해 개발된 것으로 가족과 가족생활 공간에 있는 사람과 기관 간의 연계 등을 그림으로 나타낸 사정도구이다. 생태도는 클라이언트의 상황에 의미 있는 체계들과의 관계를 그림으로 표현함으로써 특정 문제에 대한 개입계획을 세우는데 매우 유용한 도구이다. 가계도와 마찬가지로 클라이언트와 사회복지사가 함께 그리고 논의할 때 좋은 개입 효과를 얻을 수 있다.

생태도는 환경 속의 인간에게 초점을 두기 때문에 클라이언트를 생태학적인 관점에서 이해하는 데 도움이 된다. 즉, 생태도는 클라이언트의 양육환경과 유지환경의 종류와 관계의 질, 그리고 체계 사이의 에너지의 흐름을 보여줌으로써 가족에 대한 현재 지역사회자원이나 체계들의 영향과 상호작용의 변화를 보여준다. 생태도는 가족이 지역사회에서 얼마나 많은 외부체계와 관계를 맺고 있는지, 고립의 정도는 어떠한지, 관계의 질은 어떠한지를 보여줌으로써 가족 내부에 대한 이해와 함께 외부와의 연결과 적응 정도를 파악할 수 있게 해준다.

개입 초기에 가족을 사정하는 도구로 활용할 뿐만 아니라 변화를 확인하는 도구로 반복해서 사용할 수 있는 데 이를 연속생태지도라고 한다. 사회복지사가 생태도를 작성하고 분석하는 과정에서 무엇보다 중요한 것은 모든 작업을 가족과 함께해야 한다는 것이다. 즉, 사회복지사가 일방적으로 생태도를 작성하고 이에 대해 가족에게 설명하는 것이 아니라 가족과 함께 생태도를 작성하고 가족이 먼저 분석하도록 격려해야 한다. 사회복지사가 분석할 때에는 가족의 피드백을 계속 구하고, 가족의 결핍, 문제보다는 강점을 언급할 필요가 있다.

② 생태도 작성방법

생태도 작성방법은 다음과 같은 순서에 의해 작성한다.

첫째, 가족을 표현하는 원을 중앙에 그려 클라이언트와 그 가족을 표시한다.

둘째, 가족이 일상적으로 상호작용하는 관련된 주변 환경체계(직장, 병원, 학교, 친구, 사회복지, 오락, 확대 가족구성원, 보호관찰소 등)는 중심원 주변에 각각의 원으로 표시한다.

셋째, 클라이언트와 가족체계를 포함한 모든 체계 간의 상호교류, 즉, 관계의 성격과 자원의 흐름을 특정 기호로 표시한다.

넷째, 클라이언트의 가족생활에 영향을 미치는 환경체계들을 중앙원의 주변에 배치한다.

다섯째, 가족과 환경체계의 관계를 다양한 선으로 표현한다.

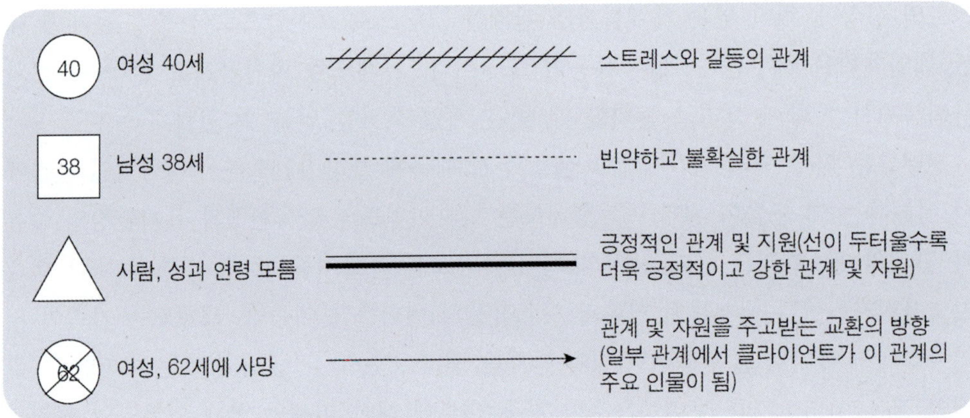

그림 10-4 생태도에서 흔히 사용하는 기호

출처: 이영실 외, 2014. 재인용

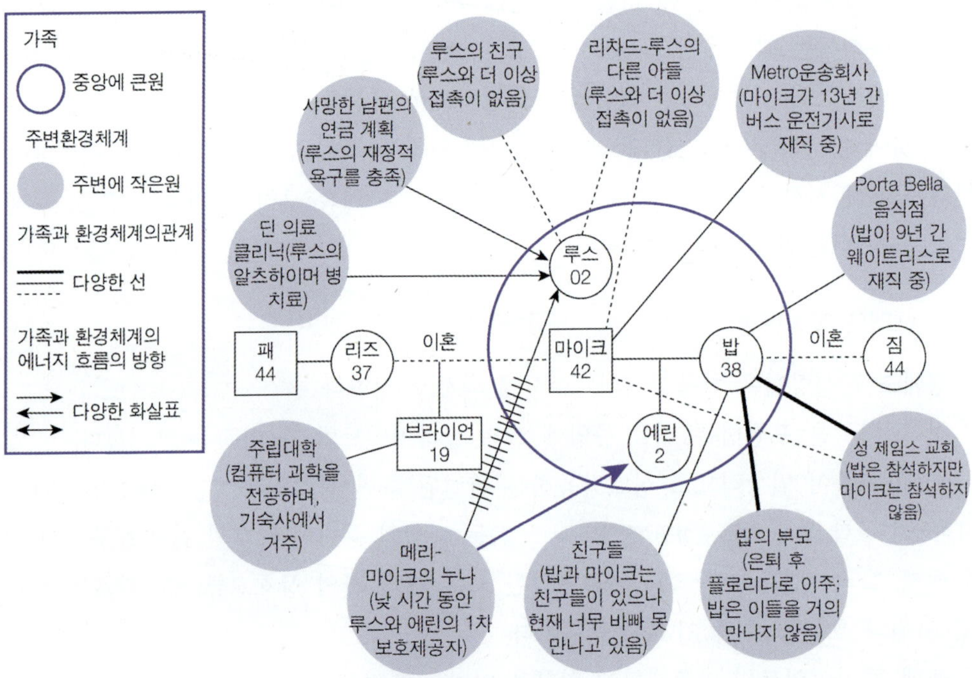

그림 10-5 생태도 예시

출처: 이영실 외, 2014. 재인용

(4) 생활력 도표

생활력 도표(Life Chronology)는 클라이언트의 생애동안 발생한 사건, 문제의 발전과정을 사정하는 데 쓰이는 사정도구로, 가족구성원의 삶의 중요한 사건을 시계열적으로 나열하거나 삶의 시기별로 중요한 문제의 발전과정을 표나 그래프로 나타내는 것이다. 이렇게 함으로써 클라이언트의 현재 기능수행에 영향을 미치는 발달단계상 특정시기의 생활경험을 이해하는 데 도움이 될 뿐만 아니라 가족의 다양한 시기의 자료를 조직화하여 표현한다. 그리고 다양한 출처를 통해 얻은 자료(면접, 기관기록, 병원기록 등)를 종합하여 정리할 수 있다.

이러한 생활력 표를 사용함으로써 문제행동의 원인에 관한 가설을 세우고 개입지점의 초점을 잡는 데 도움을 줄 수 있다(〈표 10-4〉 참조).

표 10-4 생활력 도표의 예시

연도	연령	주거지	가족 상황	학교	건강	활동	문제
1984	출생연월일 84-2-23	서울	부 26 모 24		정상 출생		
1985	1						
1986	2		영희 출생				
1987	3	대전			천식, 3회 입원		
1988	4						
1989	5	수원	철수 출생	유치원 입학	천식, 3회 입원		
1990	6						
1991	7		부의 음주량 증가	초등학교 입학	교통사고, 다리 골절		학교를 싫어함, 자주 아픔

〈클라이언트: ○○○, 37세(2021년 1월 현재)〉

3) 집단차원의 사정도구

집단사회복지실천 상황에서, 혹은 클라이언트가 집단체계인 경우, 사회복지사는 집단 자체에 대한 사정과 집단에 속한 개별성원, 그리고 집단 환경에 대해 사정을 한다.

사정은 어떤 특별한 단계에서만 수행되는 것이 아니라 개입과정 전반에 걸쳐 이루어지기 때문에 집단을 사정할 때도 집단을 준비하는 준비단계에서부터 집단이 종료될 때까지 사정은 지속하며 집단의 발달단계마다 사정이 조금씩 달라진다. 다음은 집단 차원의 주된 사정도구인 집단성원 및 전체에 대한 사정, 소시오그램(사회도)에 관한 내용이다.[9]

표 10-5 집단발달 단계 별 사정의 특징

초기단계	집단과 구성원의 기능수행에 대한 체계적 사정
중기단계	초기의 사정내용에 대한 타당성을 검토하여 그 성공 여부에 기반을 두고 개입계획수정
말기단계	집단 및 구성원의 기능 달성정도를 사정, 추가적인 개입이 필요한 영역에 주목

(1) 집단구성원과 전체에 대한 사정

집단구성원을 사정할 때는 성원의 자기관찰(자기모니터, 도표, 기록지나 일지), 사회복사의 관찰(자연스럽고 일상적인 상황관찰, 역할극, 소시오드라마, 사이코드라마, 모의검증 등), 외부전문가의 보고(집단 외부의 사람에 의한 보고서나 정보 등), 표준화된 사정도구(우울증 진단 척도, 자존감 척도, 부모-자녀관계 측정 척도, 스트레스 척도, 자기존중감 척도 등) 등이 요구된다. 집단전체 기능에 대한 사정에는 다음과 같은 세 가지 측면을 사정해야 한다.

① 의사소통과 상호작용 유형

구성원들이 의사소통과 상호작용을 어떻게 하는지 사정한다. 집단 초기단계에 형성되는 이러한 유형을 사정함으로써 사회복지사는 잠재적인 문제를 예측하고, 성원 간 의사소통을 촉진하며, 집단의 목표나 개별구성원의 목표성취를 도와주는 중요한 정보를 알게 한다.

② 응집력

집단 초기단계에서 성원들은 다양한 이유로 집단이나 성원 상호 간에 매력이나 끌리는 감정을 느낀다. 그리고 응집력이나 집단 매력을 측정하는 도구로는 소시오그램

(사회도, sociogram)이 있는데, 소시오그램을 잘 활용하면 하위집단이 형성되어 있는지도 알 수 있다.

③ 사회적 통제와 집단문화

사회적 통제는 일반적으로 규범이나 역할, 지위, 위계 등과 관련되는데, 이는 집단에 영향을 미칠 수 있으므로 사정이 필요하다. 그리고 집단의 규범, 문화 등은 사회복지사가 성원 개인이나 상호작용 등을 관찰해서도 파악할 수 있다.

(2) 소시오그램(사회도)

소시오그램(사회도, sociogram)은 상징을 사용해서 집단 내 구성원 간에 상호작용을 표현하는 그림으로 구성원간의 개인적 수용과 거부 및 집단 내의 대인관계를 평가하는데 사용하는 기법으로 Moreno와 Jennings(1950)가 개발한 방법이다.

소시오그램 역시 생태도처럼 개입과정에서 변화를 측정할 때 여러번 그려서 비교해봄으로써 집단의 특징적 상호작용과 대인관계 유형의 변화를 파악할 수 있다. 뿐만 아니라 집단구성원의 행동을 관찰만으로는 파악하기 어려운 집단 내의 소외자, 2인군, 3인군, 결탁, 경쟁관계, 경쟁적 연합, 하위집단 등을 소시오그램을 통해 파악할 수 있어 유용하다. 단, 소시오그램은 집단 내의 비공식적 구조 내에서의 개인의 지위는 파악할 수 있지만, 구성원의 실제 행동을 나타낼 수 없다는 점과 집단과정의 어느 주어진 순간만을 포착하고 있어 관찰 및 사정의 수단으로 사용하기에는 편리하지만, 그 현상의 이유를 설명하지 않기 때문에 치료나 개입을 결정할 때 이용하기에는 적당치 않다.

소시오그램을 통해서 알 수 있는 정보로는 첫째, 집단성원의 성별, 구성원 간의 친화력과 반감의 유형과 방향(일방적인지 쌍방향인지), 둘째, 집단 내 하위집단 형성 여부, 소외된 성원 여부, 삼각관계 형성 여부, 연합 등 파악, 셋째, 집단구성원이 서로 가지고 있는 감정이나 태도를 바탕으로 하여 구성원 상호 간의 선택, 거부, 무관심 등의 관계성 파악, 넷째, 결속의 강도(친밀한 성원끼리는 가깝게, 소원한 성원은 멀게)를 알 수가 있다.

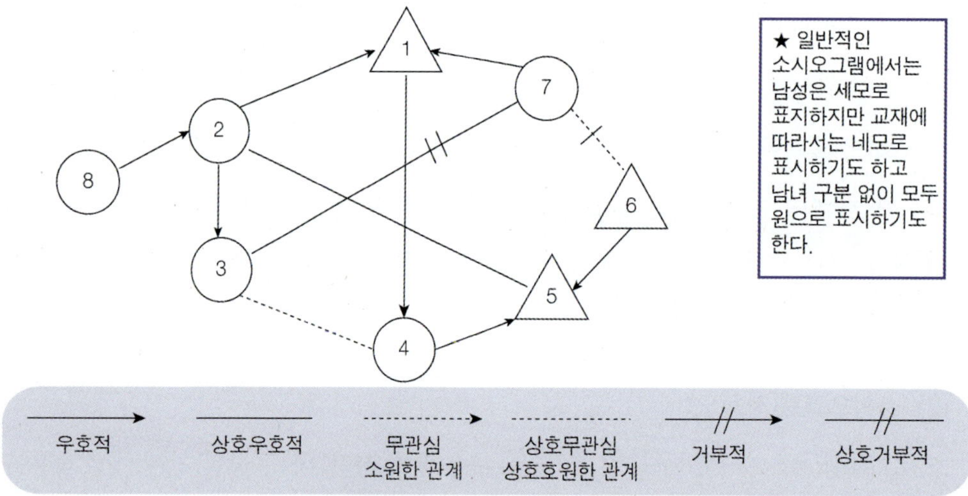

★ 일반적인 소시오그램에서는 남성은 세모로 표지하지만 교재에 따라서는 네모로 표시하기도 하고 남녀 구분 없이 모두 원으로 표시하기도 한다.

그림 10-6 소시오그램(사회도)의 예

출처: 이영실 외, 2014. 재인용

제 11 장 계획단계

1. 개입목표 설정단계

1) 계획단계

계획단계는 자료수집과 클라이언트의 문제와 상황에 대한 일차적 사정이 마친 후 실질적인 문제해결과정이 시작되는 단계로, 사회복지사와 클라이언트는 표적문제를 선정하고 개입목표를 설정하며, 이를 달성하기 위한 구체적인 계획을 수립한다.

계획단계과정을 보면 다음과 같다.[1]

(1) 1단계: 클라이언트와 함께하기

- 클라이언트의 욕구와 기대를 명료화하기 위하여 클라이언트와 대화를 나눈다.
- 클라이언트를 모든 과정에 참여시킴으로써 동기화시킨다. 이 과정에서 클라이언트의 자기결정권을 존중해야 한다.

(2) 2단계: 문제의 우선순위 정하기(표적문제 선정)

- 클라이언트는 자신에게 문제가 있다는 것을 인정해야 한다.

- 문제는 이해 가능한 말로 분명하게 규정해야 한다.
- 문제에 대한 대처는 현실적으로 가능한 것이어야 한다.
- 사회복지사와 클라이언트는 문제의 우선순위를 정하고 우선 해결할 문제(표적문제)를 선정하고 합의한다.

(3) 3단계: 목적 설정하기

- 목적은 개입의 필요성, 즉 왜 개입을 해야 하는지를 분명하게 해준다.
- 명료하게 진술된 목적은 개입의 성공 여부를 평가하기 수월하게 한다.

(4) 4단계: 목적을 목표로 구체화하기

- 목적은 목표보다 광범위하고 추상적인 개념으로서 목표들을 달성함으로써 목적이 이루어질 수 있다. 목적이 설정되고 나면 목적 달성 여부를 측정할 수 있는 형태인 목표로 구체화한다.
- 목표에는 누가, 언제, 무엇을 수행할 것인지 달성 정도를 어떻게 측정할 것인지를 구체화하여 표현해야 한다.

(5) 5단계: 계약을 공식화하기

- 사회복지사와 클라이언트 간에 개입과정에 관해서 합의를 이루는 것을 계약이라고 한다.
- 계약의 내용으로는 목적, 목표, 개입 기간, 역할, 시간 등이 포함된다.

2) 개입목표

개입목표에서는 설정과정, 표적문제, 개입목표 설정 등 내용이 포함되어야 하는데, 그 내용은 다음과 같다.[2]

(1) 개입목표 설정 과정

사회복지실천과정은 계획된 변화를 유도하는 과정이다. 계획된 변화라는 것은 우연에 의해서 발생하는 것이 아니라 예측 가능한 변화를 일으키기 위해 계획을 세우고 의도적인 행동을 했다는 것이다. 또한 사회복지실천과정에서는 개입단계 동안 변화를 일으키기 위해서는 목표가 설정되어야 하는데, 개입목표를 설정하기 전에 표적 문제의 선정이 이루어져야 한다. 즉, 문제형성은 사정 단계이고, 표적 문제선정 및 개입목표설정은 계획수립단계라고 할 수 있다.

목표는 클라이언트의 상황에 부응하는 요구와 욕구를 토대로 한 바람직한 변화이다. 사회복지사와 클라이언트가 목표를 선택하고 설정하는 단계별 과정은 다음과 같다.

① 클라이언트의 준비된 정도를 판단한다.

클라이언트의 문제가 충분히 파악되었다고 판단되면 사회복지사와 클라이언트가 목표를 협상할 준비가 되었는가를 판단하는 것이 적합하다.

② 목표를 설정해야 하는 이유를 설명한다.

목표를 정해야 하는 이유를 설명하는 것은 클라이언트가 문제해결 과정에서 목표의 중요성을 이해하고 긍정적으로 반응하는 데 매우 중요하다.

③ 적절한 목표를 함께 선택한다.

클라이언트가 목표를 확인하는 데 어려움을 겪는다면 문제사정 과정에서 파악한 문제와 요구를 참고하게 하여 클라이언트가 생각할 수 있게 돕고 변화에 대해 정중하게 제안할 수 있을 것이다.

④ 목표를 명확하게 규정한다.

목표를 선택한 후에는 목표를 명확하게 규정하고 클라이언트의 요구에 따른 변화의 범위를 결정함으로써 목표를 정교하게 하는 단계로 넘어갈 수 있다. 목표가 광범위하게 표현되었다면 구체성을 높이는 바람직한 변화의 범위를 결정해야 할 것이다.

⑤ 목표의 실현 가능성, 잠재적 이득, 위험에 대해 논의한다.

클라이언트는 잠재적 위험에 대해 알 권리가 있고 사회복지사가 이러한 의무를 무시한다면 소송의 여지가 있다. 그러므로 사회복지사는 목표 달성에 따른 위험의 소지를 클라이언트에게 확인시켜 줄 의무가 있으며, 클라이언트에게 예상되는 위험에 관해 질문해 보는 것도 중요하다.

⑥ 특정 목표에 대한 잠재적 결과 측정 및 그 목표 달성을 노력한다.

클라이언트가 특정 목표의 달성을 위해 노력할 준비가 되었다는 의사를 표시하는 경우에는 다음 단계로 진행하지만, 클라이언트가 자신의 상황과 조건에 대해 의문을 제기하면서 동요하는 경우에는 클라이언트의 염려를 수용하고 목표 설정을 잠시 미루는 것이 바람직하다.

⑦ 클라이언트의 의견에 따라 목표의 우선순위를 결정한다.

클라이언트가 목표를 수립하고 노력하기로 한 후에는 목표 사이의 우선순위를 정해야 한다. 이 단계에서 클라이언트의 책임과 참여를 최대화하면 목표달성에 대한 클라이언트의 의욕을 향상할 수 있을 것이다. 클라이언트가 둘 이상일 때 목표에 대해 구성원마다 우선순위가 다를 수 있으므로 구성원 모두와 관계있는 목표를 정하는 것이 바람직하다.

(2) 표적문제

표적문제란 사정과정에서 밝혀진 여러 가지 복잡한 문제 중에서 가장 중요하고 시급히 해결해야 할 문제라고 할 수 있다. 클라이언트의 문제는 여러 가지 요소들이 복합적으로 얽혀있으므로 여러 가지 문제 중에서 클라이언트에게 가장 중요하고 시급히 해결해야 할 문제를 선정해야 한다. 따라서 개입목표를 설정하기 위해서 가장 먼저 해야 할 것은 표적문제를 찾아내는 것이다.

표적문제 선정 시, 클라이언트가 중요하게 생각하고 시급히 해결되기를 바라며 문제 상황을 대표하고 해결이 어느 정도 가능한 명백한 문제로 선정한다. 또한 표적문제가 너무 많으면 계획된 시간 안에 해결하기가 어렵고 주어진 시간 안에 여러 문제들을 다루기가 어려우므로 2~3가지 정도만 선정하는 것이 좋다. 따라서 사회복지사와 클라이언트 간 협의가 중요하며 양자가 모두 해결하기를 바라는 합의된 문제를 표적문제로 선정해야 한다. 어느 한 편만의 의견을 따라 정하면 안 된다.

(3) 개입목표 설정

① 개입목표의 의미

목표설정은 사정과 직접 연결되어 있다. 원조과정에서 목표설정 의미를 살펴보면, 첫째, 사회복지사와 클라이언트가 달성하고자 하는 목표에 대하여 서로 합의하고 확인하게 해주며 둘째, 적절한 개입전략과 개입방법의 개발과 선택을 쉽게 해준다. 원조과정이 방향성과 지속성을 잃지 않도록 불필요한 혼란을 방지해 준다. 셋째, 사회복지사와 클라이언트가 변화의 진전수준을 점검할 수 있게 해주며 넷째, 구체적 개입방법과 원조과정의 효과성을 평가하는 데 기준이 된다.

② 목표설정의 중요성

변화가 필요한 부분과 변화를 일으키기 위한 방향을 명확히 제시함으로써 개입단계 동안 클라이언트가 당황하거나 혼돈하지 않도록 도와준다. 목표설정이 중요한 이유는 개입이 종결된 후 그 결과를 효과적으로 평가 할 수 있는 근거가 되기 때문이다. 따라서 목표설정이 중요한 이유는 클라이언트가 참여함으로써 변화의 의지가 커지며 원조과정에 효과적으로 참여하게 되기 때문이다.

③ 목표설정의 지침

클라이언트를 돕는 원조가 성공적으로 종결되기 위해서는 목표를 잘 설정하는 것이 매우 중요하다. 목표를 잘 설정하기 위해서는 몇 가지 유의해야 할 점이 있다. 목표설정에 있어 유용한 지침을 Hepworth와 Larsen(1986)은 다음과 같이 기술하고 있다.

가. 목표는 반드시 클라이언트가 원하는 결과와 연결되어야 한다.

목표가 클라이언트가 바라는 바와 연결되어야 한다는 것은 목표 속에 클라이언트의 바람이 반영되어야 한다는 것이다. 그렇게 되어야 클라이언트가 동기를 가지고 목표를 달성하고자 하는 노력을 하게 될 것이다. 사회복지사에 의해 일방적으로 설정된 목표는 클라이언트의 협조를 얻기 힘들고 클라이언트의 저항이나 조기종결문제가 따르게 된다.

나. 목표는 명시적이며 측정 가능한 형태로 진술되어야 한다.

목표가 측정 가능한 형태로 명백하게 제시되어야 하는 이유는 변화하고자 하는 바가 무엇인지 분명할 때만이 그 결과를 주관적 판단이 아닌 객관적 관찰로 평가할 수 있기 때문이다.

다. 목표는 현실적으로 달성 가능한 것이어야 한다.

클라이언트는 문제가 발생하면 일단 스스로 문제를 해결하고자 하는 노력을 하지만 대부분의 노력이 실패하여 좌절된 상태에서 사회복지사를 찾아오게 된다. 따라서 목표는 적더라도 달성 가능한 것으로 하며, 목표 달성을 통해 클라이언트가 성취감을 느껴 문제해결 능력이 향상될 수 있도록 해야 한다.

라. 목표는 사회복자사의 지식과 기술에 상응하는 것이어야 한다.

목표가 반드시 사회복지사의 지식과 기술에 상응해야 한다는 것은 사회복지사의 지식과 기술 내에서 목표 달성이 가능해야 한다는 것이다. 만약 사회복지사의 능력 밖이라면 지도 감독을 통해 목표에 접근할 수 있어야 하고 그렇지 않으면 자격이 되는 다른 전문가에게 의뢰해야 한다.

마. 목표는 성장을 강조하는 긍정적 형태여야 한다.

목표가 성장을 강조하는 긍정적 형태여야 한다는 것은 '.....하기'로 진술되어야 한다는 것을 의미한다. 즉, '비난하지 않기'보다는 '칭찬하기'로 한다는 것이다. '......를 하지 않는 것'은 문제행동의 상식을 의미하지만 '......를 하는 것'은 긍정적 행동을 얻는 것을 의미한다. 잃는 것 보다 얻는 것이 변화의 동기를 더 많이 제공하게 된다.

바. 목표가 사회복지사의 중요한 권리나 가치에 맞지 않는다면 동의하지 않아야 한다.

아무리 가치나 권리가 개인적이라 할지라도 클라이언트의 요구사항이나 목표가 근본적으로 사회복지사의 가치나 권리에 맞지 않아 받아들이기 어려운 것이라면 동의해서는 안 된다.

사. 목표는 반드시 기관의 기능과 일치해야 한다.

사회복지사가 기관의 조직 내에 있는 한 사회복지사의 변화노력은 기관의 기능과 일치해야 한다. 만약 일치되지 않을 때 다른 기관으로의 의뢰를 생각해야 한다. 문제의 탐색과 클라이언트의 결핍은 때로는 기관의 기능과 부합되지 않은 변화목표일 때도 있다.

예를 들면 가족서비스 기관에서 부부 문제를 탐색한 결과 그 부부의 일차적 욕구는 직업적인 상담과 관련된 것이 명백하다. 그러므로 서비스는 그 기관에서 제공될 수가 없다. 이와 같은 사례는 다른 기관에 의뢰하여 필요한 서비스를 클라이언트가 받도록 원조하는 것이 적절하다.

위에서 제시한 지침대로 목표설정이 잘 되었을 때도 목표가 다양한 경우에 우선순위를 정하여 목표를 정하는 것이 바람직하다. 예를 들면 우선순위에 들어갈 목표내용을 보면 첫째, 클라이언트에게 가장 시급한 문제인 경우, 둘째, 가장 단기간에 성취하여 만족감을 느낄 수 있는 경우, 셋째, 클라이언트가 목표 달성을 위해 최선을 다하는 동기가 있는 경우, 마지막으로 기관의 기능에 적합하고 사회복지사의 능력에 따른 달성 가능한 경우이다.

최근에는 다양한 욕구를 가진 클라이언트가 증가함으로써 사회복지사는 다양한 목표에 개입할 경우가 허다하다. 다양한 목표에 개입할 때는 가능하면 우선순위가 높고 달성 가능한 것부터 개입한다. 어떤 목표는 달성과 동시에 부수적으로 또 다른 목표 달성이 가능한 것도 있으며, 두 가지 목표를 동시에 달성하기도 한다.

④ 개입목표설정의 우선순위

개입목표설정의 우선순위를 보면, 클라이언트에게 가장 시급한 문제, 단기간에 달성할 수 있어 성취감을 느낄 수 있는 것, 클라이언트에게 다른 목표에 도전할 수 있는 동기를 부여하는 것, 사회복지사의 능력과 기관의 기능상 무리 없이 달성할 수 있는 것 등이다.

⑤ 목적과 목표 구분하기

목적과 목표를 정확히 구분해야만 개입목표설정에 효과성을 가져 올 수 있다. 목적과 목표를 다음과 같이 구분하고자 한다.

가. 목적

목적(object)은 개입의 노력을 통해 얻고자 하는 장기적이고 궁극적인 결과이며 해결책을 제시하는 방향이며 목표보다 광범위하고 추상적인 개념으로, 단기적인 개입목표들이 달성됨으로써 이루어질 수 있다. 사회복지실천과정에서 목적은 클라이언트의 '복지'나 '삶의 질 향상'이라고 할 수 있고, 이러한 목적은 단기적 개입목표들이 달성됨으로써 이루어질 수 있다.

또한 목적이란 클라이언트가 달성하기 원하는 것들을 상세히 기록한 부분들이다. 목적의 근본은 문제를 탐험하고 사정하면서 밝혀진 클라이언트의 욕구와 결핍에 부합되기 위해 클라이언트의 삶의 상황을 바람직하게 변화시키는 것이다. 그리고 목적은 목표의 상위개념으로 사용하고 있다. 따라서 목적이란 일반적인 개별적 목표와 계속적이거나 전진적 목표로 구분할 수 있다.

나. 목표

목표(goal)는 목적을 세분화한 것으로 단기적이며 구체적이라는 점에서 목적과 구별되며 사정 과정에서 문제와 욕구를 정의하고 문제에 영향을 미치는 요인을 분석한 것을 근거로 설정되는 것이다. 또한 목표는 '문제가 해결된 상태' 또는 '개입을 통해서 일어나기를 바라는 변화'를 의미한다. 즉, 어떤 상태로의 변화가 가장 바람직한가가 목표이며 사회복지사와 클라이언트는 반드시 합의된 목표를 창출하여야 한다.

목표를 잘 설정하는 일은 클라이언트의 문제해결 성공 여부가 달린 만큼 매우 중요한 과정이다. 또한 목표는 사정 과정에서 규명되었던 클라이언트의 문제를 해결하고 욕구를 충족시키는 데 필요한 변화를 구체화한 것이다. 그리고 목표가 불일치한 상태에서의 사회복지실천과정은 사회복지사와 클라이언트 모두에게 만족스럽지 못한 결과가 된다. 사회복지실천과정의 목표영역으로 관계유지, 구체적 행동 변화, 관계변화, 방향 변화로 나누기도 하고 또는 필요한 자원을 얻는 것, 주요 결정을 하는 것, 환경변화로 설명하기도 한다.

개별적인 목표란 해결하거나 개선될 이전의 행동이나 변화를 의미한다. 예를 들면, 공적 부조나 의료보호와 같은 필요한 자원획득, 장래에 아이를 가질 것인지 또는 입양을 할 것인가와 같은 중요한 의사결정, 또는 환경을 변화시키는 것 등이다. 또한 계속된 목표란 계속적이고 반복적인 활동, 그리고 진전되는 것으로서 결과적으로 목적이 증가되는 것을 포함한다. 예를 들면, 갈등을 효과적으로 관리한다든가, 감정을 표현하고, 자신의 권리를 주장하고, 자녀들과 한계점을 설정하고, 분노를 조절하고, 집단토론에 참여시키는 것을 포함한다.

사회복지실천과정에서 목표설정이 중요한 이유는 사회복지사와 클라이언트에게 개입과정의 방향을 명확하게 제시하여 방황 없이 진행할 수 있도록 도와주고 개입이 끝난 후에도 그 결과를 효과적으로 평가해 줄 수 있기 때문이다.

2. 계약단계

1) 계약의 개념

계약이라는 용어는 서비스 계약, 서비스 동의(합의)라는 용어로도 함께 사용된다. 일부에서는 사회복지실천에서 사용되고 있는 계약서가 법적인 의미를 지니지 않아 오히려 오해와 갈등을 일으킬 수 있다는 점과 서비스 제공자가 계약서를 사용함으로써 클라이언트로 하여금 서비스 제공자가 감정이입이라는 서비스의 중요한 요소를 사용하는 전문직이라는 생각을 갖지 못하게 한다는 점 등을 들어, 계약이라는 말보다는 보다 포괄적인 의미가 있는 동의, 합의라는 용어가 더 적합하다는 의견을 제시하고 있기도 하다. 그 용어가 무엇이든 간에 사회복지실천 계획에 대해 분명하게 합의하는 과정은 다음의 기능수행 측면에서도 필요하다 하겠다.

계약이란 목표설정과 문제의 정의, 목표, 클라이언트와 사회복지사의 역할, 시간, 장소, 비용, 개입기법, 평가방법 등에 대해 사회복지사와 클라이언트가 동의하는 것이다. 즉, 목표달성과 그것을 달성하기 위한 전략, 역할, 개입, 평가방법 등을 구체적인 활동용어로 기술한 계획에 대해 사회복지사와 클라이언트가 서로 동의하는 것을 말한다. 다시 말해, 계약은 사회복지실천 활동에서 클라이언트와 사회복지사, 그 외 관련체계가 성취할 목적 및 목표와 이를 달성하기 위한 실천 활동을 누가(행동주체), 무엇(과업)을, 언제(시간적 조건), 어떤 방법(실천방법)으로 할 것인지, 그 외 전반적인 운영사항(회

합시간, 장소, 비용, 평가)에 대해 구체적으로 계획하여 상호 합의하는 과정이라고 볼 수 있다.[3]

2) 계약의 내용과 형식

(1) 계약의 내용

계약에 포함될 내용은 시간적 조건(개입 기간, 세션의 빈도와 시간 등), 사회복지사의 역할, 클라이언트의 역할 및 서명, 클라이언트와 사회복지사가 합의한 목표, 클라이언트의 기대, 계약변경 조건(최초의 계약은 단지 예비단계일 뿐이고, 사례의 변화하는 환경에 따라 계약의 내용도 변경해야 함), 개입기법, 평가 기법 등이다.

또한 계약의 내용에 대하여 합의한 후 개입행동을 위한 문제, 최종 목표, 접근방법, 과제 혹은 세부단계, 평가방법 등 클라이언트와 사회복지사가 상호 이해한 내용을 간결하게 재검토하는 과정을 거쳐야 한다.[4]

(2) 계약의 형식

사회복지사는 다양한 형식이나 형태로 계약을 할 수 있다. 계약은 구두로도 가능하지만, 최근에는 계약서를 서면으로 작성하는 방법이 선호되고 있는데, 주로 많이 사용하고 있는 계약의 형식은 서면계약, 구두계약, 암묵적 계약으로 나눌 수 있는데, 각 계약의 특징, 장점, 단점을 설명하면 다음과 같다.[5]

① 서면계약

가장 공식적인 형태의 계약이다. 사회복지사, 클라이언트, 그 외 관련 있는 사람들이 동의한 사실을 서면으로 작성하고 서명한다. 개입의 목표와 누가, 무엇을, 언제 할 것인지 명시한다. 서면계약은 클라이언트와 사회복지사의 의무를 강조하고 오해의 소지를 최소화하기 위한 장치이다. 계약서의 형태는 다양한데 대개 계약 당사자 및 관련된 주요 인물들의 역할 문제 리스트와 목표의 우선순위, 사회복지사와 클라이언트의 과업과 책임, 개입방법, 그리고 개입의 몇 가지 구조적 요인들로 구성된다. 일반적으로 계약서는 무료로 하는 원조 관계이든 상관없이 작성하는 것이 유익하며 일정한 양

식은 현재 없으며 기관의 상황에 따라 달리 적용되고 있다

사회복지실천계획에 대한 계약은 사회복지사와 클라이언트가 서로의 이해를 구두로 공유하는 구두계약 형태로 진행되기도 하고, 계획내용을 문서화하여 서면상으로 자료를 남기는 서면계약의 형태를 띨 수도 있다. 계약의 형태는 클라이언트와 기관정책에 따라 다를 수 있으므로, 필요에 따라 형태를 선택할 수 있도록 각 형태의 특징과 장단점에 대해 살펴볼 것이다. 먼저, 서면계약은 다소 공식적인 형태로, 사회복지사, 클라이언트, 그 외 관련자들이 합의한 바를 분명하게 문서화하는 것을 말한다. 사회복지실천계획으로 구성된 목적 및 목표, 참여자의 역할과 시간적 조건에 대해 문서 자료를 만들어 참여자들이 서명하는 형태로 구성된다.

서면계약의 장점은 목표를 명료화하고, 우선순위를 정하며, 역할과 책임을 분명히 하고 클라이언트와 사회복지사의 오해나 갈등를 줄일 수 있다는 점을 들 수 있다. 자발적이더라도 클라이언트에게 분명하지 않은 상태에서 클라이언트 모르게 처리되지 않음을 보장해 준다는 점에서 유용하다고 볼 수 있다. 서면계약의 단점은 문서를 준비하는 데 시간이 오래 걸린다는 점과 클라이언트가 처벌의 두려움으로 계약에 동의할 위험성이 있다는 점, 사소하지만 쉽게 개념화된 목표에 집중하면서 복잡하거나 성취하기 어려운 목표를 회피할 가능성, 클라이언트에 따라서는 서면 내용의 목표 달성은 사회복지사의 의무인 것처럼 인식하여 달성되지 않았을 경우 잘못된 개입으로 소송할 수 도 있다는 점 등을 들 수 있다.

② 구두계약

구면계약은 서면계약과 근본적으로 같지만, 구두로 계약한다는 것이다. 즉, 구두계약은 목표와 실천 활동, 역할, 시간을 분명하게 한다는 점에서는 서면계약과 다를 바 없지만, 서명화 하는 대신 구두로 계약하는 것이다. 목표의 우선순위는 사회복지사가 개인적으로 기록하는 것이 좋다.

구두계약의 장점은 신속하며 비교적 쉽게 할 수 있고, 서면서류에 서명하기를 거부하거나 불신감을 가진 클라이언트와 일할 때 유용할 수 있다. 구두계약의 단점를 보면, 구면계약은 서면계약과 같은 결정적인 힘은 없으며 합의한 내용의 세부적인 사항을 잊을 수 있다. 따라서 구두계약이라도 계약내용을 간략하게 기록해놓게 함으로써

내용을 기억할 수 있게 하는 것이 도움이 된다.

③ 암묵적 계약

암묵적 계약은 실제로 서명화하거나 언어화하지 않았어도 암묵적으로 합의한 계약을 말한다. 단점으로는 암묵적 계약은 내용이 명시되지 않았기 때문에 서로 오해의 소지가 있다는 것이다.

3) 계약의 요소

계약의 요소에 대해 Jonson(1989)은 클라이언트가 합의한 목표와 시간제한, 구체적인 개입기법이 포함된다고 하였고, Hepworth 등(2010)은 참여자의 역할, 활용되는 기법, 시간의 조건 등과 관련된 관리사항이 포함되어야 한다고 하였는데, 그 내용은 다음과 같다.[6]

(1) 참여자의 역할

문제해결 과정의 성격과 마찬가지로 사회복지사의 역할과 클라이언트의 역할은 중요하므로 계약에서 명확히 밝혀야 한다. 단순한 클라이언트, 특히 사회경제적인 지위가 낮은 사례는 원조 과정에 대한 이해가 거의 없으며, 원조 과정을 해롭게 할 수 있는 사회복지사와의 불일치된 기대를 하고 있다. 그러므로 원조과정에 대한 클라이언트의 기대감과 개념을 표현하게 하고 기대감과 현실 사이의 불일치를 명확하게 밝혀야 한다.

클라이언트의 역할을 명확히 하기 위해서는 클라이언트의 비현실적 기대감과 충족되지 못하리라는 것을 설명하고 돕는 과정과 한정된 활동은 협력관계이므로 클라이언트가 문제해결 과정의 개입을 선택하고 적극적으로 참여해야 한다는 것을 밝혀야 한다. 또한 문제해결자는 사회복지사가 아닌 클라이언트 자신임을 인식시켜 주어야 하며, 사회복지사는 클라이언트의 어려움을 깊이 이해하는 원조 파트너라는 것을 강조하는 것이 바람직하다. 사회복지사는 외부의 유리한 위치에 있으므로 클라이언트의 어려움에 대한 해결을 고려하고, 그리고 클라이언트의 어려움을 새로운 시각으로 볼 수 있으므로 클라이언트들을 원조할 수 있다.

사회복지사가 치료 활동에서 적극적인 파트너이지만 최종의 결정은 클라이언트에게 있다. 사회복지사는 대안들에 초점을 두고 클라이언트를 도와줄 수 있지만, 사회복지사는 클라이언트의 강점을 개발하여 알게 해주고, 가능한 영역까지 독립적인 활동을 하게 하려면 그들의 능력을 훈련해야 한다.

또 하나의 사회복지사의 기능은 클라이언트의 강점에 초점을 맞추어 집중적인 성장을 하도록 원조해 주는 것이다. 사회복지사 역할의 또 다른 면은 클라이언트들이 목표를 성취하는데 장애물이 있을 때 그들이 장애물을 이겨 내기 위한 전략을 결정하는 데 도움을 주어야 한다. 사회복지사의 역할을 명확히 함으로써 변화하는 데 따른 어려움은 있지만, 사회복지사는 지지와 방향을 제공하면서 클라이언트 뒤에서 클라이언트와 함께 있다는 현실을 강화해 준다.

(2) 활용될 기법

계약에는 목표를 성취하기 위한 기법들과 개입을 상세히 기록해야 한다. 초기 접촉에서 단지 개별, 공동 또는 가족 세션과 같이 보편적 수준의 개입을 구체화시킨다. 그러나 문제상황에 대해 토론하고 활동의 치료적 대안 코스에 대해 고려하면서 궁극적으로 문제해결을 위한 노력을 하게 된다.

대체로 사정에 따라 개입을 구체화한다. 즉, 이완훈련, 비합리적인 신념, 사고, 공포의 확인 및 제거 등의 인지 재구조화, 역할극과 행동시연, 자기관리기술 그리고 의사소통, 자기주장, 문제해결 및 갈등해결 등의 발달기술이다. 이행될 개입과는 관계없이 클라이언트와 개입방법들에 관한 토의가 가장 중요하다. 개입방법에 대해 간결하게 설명하고, 클라이언트의 반응을 끌어내고 클라이언트의 동의를 얻어야 한다. 계약이란 하나의 진행되는 활동임을 마음속에 새겨야 한다.

(3) 시간의 조건

계약의 또 다른 부분은 원조과정의 기간, 세션의 길이와 빈도다.

개입 기간에는 기본적으로 단기서비스로 알려진 시간제한 서비스(time limited service)와 시간제한이 없는 서비스(open-ended service)가 있다.

시간제한 서비스 형태는 최대한의 세션 횟수를 정하는 것이며 시간제한이 없는 서비스 형태는 시간을 구체화하지 않는다.

두 가지 기간 형태는 수십 년을 통해서 사용되어왔다. 시간제한이 없는 서비스 형태는 Freud의 정신분석이론에 뿌리를 둔 개별사회사업의 진단학파에서 사용되었으며, 시간제한 서비스는 1930년 출현한 기능주의 사회사업에서 채택한 것이다.

최근에는 1972년에 출현한 실천모델인 과업 중심체계 사회복지의 중요한 구성요소로 시간제한 서비스가 활용되고 있고, 사회복지사가 시간제한 서비스를 채택했을 때의 장점은 첫째, 비용 면에서 효과적이며, 둘째, 많은 클라이언트가 서비스를 받을 수 있고 셋째, 사회복지사가 단기간 내에 향상될 것이라는 확신을 보여줄 때 클라이언트를 안심시켜 낙관적으로 만든다. 넷째, 초기 계약단계에서 시간제한을 알려 줌으로써 종결과정을 쉽게 만들며, 다섯째, 문제해결 과정을 초기, 중기, 종결단계로 뚜렷하게 구분한다. 그리고 여섯째, 재정지원기관들은 목표의 명확성과 시간의 제한성 때문에 더 인정하고 지원하려고 한다.

시간제한 서비스 형태는 개인, 집단, 가족 등에 폭넓게 사용되고 있다. 그러나 모든 클라이언트집단에 적절하지는 않다. 개입목표가 역기능적 성격 문제이거나 심각한 역기능적 성격과 관련된 문제의 클라이언트들은 장기치료가 필수적이다. 이외에 시설에 있는 정신질환자, 만성질환자 그리고 교도시설에 있는 클라이언트 등에게는 생활의 한계를 가진 문제 이외에는 부적절하다.

시간제한 서비스는 한정된 목표를 달성하고자 하는 클라이언트들에게 선택적으로 원조해 줄 수 있는 서비스 형태다. 이 모든 사항은 클라이언트의 상황과 기관의 상황을 고려하여 결정하나 가능하면 클라이언트 상황에 적합하게 결정하는 것이 바람직하다.

4) 계약서 작성

계획수립이 완료되면 계약서를 작성한다. 계약서 작성은 클라이언트와 사회복지사 상호 간에 기대하는 내용과 수행해야 하는 과업 내용을 문서화하고 사인한다. 계약서에는 문제의 정의, 목표, 클라이언트와 사회복지사의 역할을 기록하고 만남의 시간, 장소, 만남의 주기, 비용 같은 자세한 내용도 기록하게 된다. 이와 같은 작성이유는 서로 간에 무엇을 동의했고 동의하지 않았는지 명확히 할 수 있기 때문이다 어떤 의미에서는 법적 의미도 지닌다.

그러나 사회복지실천에서는 계약이라는 단어는 법에서의 개념과 유사하게 사용됨에도 불구하고 법률적 '속박'의 의미를 뜻하지는 않는다. 계약으로 조성된 서약을 분명히 하고 촉진하기 위해서는 사회복지사의 역할과 클라이언트가 문제해결을 위해 할당받은 업무를 명확히 규정해야 한다. 계약은 양자가 도달할 합의를 가시화하고 그들이 정기적으로 개입과정을 점검하는 기본틀을 제공하기 위한 것이다. 물론계약은 개입과정에서 재교섭 되거나 변경될 수 있다.

계약은 실행 활동을 위해 계획한 내용을 합의하는 과정으로, 앞서 계획의 요소에서 소개한 목적과 목표, 행동전략에 관한 사항이 계약의 주요 요소가 되며, 행동전략으로서의 접근방법(개입기법), 참여자의 역할 및 과업, 시간적 조건, 평가방법이 구체적으로 기술되어야 한다.[7]

다음의 〈표 11-1〉은 계약서의 예시이다.

표 11-1 계약서의 예

계 약 서
• **신상 정보** 클라이언트의 이름 등 신상 정보, 사례번호 • **표적문제** 사회복지실천활동에서 다룰 합의된 문제 및 욕구 • **목적 및 목표** • **행동전략(단계)** 접근방법 참여자의 과업(클라이언트, 사회복지사, 그 외 관련 체계) 시간적 조건(기간, 세션의 빈도, 세션 시간), 장소, 비용 평가방법 • **날짜** • **서명** 사회복지사, 클라이언트, 그 외 참여자

출처: 이영실 외. 2014. 재인용

제 12 장 개입단계

1. 개입단계의 이해

1) 개입단계의 특징

개입단계는 사회복지사와 클라이언트가 합의하여 결정한 문제(표적문제)를 해결하기 위한 계획, 즉 목표와 계약을 실천하는 단계이다. 또한 개입단계는 구체적인 행동을 통해 의도적인 변화가 일어날 수 있도록 지원하는 단계로서 사회복지실천과정에서 가장 핵심적인 부분이다.

개입단계는 클라이언트의 문제해결을 위해 목표를 달성하려는 전문적 활동 단계로서 클라이언트의 기능을 회복시키고 개선하는 것에 목표를 두고 있다. 또한 개입단계에서의 목표는 문제해결을 위한 구체적 변화전략을 수립하며 개입, 원조, 교육, 동기유발, 자원연결, 행동변화 등을 통한 변화를 창출한다. 그리고 지속적 점검을 통한 변화정도를 유지하고 평가한다.

일반적으로 개입단계에서는 직접적인 개입과 간접적 개입이 있는데, 전자는 개인이나 집단, 가족 등 미시체계 수준의 클라이언트에게 직접 개입하는 것이며, 후자는 클라이언트를 돕기 위해 클라이언트 외의 개인, 소집단, 조직, 또는 지역사회 등에 개입하여 변화시킨다. 개입단계의 특징을 보면, 사회복지사가 클라이언트의 변화과정을 관찰하고, 이전 단계에서 설정된 목표가 제대로 달성되고 있는지 점검하는 것이다.[1]

2) 사회복지사 과제

개입단계의 사회복지사 과제는 문제해결을 위한 구체적인 변화전략을 수립하며, 교육, 동기유발, 행동변화 등을 통해 클라이언트의 변화를 창출한다, 그리고 지속적인 점검을 통해 변화를 유지하고 평가한다. 이러한 사회복지사의 과제는 다음의 원칙 안에서 이루어져야 한다.[2]

첫째, 경제성의 원칙으로, 선택된 활동은 사회복지사와 클라이언트의 시간과 비용을 최소화할 수 있어야 하고 클라이언트가 스스로 할 수 있는 일은 사회복지사가 관여하지 말아야 하며 도움이 필요한 일에는 요구되는 도움만을 제공하고, 클라이언트가 혼자서 할 수 없는 일만 사회복지사가 한다.

둘째, 클라이언트의 자기결정의 원칙으로, 개입의 전 과정을 통해 가능하면 클라이언트가 스스로 의사결정을 하도록 해야 한다.

셋째. 개별화의 원칙으로, 도와야 하는 특정 클라이언트체계의 특성과 욕구에 맞도록 개입활동을 조정해야 하며 클라이언트의 능력과 상황에 맞는 접근이 필요하다.

넷째, 발달적합의 원칙으로, 개입의 전체 방향은 클라이언트체계의 발달적 단계에 적합한 것이어야 한다.

다섯째, 상호 의존성의 원칙으로, 사회복지사 활동의 일부는 클라이언트의 활동에 달려있고 클라이언트의 활동과 변화능력을 고려한 후 개입이 출발되어야 한다. 그리고 사회복지사와 클라이언트의 활동은 서로에게 의존하고 있으므로 양측의 활동은 상호 보완적이어야 한다.

여섯째, 서비스 목표 초점의 원칙으로, 사회복지사와 클라이언트의 모든 활동은 어떤 식으로든 두 사람이 합의한 계획의 목표에 부합되어야 한다.

3) 사회복지사의 역할

사회복지사의 역할은 중개자, 조력자, 교사, 중재자, 옹호자 등으로 이에 관해 내용은 다음과 같다.[3]

(1) 중개자 역할

중개자(enabler)는 클라이언트 차원에서의 직접적 개입이나 의뢰를 통해서 클라이언트가 필요로 하는 자원과 서비스를 연결하는 역할이다. 또한 자원을 파악하고 서비스가 적절하게 제공되는가를 점검해야 하므로 자원에 대한 정보와 자원과 클라이언트를 연결하는데 필요한 지식과 구체적인 기술들을 갖추어야 한다. 클라이언트가 일상생활에서 필요한 정보를 파악하고 이를 필요에 따라 시기적절하게 서비스를 제공하는 중개자의 역할은 사회복지사의 주체성을 인식시키기에 적합하다.

(2) 조력자 역할

조력자(enabler)는 클라이언트가 스스로 문제해결 능력이나 대처능력을 키우고 자원을 찾을 수 있도록 원조하는 역할이다. 즉, 클라이언트의 위기상황에서 다양한 스트레스에 대처하도록 돕는 역할을 하며 동시에 클라이언트의 욕구를 확인하고 문제를 규정하며 효과적으로 다룰 수 있는 능력을 개발시킨다. 또한 희망을 전하고 저항이나 양가감정을 줄여주며, 감정을 인식하고 관리하며, 개인의 강점이나 사회적 자원을 발굴하고 지지해 주는 것이다.

(3) 교사 역할

교사(teacher) 혹은 교육자의 역할은 클라이언트의 사회적 기능이나 문제 해결 능력이 향상될 수 있도록 교육적인 프로그램이나 정보를 제공하며, 적응기술을 익히도록 클라이언트를 가르치기도 한다. 그리고 전문적 지식과 정확한 정보를 알아야 하며 클라이언트에게 정보를 명확히 전달하고 이해시키기 위해 의사소통 기술을 갖추어야 한다.

(4) 중재자 역할

중재자(mediator)는 미시, 중범위, 거시체계 사이의 논쟁이나 갈등을 해결하는 역할을 담당한다. 견해가 다른 개인이나 집단 사이의 의사소통을 향상하고 타협하도록 돕는 중재자는 중립을 유지하며 논쟁에서 어느 한쪽 편도 들지 않으며, 양측이 서로의 처지를 이해하고 있는지 확인해야 한다. 다시 말하면, 중재자는 제삼자의 입장에서 쌍방의 이해를 절충하고 타협하는 등 체계 사이의 갈등 및 의견 차이를 조정하는 역할을 수행하는 것이다.

(5) 옹호자 역할

옹호자(advocate)는 필요한 자원이나 서비스를 찾거나 이러한 자원 확보에 어려움을 겪는 클라이언트를 위해 클라이언트 개인이나 가족의 권리를 옹호하고 정책변화를 모색하기 위한 활동을 수행한다. 또한 옹호자는 클라이언트 욕구에 서비스 기관이 반응하지 않거나, 서비스 제공을 거절당하는 경우 클라이언트가 서비스를 받을 수 있고, 권리를 획득할 수 있도록 기관 내 프로그램이나 정책을 변화시키는 활동을 한다.

2. 직접적 개입

1) 개인체계 개입

개인체계 개입은 정서·인지의 개입기술(격려, 재보증, 보편화, 환기법, 재명명, 초점화, 직면, 정보제공, 조언 등), 행동변화의 개입기술(강화와 처벌, 토큰강화법, 타임아웃, 행동계약, 행동시연, 행동연쇄, 초점화, 긍정적인 연습, 행동형성), 대인관계 향상을 위한 기법(역할전환, 빈 의자 기법, 가족조각, 재구조화, 이완훈련 등)의 세 가지로 구분하는데, 그 내용은 다음과 같다.[4]

(1) 정서·인지의 개입기술

① 격려

격려는 클라이언트의 행동, 태도, 감정을 칭찬하거나 인정해 주는 언어적 표현방식으로 문제해결 능력과 자질이 있는 클라이언트에게 문제해결 능력과 동기를 최대화하는 효과적 방법이다. 격려는 과업에 직면해 있거나 자존감이 약화되거나 불안한 상황에 있는 클라이언트에게 유용하다. 클라이언트가 위기에 직면하여 무력감과 절망감을 경험하고 있을 때 잘 활용될 수 있다. 격려를 사용할 때에는 격려의 내용이 클라이언트의 행동이나 태도와 직접 관련이 있어야 하며 그 의미가 구체적이고 분명하게 전달되어야 한다는 것에 유의해야 한다.

② 재보증

재보증(reassurance)은 합리적이고 현실적인 생각과 결정에 대해서 클라이언트가 의구심이 생기고 있을 때 클라이언트의 능력에 대해 사회복지사가 신뢰를 표현하여 자신감을 주는 것으로 재보증의 진술은 현실에 기초해야 한다. '모든 것이 잘될 것으로 믿는다.'든지 '마음만 먹으면 무엇이든지 할 수 있다.'는 진부한 말보다 '지난 시간 새로운 기술을 배웠는데 어렵지만, 당신이 새로운 일을 다룰 수 있다.'고 확신한다는 보다 구체적이고 현실적인 재보증이 필요하다.

사회복지사는 재보증을 통해 클라이언트가 직면하고 있는 문제는 부정하되, 그 문제에 따른 감정을 부정해서는 안 된다. 그리고 사회복지사는 클라이언트의 불안감 때문에 지나치게 재보증을 사용한다든지, 불필요한 재보증을 사용하지 않도록 주의해야 한다.

③ 보편화

보편화(universalization)란 클라이언트의 생각, 느낌, 행동 등이 그와 비슷한 상황에 있는 다른 사람과 같다는 사회복지사의 진술을 의미한다. 부모를 요양 시설에 보내고 죄책감에 괴로워하는 클라이언트에게 "나는 부모님을 요양시설에 보내야만 했던 많은 사람을 알고 있습니다. 그들도 당신처럼 똑같은 감정을 이야기했습니다."라는 예를 들 수 있다. 이 기법은 자신이 다른 사람과 다르다고 느끼는 클라이언트의 감정을 중단시키고, 클라이언트의 긍정적인 인간적 특성, 강점, 성과물 등을 인식시켜 주는 기회를 마련한다.

④ 환기법

환기법(ventilation)이란 클라이언트의 문제 또는 상황과 관련된 분노, 증오, 슬픔, 죄의식, 불안 등과 관련된 감정을 표출하도록 하여 감정의 강도를 약화하거나 해결하려는 기법이다. 또한 환기법은 클라이언트가 내면적으로 강한 감정이 있는 경우 그 감정을 자유롭게 표현하도록 격려하는 기법이다.

많은 클라이언트가 문제와 관련하여 다양한 감정을 경험하게 되는데 이러한 감정이 제대로 표출되지 않거나 강하게 억압되어 그 자체가 문제이거나 문제해결을 방해할 수가 있다. 환기의 방법을 활용하는 주된 목적은 클라이언트가 감정의 내용에 관하여 이야기하도록 하고 정서를 발산하도록 격려하는 그 자체가 안도감을 가져오며 문제를 치유하는 치료적 기능을 한다. 클라이언트는 사회복지사가 자신에게 관심을 가지고 지지받는다고 느낄 때 억제된 감정이나 사고를 표현할 용기를 갖게 된다.

⑤ 재명명

재명명(reframing)은 어떤 문제에 대해 클라이언트가 부여하는 의미를 수정해줌으로써 클라이언트 시각을 긍정적으로 변화시키는 방법이다.

⑥ 초점화

초점화(focus)는 클라이언트가 자기 문제를 언어로 표현할 때 혼란하거나 산만한 것을 점검해주고 말 속에 숨겨진 선입견, 편견, 혼란 등을 표출하여 자신의 사고과정을 명확히 볼 수 있도록 해준다. 또한 제한된 시간 내에 최대한의 효과를 추구해야 하는 전문적 관계에서 불필요한 방황과 시간 낭비를 막아주는 효과가 있다.

⑦ 직면

직면(confront)은 클라이언트의 언어적 표현과 비언어적 표현, 행위 등 사이의 불일치, 표현한 가치와 행동화 사이의 모순을 클라이언트 자신이 주목할 수 있게 해주는 기술이다. 그리고 클라이언트가 자신의 문제를 부정하거나 회피하고 합리화하여 변화를 거부하고 개입을 피하려고 할 때 사용한다. 즉, 직면은 클라이언트가 장애를 일으키거나 지속시키는 자신의 사고, 감정 혹은 행동의 어떤 측면과 직면하는 것을 말한다. 직면의 목적은 사고나 행동의 과정을 해석하거나 전환하는 데 있다.

⑧ 정보제공

정보제공(informing)은 클라이언트에게 의사결정이나 과업수행에 필요한 정보를 제공하는 것을 의미한다. 즉, 클라이언트가 어떤 결정을 내리고 과제를 수행하는 데 필요한 정보를 제공하는 기법이다.

⑨ 조언

조언(advice)이란 클라이언트가 해야 할 것을 추천하거나 제안하는 사회복지사의 진술을 의미한다. 조언은 반드시 클라이언트가 요구할 때 주어야 한다. 조언을 주는 것에는 많은 함정이 있으므로 사회복지사가 이 기술을 사용할 때에는 매우 신중해야 한다.

(2) 행동변화의 개입기술

① 강화와 처벌

강화(reinforcement)와 처벌(punishment) 기법은 Skinner의 조작적 행동학습이론(operant learning theory)을 기초한 기법이다. 강화란 표적행동이 과거보다 빈번하게 일어날 가능성을 증가시키는 사건이나 행동을 의미한다. 처벌은 표적행동을 제거하거나 그 강도를 감소시키기 위해 클라이언트가 표적행동을 행할 시에 고통스럽고 불쾌한 자극을 제시하는 기법이다. 그러나 처벌은 윤리적, 법적, 서비스 효과 등의 이유로 인해 사회복지사에게 권장되지 않으며 기관에 따라서는 엄격히 금지되기도 한다.

② 토큰 강화법

토큰 강화법(token reinforcement)은 토큰 경제라고도 하는데, 여러 가지 바람직한 행동과 습관을 구체적으로 미리 정해놓고 그 행동을 했을 때 그에 상응하는 토큰(징표)을 줌으로써 체계적으로 강화하는 것이다. 즉, 이미 정해놓은 성공적인 행동을 했을 때는 아동에게 일정의 점수나 토큰 등의 보상이 부여되며, 반대의 경우에는 점수나 토큰을 회수당한다. 이렇게 모여진 점수나 토큰을 가지고 자신이 원하는 것을 획득할 수 있게 하는 것이다.

③ 타임아웃

타임아웃(time out)은 문제행동이 어떤 상황으로 인하여 강화를 받게 되는 경우에 문제행동을 한 사람을 그 상황으로부터 격리하는 방법을 말한다. 즉, 어떤 행동을 감소시키기 위한 기법으로, 자극적인 환경에서 아동을 분리하여 자극이 없는 환경에 두는 것이다. 그리고 아동을 방 또는 욕실 안에 두거나 구석에 두면서 사회적인 강화를 주지 않는 경우와 실외나 타임아웃 룸에 격리할 수가 있다.

④ 행동계약

행동계약(behavioral contract)은 클라이언트의 행동변화가 일어나도록 고안된 동의로서 과정에 필요한 매 요소들을 분명하고, 명확하게 만들고 관여된 모든 사람이 이해할 수 있고, 수용할 수 있는 방식으로 행동변화에 대한 합의를 서면화함으로써 행동 상담을 구조화하는 데 사용하는 기법이다.

⑤ 행동시연

행동시연(behaviour rehearsal)은 클라이언트에게 치료실 내에서 어떤 역할을 시험적으로 해보도록 함으로써 인간관계의 형성과 유지에 필요한 태도나 행동 특징을 습득할 수 있도록 하는 행동수정의 기법이다. 흔히 치료자가 시범을 보이고 클라이언트가 이를 모방한다. 역할놀이와 같은 뜻으로 쓰이기도 한다.

⑥ 행동연쇄

행동연쇄(chaining)는 여러 단계를 거쳐야 하는 복잡한 행동을 몇 개의 분리된 단계나 요소로 나누어, 한 번에 한 단계씩만을 가르치는 절차를 의미하는 것으로 서로 연결된 단일행동은 각각 선행된 단위 행동에 대해 일종의 강화물로 작용함으로써 하나의 완성된 행동을 배워 나가는 것이다.

⑦ 행동형성

행동형성(shaping)이란 바라는 목표에 점진적으로 접근하는 방법이다. 추구하는 목표를 작은 단계로 나누어서 각 단계 내에서 강화하여 클라이언트에게 점진적인 변화를 시도하는 것이다.

(4) 대인관계 향상 개입기술

① 역할전환

역할전환(role reversal)이란 한 사람이 다른 사람의 역할을 맡아 다른 사람의 관점에서 사물을 보도록 하는 방법이다. 이 기법은 특히 성원 간의 갈등이 문제인 가족을 대상으로 면접을 할 때 활용하기에 적당하다. 이 기법을 통해 동일 상황에 대해 다른 가족구성원의 이해와 느낌에 대한 이해를 증진할 수 있다.

② 빈 의자 기법

빈 의자 기법(the empty chair technique)은 클라이언트가 자기 자신이나 중요한 다른 사람에 대한 자신의 감정을 이해하도록 돕기 위한 목적으로 일반적으로 대인갈등에 포함된 이슈를 명확히 하기 위해서 활용된다. 클라이언트가 다른 각도에서 갈등을 보도록 하며, 자신이 특정한 방식으로 행동하고 느끼는 이유를 통찰하도록 돕는다.

③ 가족조각

가족조각(family sculpture)이란 어느 시점을 선택하여 그 시점에서의 인간관계, 타인에 대한 느낌과 감정을 동작과 공간을 사용하여 표현하는 비언어적인 기법을 말하며, 한 가족구성원이 다른 구성원에 대해 느끼는 정서 상태를 자세와 동작 및 소도구를 사용하여 공간적으로 나타내는 것이다. 그리고 가족구성원 각자가 자신의 내면적 감정에 접함으로써 실제의 자신을 알고 느끼며 새로운 대처방법을 생각해 보기 위한 것이다. 이러한 과정에서 가족의 의사소통 유형, 권력구조, 경계선, 소속감, 개념화, 규칙, 그리고 가족체계의 융통성 정도를 파악할 수 있다.

④ 재구조화

재구조화(reframing)란 클라이언트가 특정 사건, 행동 또는 인생 경험에 부여하는 의미를 수정하기 위하여 사용되는 기법이다. 이 기법을 통해 클라이언트는 다양하고 긍정적 시각으로 사건이나 행동을 볼 수 있다. 또한 재구조화는 부부와 가족 간에 대인갈등을 가진 대상에게 유용하다. 사회복지사는 사람들의 문제규정, 다른 사람이 행동하는 이유에 대한 자기 생각 등을 재검토 하도록 도와준다. 이것은 대인관계에 대한 이해를 촉진하고 타인에 대해 좋은 느낌이 들도록 도와준다.

⑤ 이완훈련

이완훈련(relaxation training)은 클라이언트들이 중요한 근육 부위를 집중적으로 이완시킬 수 있도록 사회복지사가 원조하는 것이다. 이완훈련은 아주 간단한 방법에서부터 교육 후에 사용하는 방법 등 다양하다. 이완훈련 연습 기간에 클라이언트는 근육의 긴장에 주의집중하며, 이 긴장을 충분히 느끼고 경험하며, 긴장 상태와 이완 상태 간의 차이점을 인식하게 되어 스스로 조절이 가능하다.

2) 가족체계 개입

사회복지사는 가족실천 시작단계에서 접수, 자료수집, 사정, 계획 등의 절차 등 가족체계에 개입하며, 가족실천 중간단계에서는 클라이언트의 문제해결이 가족이라는 환경 안에서 이루어지게 될 때 가족치료 기법을 많이 사용한다. 그리고 가족실천 종결단계에서는 가족실천 개입이 종결되어 사회복지사의 도움이 없이도 스스로 독립적으로 기능할 수 있도록 가족체계에 개입한다.

(1) 시작단계

가족실천 시작단계에서의 첫 면담은 준비하는 단계로서 치료에 중요한 요인이 된다. 이는 준비단계가 가족에게 치료의 성격을 보여줌으로써 전이현상의 완화로 치료적 신빙성을 감소시킬 수 있으며, 지금 가족의 문제가 유일한 문제가 아니라는 것을 깨닫게 해주는 기회가 된다. 그리고 가족구성원이 그들의 모습을 먼저 개방하여 드러내기 전에 그들에게 사회복지사 자신이 먼저 보여줌으로써 신뢰적 관계를 수립하는데 도움을 준다.

가족실천 시작단계의 첫 면접을 하는 데 있어서 면접시간이나 횟수는 정해진 규칙이 없다. 보통가족은 정기적으로 일주일에 1회, 1시간에서 1시간 30분 정도 사회복지사와 만난다. 첫 면접에서 강조해야 할 점은 사회복지사가 '지금-여기(here and now)'에 초점을 두고 가족과 면담을 하게 되면 가족의 자발적인 대면과 자기개방이 일어나게 된다. 가족실천 시작단계에서는 다음과 같이 접수, 자료수집, 사정, 계획 등의 절차를 거치게 되는데, 그 내용은 다음과 같다.[5]

① 접수

가족실천 시작단계에서의 접수는 사회복지실천과정을 시작하는 단계이며 사례의 적격여부를 판별하여 접수를 결정한다. 또한 서비스 제공이 가능하다고 판단되면 의뢰할 수 있고 접수된 사례에 대해서는 클라이언트와 긍정적인 원조관계를 수립함으로써 클라이언트의 참여를 유도한다.

접수에 관련된 기법으로는 의뢰하기 및 참여유도하기로 크게 두 가지로 나눌 수 있는데, 먼저 의뢰하기는 서비스를 받기 위해 기관을 찾아와 접수했을 때 신청자의 욕구가 기관의 서비스 방향이나 내용과 맞지 않을 때 혹은 적합한 기관이 있을 경우 의뢰하며 또한 의뢰한 기관의 서비스에 관해 정확하게 정보를 제공하고 그 기관과 접촉할 수 있게 돕는다. 그다음 참여 유도하기는 관계 형성하기와 동기화하기, 그리고 저항감 해소와 양가감정 수용하기 등이 있다.

② 자료수집

클라이언트 문제를 이해하고 분석, 해결하는 데 필요한 자료를 모으는 과정이며, 문제를 이해하고 해결하는 데 도움이 되는 자료를 마련한다. 자료수집의 출처를 보면, 클라이언트의 진술이나 이야기로 일차적인 정보제공자로서 가장 중요하다. 또한 클라이언트의 비언어적 행동, 초기 면접지 자료, 가족, 이웃, 친구, 다른 기관 등 관련 인물들의 면접을 통한 부수적 정보, 심리나 신체검사 등 각종 검사 결과와 학교나 병원 기록 등, 관찰과 가정방문, 그리고 직접 상호작용하면서 느끼는 사회복지사의 개인적 경험이나 신문, 인터넷 뉴스 등 사례와 관련된 자료 등이 있다.

③ 사정

사정에서 내용 및 과제에서는 자료 해석, 의미부여, 문제규정, 개입방향 등을 결정하는 일이다. 그리고 수집 정리된 자료를 분석하고 심사숙고하여 문제를 규정해내는 작업으로, 사정과 자료수집은 동시에 일어나며 순환적으로 진행된다. 가족이 특정문제를 해결하는 데 가장 적절한 가족치료이론과 그에 따른 사정 및 개입방법을 선별하기 위해서는 다양한 가족치료이론을 이해하고 있을 뿐 아니라 그것들을 적절히 활용할 수 있어야 한다. 사정에서의 관련 기술은 앞에서 살펴본 제10장 사정단계에서 소개되었던 사정도구인 가계도, 생태도, 생활력 도표 등이 관련 기술로 활용된다.

④ 계획

사정에서의 계획은 클라이언트와 사회복지사가 서로의 의무와 과업, 구체적 실천활동을 상호 약속하는 것으로, 목표달성 전략, 사회복지사와 클라이언트의 역할, 개입방법, 평가방법 등을 서술한 내용들에 대해 사회복지사와 클라이언트가 쌍방 간 동의하는 것이다. 그리고 상호 계약의 공식화, 원조 과정의 명확화, 클라이언트가 실제로 무엇을 기대하고 기대받을 수 있는지 명료하게 한다.

(2) 중간단계

가족실천 중간단계에서는 클라이언트의 문제해결이 가족이라는 환경 안에서 이루어지게 될 때 가족치료의 기법이 많이 사용되므로 주요 가족치료의 개입기법을 중심으로 살펴본다.[6]

① 보웬(Bowen)의 가족치료 개입기법

가. 가계도

가족의 문제를 사정하기 위해 가계도(family genogram)를 그리고 치료적으로도 활용되며, 다세대에 걸쳐 내려오는 가족체계의 문제, 가족역할, 유형, 갈등, 단절, 삼각관계 등을 알아볼 수 있다. 가계도는 가족과 함께 탐색할 수 있는 여러 가지 정보들이 나올 수 있는 유용한 도구로서, 원 가족과의 융합문제, 미분화 문제, 핵가족 정서적 체계, 정서적 단절, 삼각관계 등의 Bowen 개념이 가계도를 통해 드러난다.

나. 탈삼각화

가족 내 두 사람 사이에서 스트레스나 긴장 관계가 발생했을 때 제삼자를 두 사람과 상호작용 체계로 끌어들이는 것이 삼각화 혹은 삼각관계인데 삼각관계는 문제를 해결하는데 도움이 되지 못하고 오히려 문제를 분산하게 한다. 탈삼각화(detriangulation)는 제삼자를 두 사람의 관계에서 분리해 삼각관계를 벗어나게 함으로써 가족구성원이 자아분화 하도록 하는 것이다. 부부 간 갈등이 심한 경우 자녀를 삼각관계로 끌어들이게 되는데 사회복지사는 부모가 그들의 갈등을 스스로 다루게 한다. 또한 사회복지사를 삼각관계로 끌어들이는 경우 이에 끼어들지 않고 객관적인 자세를 취해야 한다. 만일 가족구성원이 사회복지사와의 삼각관계 형성에 성공한다면, 가족체계와 구성원은 점차로 진정하고 자신의 문제를 해결하기 시작하게 될 것이다.

다. 코칭

코칭(coaching)을 통해 사회복지사가 클라이언트의 삼각관계에 끌려 들어가지 않으면서도 가족 스스로 정서과정을 이해하고 개인의 역할을 이해할 수 있도록 돕는 방법이다. 코칭은 중립적이고 객관적인 조언을 통해 가족구성원 개개인의 분화를 돕는다. 치료는 가족구성원 개개인이 분명하게 정의된 자기 입장을 가지고 분화된 방향으로 가족체계에 영향을 미치게 되면, 코칭해 주는 치료 횟수는 점차 줄여나간다.

라. 과정질문

과정질문(process question)은 클라이언트의 감정을 가라앉히고 정서적 반응에 의해 유발된 불안을 낮추며 사고를 촉진하는 질문기법이다. 이 질문은 클라이언트의 감정이나 정서보다는 인지에 초점을 두며, 클라이언트가 어떤 방식으로 관계유형에 관여되어 있는지를 묻는다.

마. '나의 입장' 기법

다른 사람이 행동하는 것에 대하여 간접적으로 말하지 않고 나의 입장에서 메시지를 전달한다. 이러한 기법은 자신이 느끼는 것을 자기입장에서 말하는 것으로 정서적인 반응의 악순환을 깨는 데 도움을 준다. 나의 입장 기법은 화가 나고 속상한 상태에서 그 원인을 추적하거나 상대방에게 책임을 추궁하는 것이 아니고, 자신의 현재 감정상태를 표현하는 것이다. 따라서 상대방이 말하는 것으로 상대방은 말하는 사람의 상태를 이해하게 되며, 반응적이며 악순환적인 대화에서 벗어나는 데 도움을 주게 된다.

② 미누친(Minuchin)의 구조적 가족치료 개입기법

가. 경계만들기

사회복지사는 지나치게 유리된 혹은 밀착된 하위체계 간의 경계에 근접하게 하거나 혹은 경계 간에 어느 정도의 거리를 만든다. 극도로 속박된 가족의 경우 사회복지사는 개입을 통해 하위체계 간의 경계선을 강화시키고 각 개개인의 독립성을 키워준다. 가족구성원이 자신에 대해 자유롭게 말하도록 권유하며, 다른 사람에 의해 방해받지 않도록 도와준다. 또한 두 사람이 대화 중이면 다른 사람이 끼어들지 못하도록 한다. 그리고 가족 내 하위체계 간 경계선이 모호하거나 너무 경직된 경우 이를 수정하는 개입이 필요하다. 가족구성원 각자가 체계 내에서 적절한 위치에 있도록 가족 내 세대 간 경계를 분명히 유지하도록 원조한다.

나. 합류하기

합류(joining)란, 사회복지사가 가족체계에 진입하는 것을 포함하여 상호작용과 의사소통을 추적하고 그 가족의 양식과 규칙과 행동유형에 적응하는 것이다. 합류 과정에서 사회복지사는 그 가족의 위계, 문화, 언어 및 규칙을 존중하는 한편, 불안감소를 돕기 위해 공감을 표현하고 감정을 확인하고 인정하게 된다. 가족체계는 항상성을 유지하려는 속성이 있으므로 사회복지사는 먼저 구성원들을 이해하고 수용함으로써 가족에 합류하기를 한다. 특히 가족체계에 합류하기 위해서는 적응하는 능력을 갖추고 있어야 하는데, 이를 위해 유지, 추적, 모방의 기법이 있다. 첫째 유지기법으로, 이 기법은 가족구조를 지각하고 분석할 때 의도적으로 지지하거나 가족구성원 개인의 특성을 있는 그대로 받아들이는 것이며 둘째, 추적기법으로, 이 기법은 가족구성원이 사용하는 용어, 의사소통 패턴을 추적해 문제의 핵심을 파악한다. 그리고 셋째, 모방기법으

로, 이 기법은 사회복지사가 가족의 생활방식과 정서 상태에 적응하기 위해 가족이 사용하는 언어, 몸짓, 대화 방식을 따라 하는 것이다.

다. 실연화하기

실연화(enactment)하기란, 치료명단 중에 가족에게 가족구성원 간의 상호작용 유형을 실제로 재현시키는 것이고, 사회복지사가 구상하고 있는 상호작용의 방법을 가족이 실제로 행동을 통해서 연기하도록 만드는 방법이 실연화의 기법이다. 가족이 가지고 있는 역기능의 상호작용이 분명하게 보이게 하려면 사회복지사가 가족에게 실제 상호작용을 연기하도록 요구한다. 실제로 연기하도록 함으로써 가족들의 믿음에 도전할 수 있게 된다.

라. 긴장고조 시키기

사회복지사가 가족의 구조를 변화시키기 위하여 가족체계의 경계선, 연합, 권력에 직접 개입하는 것이다. 기능적인 가족구조를 위하여 구조개선의 방법으로 가족의 긴장을 고조시키는 것이다. 긴장고조기법은 가족이 지켜 온 평형상태에서 벗어나 재구조화되도록 돕는 기법이다. 이러한 개입은 강조기법을 통해 더욱 원활해질 수 있다. 강조는 가족 상호작용의 흐름을 막음으로써 가족이 예전 상태로 되돌아가지 않고 평형상태에서 벗어나도록 하는 데 사용하며, 사회복지사가 목소리의 크기나 높낮이, 말의 속도, 적절한 단어를 선택함으로써 효과적으로 사용할 수 있다.

마. 과제부여

과제는 사회복지사가 가족의 재구조화가 진행되는 과정에서 자연스럽게 이루어질 수 없었던 영역을 지적하고 활성화하기 위해 사용할 수 있다. 가족이 과제를 수행하도록 함으로써 사회복지사는 가족의 재구조화를 도울 수 있을 뿐 아니라 가족의 구조를 관찰할 수 있는 또 다른 기회를 가질 수 있다. 과제는 치료시간 중에 부여할 수도 있고, 치료 회기 사이에 집에서 하도록 부여할 수도 있다. 치료시간 중에 부과되는 과제는 단순히 가족구성원이 누구에게 어떻게 의사소통해야 하는지를 지적하는 것일 수 있다.

바. 증상활용 기법

사회복지사는 개인의 증상이나 문제를 가족의 역기능적인 가족구조 안에서 하나의 선택 방법으로 본다. 역기능적인 가족을 가장 빠르게 변화시키는 길은 현재 클라이언트의 증상을 다루는 동시에 가족의 구조변화를 시도하는 것이다. 이를 위해 증상활용 기법들을 사용할 수 있다.

사. 균형 깨트리기

가족 내 하위체계를 간의 역기능적 균형을 깨트리기 위한 기법으로, 경계를 만들어 가면서 사회복지사는 하위체계 간의 관계를 재조정해 나가려는 목표를 갖는다. 균형 깨트리기 단계에서의 목표는 하위체계 내에 있는 구성원 간의 관계를 변화시키는 것이다. 하위체계 간의 관계를 재배치함으로써 역기능적인 가족 내의 균형을 깨트리는데, 이를 위해 사회복지사는 일부 구성원의 편을 들기도 한다.

③ 사티어(Satir)의 경험적 가족치료

가. 가족조각

가족조각(family sculpture)이란 어느 시점을 선택하여 그 시점에서의 인간관계, 타인에 대한 느낌과 감정을 동작과 공간을 사용하여 표현하는 비언어적인 기법을 말하며, 한 가족구성원이 다른 구성원에 대해 느끼는 정서 상태를 자세와 동작 및 소도구를 사용하여 공간적으로 나타내는 것이다. 그리고 가족조각을 사용하는 목적은 가족구성원 각자가 자신의 내면적 감정에 접함으로써 실제의 자신을 알고 느끼며 새로운 대처방법을 생각해 보기 위한 것이다. 이러한 과정에서 가족의 의사소통 유형, 권력구조, 경계선, 소속감, 개념화, 규칙, 그리고 가족체계의 융통성 정도를 파악할 수 있다.

나. 역할극

역할극(roleplaying)은 가족구성원이 자기 자신이나 다른 사람의 생활을 단막극으로 표현하는 것으로서, 사회복지사가 한 가족구성원에게 다른 구성원의 역할을 수행해보도록 요청한다. 역할극은 실제의 경험을 바탕으로 현재의 느낌을 노출하는 것을 전제해야 한다. 또한 배역을 바꿈으로써 타인의 내면생활을 알게 하며 동시에 실제 생활에서 겪을 수 있는 위험 부담 없이 새로운 행동을 연습하게 하는 기법이다.

다. 의사소통 입장

Satir는 가족구성원에게 회유형, 비난형, 초이성형, 산만형 중 하나의 입장을 취하도록 한다. 가족구성원은 각 입장에 대한 감정을 서로 나누고 서로의 의사소통 입장(communication stances)에 대해 반응한다. 이렇게 하여 가족구성원은 효과적인 의사소통 방법을 배우고 어떻게 합리적으로 되는지를 알게 된다.

라. 유머

문제를 긍정적 맥락에서 보고 긍정적으로 묘사하게 함으로써 문제를 새로운 관점에서 볼 수 있게 한다. 유머(humor)의 사용은 클라이언트와 가족의 고통을 경시하여 다루는 것이 아니라 그 고통의 결과로 생길 수 있는 긍정적, 건설적인 면을 재치 있게 다루어줌으로써 클라이언트에게 희망을 주며, 문제를 긍정적으로 볼 수 있게 한다. 긴장을 풀고 친밀감 있는 분위기를 만들기 위해 유머를 사용한다. 유머는 가족이 자신을 바라보고 방법을 변화시킬 수 있는 강한 치료의 도구이다.

마. 접촉

접촉(touch)이란 신체적 접촉이 강한 영향을 준다는 믿음으로, 첫 회합에서는 의도적으로 모든 가족이 손을 잡고 악수를 하도록 하고, 관계를 형성시키며 좀 더 자유롭게 신체적 접촉을 하며, 비언어적 지지를 표현하기 위하여 여러 형태의 접촉을 시도한다. 가족구성원과 초기단계에 악수를 한다든가, 격려하기 위한 가벼운 어깨 두드림, 상담실로 안내하기 위한 손잡음 등 지나치지 않은 접촉은 구성원의 저항을 감소시키는 비언어적 지지가 된다.

바. 비유

비유(metaphor)는 주제나 생각이 유사한 다른 상황과 연결해 표현하는 기법으로, 가족이 자신의 문제를 밝히기를 부끄러워하거나 언급하기를 원하지 않을 때 사용한다. 가족문제에 대한 직접적인 묘사나 해석은 가족구성원의 감정을 자극할 수 있다. 그러므로 어떤 생각을 표현하기 위한 수단으로 어떤 단어를 선정하여 사용할 수 있으며 이렇게 비유된 단어에 의해 그 생각에 대한 가족구성원의 논의를 진행할 수 있다. 주제나 생각을 글자 그대로 나타내는 단어나 문장을 직접 사용하지 않고 연결성이나 유사한 것을 다른 말로 표현하는 것이다.

사. 은유

가족문제에 대한 직접적인 묘사나 해석은 가족구성원의 감정을 자극할 수 있다. 은유(metaphor)는 어떤 생각을 표현하기 위한 수단으로 어떤 단어를 선정하여 사용할 수 있으며 이렇게 비유된 단어에 의해 그 생각에 대한 가족구성원의 논의를 진행할 수 있다.

아. 가족그림

가족그림(family drawing)은 가족이 어떻게 조직화하여 있는지 가족 각자의 생각을 그리게 하는 기법으로, 사회복지사가 가족구성원에게 가족을 인식하는 대로 그림을 그리도록 요구한다. 그리고 예전에 미처 생각하거나 대화하지 못했던 상황을 경험하도록 돕는 기법이다.

자. 모의 가족

모의 가족(imitation family)은 가족구성원 간 바람직한 의사소통 방법과 입장을 배우기 위해 모의형태의 가족이 되어 연기하고 연습해보는 기법이다.

⑤ 전략적 가족치료 개입기법

가. 직접적 지시

직접적 지시는 어떤 행동을 중지하도록 지시하는 것과 평소와 다른 어떤 행동을 하도록 지시하는 것이 있다. 지시에 잘 따르도록 하기 위해서는 치료자의 지시에 따를 때 원하는 목표가 달성될 것이라는 확신을 주는 동기부여가 필요하다. 가족에게 동기를 부여하는 방법은 지시의 성격, 가족의 성격, 치료자와 가족의 관계에 따라 다르다.

나. 고된 체험기법

고된 체험기법은 "증상을 가지는 것이 포기하는 것보다 더 많은 어려움을 줄 때 사람은 증상을 포기할 것이다"라는 전제를 갖는다. 전형적으로 고된 체험은 운동, 숙제, 독서, 다이어트, 자기개발 활동 등 이득이 되는 것들을 선택한다.

다. 역설적 개입

역설적 개입(paradoxical intervention)은 전략적 치료모델에서는 문제해결을 위해 시도되었던 기존의 방법과 전혀 상반된 방법을 사용하며 사회복지사가 흔히 가족구성원에게 상식에 반하는 일을 행동하거나 믿게 하려고 노력하는데, 그러한 방법은 역설적인 점이 있으므로 '역설적 개입'이라 불린다. 그리고 역설적인 개입기법의 대표적인 것은 증상처방과 제지기법, 시련기법 등이 있다.

첫째, 증상처방(symptom prescription)은 클라이언트나 가족이 불평하는 행동을 계속하거나 더 많이 하도록 하는 방법이며 그들에게 증상행동을 자발적으로 계속하도록 격려하는 지시나 과제를 주는 기법이다.

둘째, 제지기법(restrain techniques)은 변화의 속도가 지나치게 빠르다고 지적하고 가족구성원에게 천천히 진행하라고 경고하거나 개선이 생길 때 퇴보에 대해 걱정하는 방법이다. 가족은 양가감정 중에서 변화를 원하는 면으로 반응하게 되어 치료 효과를 가져오는 결과를 낳게 된다.

셋째, 시련기법(trial techniques)은 클라이언트가 가진 증상보다 더 많은 힘든 일을 시키는 기법으로, "증상을 가지는 것이 증상을 포기하는 것보다 더 많은 어려움을 줄 때 사람은 증상을 포기할 것이다"라는 전제에 바탕을 둔다. 특히, 사회복지사는 클라이언트에게 자신에게 이득이 되지만 행동으로 실천하기에는 다소 어려움이 있는 행동을 증상이 있는 시기에 해보도록 지시한다.

라. 가장기법

가장기법(feint techniques)은 가족의 저항에 지속해서 직면하면서 가족을 변화시키는 역설적 기법보다는 더 부드러운 기법이다. 이 기법은 가족문제의 상황을 조성하고 반항심을 유발하는 대신에 놀이하는 기분으로 저항을 우회시킨다. 가장기법의 지시목적은 보통 부모가 권력행사를 통한 통제가 아닌, 부모와 자녀가 즐길 만한 기회를 만들어 줌으로써 직접 서로 돌보거나 보호하도록 한다.

⑥ 해결중심 단기가족치료 개입기법

가. 치료면담 전의 변화에 대한 질문

면담 전 변화에 관한 질문(초기질문, Pre-Session Question)은 클라이언트가 면담을 예약한 후 이곳에 오기까지 달라진 것이 무엇인지 질문한다. 첫 면담시간에 사회복지사가 클라이언트에게 문제의 심각한 정도가 어떻게 완화되었는지를 클라이언트 스스로 파악할 수 있도록 질문한다. 또한 클라이언트의 잠재능력을 발견하고 클라이언트 자신이 의식하지 못하는 해결 방안을 찾는 데 도움이 된다. 그리고 클라이언트가 지난번 면담을 약속한 후 지금까지 일어났던 변화에 대한 질문은 때로 아주 중요한 단서를 제공한다. 면담 전의 변화가 있는 경우는 클라이언트가 이미 지니고 있는 해결 능력을 인정하고 칭찬하고 강화하고 확대할 수 있도록 격려한다.

나. 예외질문

예외질문(exception question)이란 클라이언트가 문제로 생각하고 있는 행동이 일어나지 않는 상황이나 행동을 의미하며 문제해결을 위해 우연적이며 성공적으로 실시한 방법을 발견하는 것이다. 문제시되는 실패 경험보다는 성공했던 경험을 찾아내어 그것을 의도적으로 계속 실시하여 성공의 경험을 확장하고 강화하는 것이다. 그리고 어떠한 문제에도 예외는 있기 마련이라는 것이 해결중심 치료의 기본 전제이다.

다. 기적질문

기적질문(miracle question)은 문제 자체를 제거하거나 감소시키지 않고 문제와 떨어져서 해결책을 상상하게 하는 것이다. 다시 말하면, 기적이 일어나서 문제가 해결되었다고 상상하게 함으로써 문제 자체보다는 문제와 별개로 해결책을 생각해 보게 하여 기적이 일어났을 때 달라질 수 있는 일들을 실제 행동으로 해보게 하는 것이다. 기적질문을 통해 사회복지사는 클라이언트가 바꾸고 싶어 하는 것을 스스로 설명하게 하여 문제에 대한 집착에서 벗어난 해결중심 영역으로 들어가게 한다.

라. 척도질문

척도질문(scaling question)은 숫자의 마력을 이용하여 클라이언트나 가족구성원에게 자신의 문제, 문제의 우선순위, 성공에 대한 태도, 정서적 친밀도, 자아존중감, 치료에 대한 확신, 변화를 위해 투자할 수 있는 노력, 진행에 관한 평가 등의 수준을 수치로 표현하도록 하는 방법이다. 이러한 척도질문을 통해서 사회복지사는 클라이언트의 변화과정을 격려하고 강화해 주는 구체적인 정보를 얻을 수도 있다. 첫 면담에서는 면담 전 변화 상태나 동기에 대해 파악을 한다. 그리고 주의할 점은 과거에 초점을 두지 말고 현재와 미래에 초점을 두고 '오늘', '지난주'와 같이 시간을 규정하는 것이다.

마. 대처(극복)질문

대처(극복)질문(conquer question)은 문제 상황에 있는 클라이언트에게 경험을 활용하도록 하고 새로운 힘을 갖게 하며, 자신의 자원과 강점을 발견하도록 하는 데 도움이 되는 질문으로, 어려운 상황에서 잘 견뎌내고 더 나빠지지 않은 것을 강조하고 그것을 인식 및 확대하기 위한 근거로 이용한다. 어려운 상황이나 절망적인 상황에 빠진 클라이언트에게 희망을 심어주기란 결코 쉬운 일이 아니므로 대처방안에 관한 질문을 통해서 사회복지사는 클라이언트의 신념체계와 무력감에 대항해보는 동시에 클라이언트에게 약간의 성공을 느끼도록 유도할 수 있다. 이러한 질문을 통해서 사회복지사가 클라이언트에게 심어주고자 하는 것은 클라이언트 자신이 바로 대처방안의 기술을 가졌음을 깨닫게 하는 것이다.

바. 칭찬질문

칭찬(praise)을 하는 것은 여러 가지 이점이 있다. 그중에서도 클라이언트 자신에 대한 개념을 바꾸어 주는 역할과 클라이언트가 사회복지사의 말에 따르도록 하는 데 유용하다. 칭찬에는 면담 과정에서 나온 내용에 대하여 직접적 칭찬하는 경우와 '어떻게 그렇게 하셨나요?'로 질문하는 간접적 칭찬이 있다.

사. 관계성 질문

관계성 질문(relationship question)은 가족 및 부부간의 관계성에 관한 질문을 통해 더욱 효과적인 인간관계를 증진해준다.

⑦ 기타 다양한 개입기법

가족치료의 다양한 개입기법에는 재정의, 가족중재, 역기능적 가족규칙 수정하기,

역기능적 가족동맹 수정하기, 역설적 개입, 순환적 질문, 긍정적 의미부여, 문제의 외현화 등이 있다. 사회복지실천에서의 가족치료는 사회복지사가 클라이언트의 문제를 가족체계라는 환경 안에서 해결하고자 할 때 클라이언트와 가족구성원에게 적합한 가족치료기법이 적용되어야 할 것이다.

(3) 종결단계

가족실천 개입과정에서는 특정 문제의 제거나 증상의 경감에 목표를 두고 있기 때문에 가족치료는 개인치료보다 치료기간이 짧은 편이다. 가족치료의 기간은 대개 8회에서 20회 정도로 치료기간으로 잡고 있으며 보통 가족치료는 주 1회씩 몇 주나 몇 달간 진행될 수도 있다. 가족은 몇 개월 후에 종결될 치료에 대해 준비를 하며 자기들의 문제를 잘 해결할 수 있고, 파괴적인 행동유형을 변화시킬 수 있게 될 경우, 성공적인 가족치료가 될 수 있다.

가족문제를 하나의 단위로 해결하는 데 익숙해진 가족은 내적인 지원체계를 발달시켜 그 결과를 사회복지사에게 의존하지 않게 된다. 가족구성원들은 가족실천 개입과정 중 그들 관계의 문제를 함께 해결하는 데 상당한 훈련을 쌓았기 때문에 그들 스스로 해결할 수 있다는 자신감과 능력을 얻게 되었다. 그리고 그들 상호 간에 더욱 분명하고 감추지 않는 의사소통 방법을 습득하게 되었고, 각자 가족구성원의 역할이 재부여되고 권력도 재분배되었다.

종결 시기가 오게 되면 가족의 불평이나 증상은 사라지고, 그들이 서로 간보다 만족할 수 있는 행동을 하고, 외부에서의 독립적인 활동으로 새로운 만족감을 느끼게 되며, 자신의 노력을 통해 자기들 문제를 해결할 효과적인 방법을 발달시키게 된다.

3) 집단체계의 개입

집단체계 개입에서는 집단구성원의 문제해결이 집단 안에서 이루어지게 될 때 집단사회복지실천기술이 주로 사용되는데, 그 주된 내용은 다음과 같다.[7]

(1) 집단과정촉진기술

집단과정을 촉진하는 기술은 사회복지사가 집단과정에 영향을 미치려는 의도가 있을 때 사용한다. 집단과정을 촉진하는 기술은 집단구성원 간의 이해를 증진하고 개방적 의사소통을 형성하며 신뢰감을 형성시키는 데 도움을 준다.

① 집단성원의 참여를 촉진하기

집단에 참여한 모든 구성원이 집단과정에 참여하는 것이 이상적이다. 따라서 사회복지사는 소외되거나 침묵하고 있는 집단구성원이 생기지 않도록 구성원의 참여를 촉진해야 한다. 집단과정이나 활동 참여에 소극적인 구성원을 토론에 참여시켜 자신의 경험을 나누고 문제해결 방법을 찾도록 도움을 준다.

② 집단구성원에게 집중하기

집단구성원이 말하는 것이나 행동하고 있는 것에 주의를 집중하는 것으로서 상대방의 말과 행동에 대한 느낌과 존중의 메시지를 전달하는 것이다. 사회복지사는 언어적·비언어적, 의사소통을 적극적으로 관찰하고 주의 깊게 경청하며 의사소통의 흐름을 따라가면서 구성원에게 집중한다. 구성원이 말하고 있는 그 이면에 숨어있는 의미에 감정이입적으로 반응하는 것, 구성원과 눈 맞춤을 하거나 고개를 끄덕임으로 구성원에게 관심 있음을 표현하는 것 등이 이에 해당한다.

③ 표현기술

집단구성원이 생각이나 느낌을 자유롭고 편안하게 표현하도록 돕는 것이다. 말하기를 꺼리거나 어려워하는 주제에 대하여 사회복지사가 먼저 자기개방을 하면 개방적의 소통이 이루어질 수 있는 계기가 된다.

④ 반응기술

특정한 집단과정에서 선별적으로 반응하여 다음에 이루어지는 집단과정에 영향을 미치는 기술이다. 집단지도자인 사회복지사가 구성원의 노력에 긍정적으로 지지하며 반응하게 되면 구성원의 행동을 강화함으로 그 행동을 계속하게 하지만 구성원의 말이나 행동에 반응을 보이지 않거나 동의하지 않으면 그 행동을 하지 않게 된다.

⑤ 집단의사소통 초점 유지하기

집단과정의 특정 영역에 초점을 둠으로써 관련 없는 의사소통을 줄이고 중요한 문제에 대해 심도 있는 탐색을 할 수 있게 하는 기술이다. 구체적인 기술로는 명확화 특정 의사소통의 반복 토론범위 제한 등이 있다.

⑥ 집단과정을 명확하게 하기

집단구성원이 어떻게 상호작용하고 있는가를 구성원이 인식할 수 있도록 도와주는 기술이다. 구성원이 자신의 감정사고 그리고 행동유형이나 상호작용에 대한 이해를 도모하기 위해 사용한다. 현재 일어나고 있는 일이 무엇이며 이에 대해 어떻게 생각하고 느끼는지 특정한 상호작용 형태를 지적하거나 상호작용형태가 만족스러운지 등을 물어봄으로써 집단과정을 명확히 할 수 있다.

⑦ 내용 명료화하기

집단구성원 간 상호작용의 내용을 명료화하는 기술이다. 구성원의 의사소통을 원활히 하기 위해 구성원이 자신을 분명히 표현할 수 있도록 원조하고 특정한 메시지를 구성원이 잘 이해했는지 질문을 하거나 검토하기도 한다.

⑧ 집단 상호작용 지도

집단의 목적 달성을 위해 특정한 방향으로 집단을 이끌어가는 기술이다. 하위집단의 역기능 작용을 수정하고 집단의 과업성취에 도움이 되는 상호작용을 촉진하며 의사소통의 방향을 재조정함으로써 개방적인 의사소통을 장려하기 위하여 사용한다. 특정 구성원의 의사소통을 제한하거나 격려하며 구성원 간 의사소통을 연결하여 집단의 상호작용 형태를 이끌어간다.

(2) 자료수집과 사정을 위한 실천기술

자료수집과 사정기술은 의사소통 유형에 어떤 영향력을 행사할 것인가를 계획하고 집단의 목적 성취를 위해 어떤 기술을 사용할 것인가를 결정하는 데 유용하다. 사회복지사가 집단구성원의 문제를 이해하고 계획을 세우기 위하여 질문하거나 정보를 요청하고 분석하는 기술들은 다음과 같이 사용한다.

① 확인 및 묘사하기

사회복지사가 집단구성원을 이해하고 문제에 대한 자료를 수집하기 위해서는 구성원이 특정 상황을 파악하고 묘사할 수 있도록 해야 한다. 사회복지사는 구성원에게 문제의 성격을 정확하고 구체적으로 표현하도록 도와주며 문제와 관련된 현재뿐 아니라 과거의 특성도 확인하고 기술하게 하여 구성원의 문제를 정확히 이해할 수 있도록 돕는다. 사회복지사는 구성원을 여러 관점에서 상황을 바라보고 이해할 수 있도록 다양한 준거 틀을 제시하거나 대안적인 해석을 제시하기도 한다.

② 정보를 요구하고 질문하고 탐색하기

집단구성원에 대한 기본적 자료를 모으기 위한 기술로서 유익한 정보수집과 집단활동의 폭을 넓히고 구성원의 문제와 관심을 명확히 할 수 있다.

③ 요약 및 세분화하기

요약은 집단지도자인 사회복지사가 논의된 내용을 간략하게 되짚어 주는 것으로 새로운 단계로 가거나 모임을 종료할 때 집단구성원에게 되돌아볼 기회를 얻게 한다. 세분화하기는 복잡한 문제를 다루어야 할 때 작은 단위로 나누는 것으로 복잡한 문제나 어려운 문제를 세분화 하면 해결하기가 쉽게 느껴지므로 문제해결의 동기를 높일 수 있다.

④ 언어적·비언어적 의사소통 통합하기

집단구성원의 언어적 의사소통과 비언어적 의사소통을 통합하는 기술이다. 구성원의 말이나 행동의 의미들을 연결하고 숨겨진 의제를 표면화하며 확실치 않은 생각이나 느낌을 분명히 하는 것이다.

⑤ 정보 분석하기

확보된 자료의 유형을 밝혀내고 자료의 차이를 발견하며 평가에 필요한 자료를 수집하는 방법 등을 설정하는 것 등이다.

(3) 행동기술

① 지지하기

지지하기는 집단구성원이 어려운 상황에 대처하려는 것을 도와주는 것을 목적으로 한다. 일상생활에서 겪는 스트레스에 대한 대처능력을 향상하고 심리·사회적 안녕도 향상한다. 지지적인 관계 속에서 집단성원은 안도감과 확신을 갖게 되며 안전하다는 느낌이 들고 서로의 의견을 나누고 감정을 솔직하고 자유롭게 표현할 수 있도록 격려하는 것이다. 또 구성원의 요구에 반응을 보여주고 현실적인 기대를 설정하는 것 등이다.

② 재구성 및 재명명

집단구성원이 문제를 상황과 사실에 맞게 다른 관점에서 볼 수 있도록 도와주는 기술이다. 구성원이 새로운 관점에서 문제를 봄으로 대안적인 행동 범위가 향상되기도 하고 문제해결 방법을 찾게 된다.

③ 집단구성원 간 의사소통을 연결하기

집단구성원이 초기에는 사회복지사를 통해 이야기하는 경우가 많이 있는데 사회복지사는 구성원 간의 의사소통을 활발히 할 수 있도록 돕는 기술이다. 구성원이 말이나 행동에 대해 다른 구성원에게 의견이나 느낌을 표현하도록 격려하거나 구성원들이 서로 이야기하고 도움을 청하도록 하는 것 등이다.

④ 지시 및 직면

지시는 집단구성원이 프로그램에 참여하도록 돕거나 토론을 이끌어가고 정보를 공유할 때 집단의 활동에서 사용하는 기술이며 직면은 구성원의 말과 행동 사고 감정 사이의 왜곡과 불일치를 극복할 수 있도록 도와주는 것으로 구성원의 행동과 진술 내용이 일치하지 않거나 차이가 있을 때 직면 기술을 사용한다.

⑤ 조언, 제안, 교육

집단 내에서 새로운 행동이 요구되거나 문제를 이해하고 문제 상황을 바꾸려 할 때 조언, 제안, 교육 등의 기법을 사용한다. 조언이나 제안을 한 뒤 집단구성원의 환류를 구하는 것이 사회복지사나 구성원들에게 도움이 된다.

⑥ 기타 행동기술

기타 행동기술로는 자원을 제공하기, 모델링, 역할극, 실연, 코치 등이 있는데, 이는 집단 내에 갈등을 방지하는 데 큰 도움이 된다.

3. 간접적 개입

1) 간접적 개입의 유형

간접적 개입의 유형에는 사회적 지지체계 개발, 서비스 조정 프로그램 개발, 옹호활동, 사회행동, 지역사회 내 기관 간의 협력, 환경조정 등이 있는데, 그 내용은 다음과 같다.[8]

(1) 사회적 지지체계 개발

사회적 지지체계를 개발하기 위해서는 자연적 지지체계를 활성화해야 한다. 즉, 사회복지사가 기존의 체계들이 클라이언트의 욕구에 맞게 적절히 기능하도록 원조하는 것이다. 그리고 클라이언트의 욕구에 환경이 반응할 수 있도록 기존의 공식적 지지체계를 활용하는 것이다. 사회복지기관이나 프로그램 혹은 서비스를 활용하는 것이 이에 속한다. 따라서 사회복지사는 클라이언트의 특수한 욕구를 만족시킬 수 있는 지역사회 내 다양한 기관과 프로그램에 대한 정보를 가지고 있어야 한다.

(2) 서비스 조정

다양한 문제를 가진 클라이언트에게 복합적 서비스가 주어질 때 서비스 조정(service coordination)이 필요하다. 조정은 다양한 서비스들이 공동의 목적을 달성하기 위해 적절하게 클라이언트를 도울 수 있도록 하는 것을 의미한다. 즉, 조정은 복합적 문제를 가진 클라이언트의 상황에 복합적 서비스를 제공하는 데 필요하며 원조하는 사람 간의 기능적 관계에 따라 그 효과가 좌우된다. 그리고 조정에서 중요한 점은 관련된 모든 기관이나 개인이 모두 서비스 조정에서 상호 만족할 수 있도록 해야 한다.

효율적 조정을 위하여 사회복지사가 활용할 수 있는 기술로는 다음 세 가지를 들 수 있다. 첫째, 상황에 관련된 체계들이 적절하게 의사소통할 수 있도록 공통점과 상이점을 파악하는 기술, 둘째, 참여자들과 효과적으로 의사소통하는 기술, 셋째, 조정과정에 참여하는 체계들이 조정서비스로부터 각자가 얻는 이득을 인식할 수 있도록 동기화시키고 격려하는 기술이다. 사회복지사에게 이들 기술을 활용하며 개방적이고 활력 있는 의사소통이 이루어지도록 창조적 능력이 필요하다.

(3) 프로그램 개발

클라이언트의 욕구와 기대, 문제를 해결하기 위한 서비스가 지역사회 내에 없을 때도 있다. 또는 클라이언트에게 필요한 서비스인데, 사회복지사가 소속된 기관 내에 그런 서비스가 없을 수도 있다. 일반적으로 이런 경우 다른 기관에 의뢰한다. 그렇지만 소속기관에서 새롭게 마련될 충분한 타당성이 있다고 판단되는 경우는 프로그램 개발이 이루어져야 할 것이다.

지역사회 내에서 프로그램을 개발하기 위해서는 지역사회주민들에게 관련 정보를 제공함으로써 문제를 인식시키고, 욕구 조사 등을 통해 지역주민들의 욕구는 물론이고 프로그램 개발의 필요성과 방향을 포괄할 수 있어야 한다. 각종 지지 및 자조 집단을 형성할 수 있고, 학생폭력에 노출되기 쉬운 청소년들을 보호하기 위한 방과 후 프로그램의 새로운 개발 등 다양한 프로그램 및 서비스 개발이 가능할 것이다.

(4) 옹호활동

옹호(advocacy) 활동은 욕구충족을 방해하는 사회적 여건의 변화를 위해 사용할 수 있는 전략이다. 옹호는 의사결정자보다 힘이 약한 클라이언트를 위해 옹호 서비스가 아니면 실현된 가능성이 거의 없는 결정이 내려질 수 있도록 의사결정자에게 설득이나 강제력을 동원해 개인이나 집단의 영향력을 행사하는 것이다. 또한 사회복지사는 직접적 서비스와 간접적 서비스를 제공함으로써 사회적·정치적 변화가 클라이언트의 삶에 미치는 영향을 잘 알고 있으므로 쟁점이 되는 사안을 조사해서 의사결정자에게 객관적 사실을 알리거나 직면, 협상 등의 전략을 활용할 수 있다.

옹호는 사회복지사가 클라이언트의 상황을 철저히 이해하고 클라이언트의 문제를 경감시키는 다른 방법이 전혀 없다고 확신할 때 활용할 수 있다. 아울러 발생 가능한 위험요인이나 기대되는 결과, 이용 가능한 자원 등에 대해 충분히 고려하여 정책체계에 영향을 행사할지 아니면 문제의 영향을 받는 사람들을 조직할지를 결정해야 한다.

(5) 사회행동

사회행동(social action)은 사회복지사가 인간의 욕구에 반응하는 방법의 하나로서 사회행동의 원리는 사람들의 집단을 조직화하여 권력주관과 기관, 정치조직에 압박을 행사하는 것이다. 사회행동을 지지하는 사람들은 현재의 권력 구조가 압제받는 사람들의 힘을 인식하여야만 사회에서의 공의가 실현된다고 믿는다. 사회행동을 위한 기술로는 문제 정의, 변화시킬 사람과 구조, 그리고 체계를 체계적으로 진단, 변화를 증진할 힘과 변화에 장애가 될지도 모르는 저항적 힘에 대하여 사정, 구체적 목표 확정, 바라는 목표와 사회행동 전략을 결합, 사회행동계획을 수행하기 위한 가능한 일정표 수립, 사회행동이 일으킬 변화의 평가를 위해 피드백 과정을 계획 속에 포함하기 등이 있다.

(6) 지역사회 내 기관 간의 협력

클라이언트의 욕구를 효과적으로 충족시켜주기 위해서 지역사회 내 존재하는 다양한 조직이나 기관 간 협조가 필요하다. 그리고 클라이언트의 문제가 복잡하고 다양하므로 한 기관이 클라이언트의 문제를 모두 해결할 수는 없어 기관에 정보를 교환하거나 협조체계를 구축하여 클라이언트의 욕구에 유연하게 대응해야 한다.

(7) 환경조정

환경조정(environment coordination)은 개인과 환경 간의 중간 영역에 작용하는 다각적 개입이다. 즉, 개인과 환경 간의 조화를 회복, 유지, 증진하기 위해 자원과 기회를 제공하며 환경 내의 유의미한 사람과 클라이언트의 개인적 능력 및 대인관계 능력을 증진하는 것이다. 클라이언트의 독특한 동기, 능력 및 욕구, 환경에 관한 진단적 평가 후에 이루어지는 목표 지향적 문제해결을 위한 개입이다.

2) 간접적 개입에서의 사회복지사의 역할

간접적 개입에서의 사회복지사의 역할은 크게 중개자, 옹호자, 중재자, 해석자, 자원의 제공자, 자원의 탐지자 및 창출자 등이며, 이에 관한 내용은 다음과 같다.[9]

(1) 중개자

중개자(broker)로서의 사회복지사는 클라이언트가 지역사회의 자원을 찾아내어 활용할 수 있도록 원조하거나 클라이언트를 그가 필요로 하는 자원 및 서비스와 연결, 지역사회의 다양한 집단, 기관, 단체들이 상호이익을 도모하기 위해 교류할 수 있도록 돕는 역할을 한다.

(2) 옹호자

옹호자(advocator)로서의 사회복지사는 클라이언트의 이익을 대변하는 역할을 하여 클라이언트를 대신하여 체계의 변화를 끌어낸다. 또한 클라이언트가 자원과 서비스를 받을 권리를 유지하도록 돕는 활동을 한다. 즉, 사회복지사의 옹호자 역할은 필요한 정보를 끌어내고, 주민들의 입장의 정당성을 주장하며 기관의 입장에 도전할 목적으로 지도력과 자원을 제공해야 한다.

(3) 중재자

중재자(mediator)로서의 사회복지사는 체계 사이의 갈등이나 의견을 조정하는 역할을 한다. 또한 중재자는 공통된 입장, 즉 관련된 사람이 자기 이익이 어떻게 어디에서 중복이 되는가를 파악해야 하며 이를 위해 사회복지사와 클라이언트 관계의 활동 및 면접기술이 요청된다.

(4) 해석자

해석자의 역할을 함에 있어서 사회복지사는 클라이언트와 관련된 어떤 사람이든 클라이언트를 이해하도록 하거나 과거와는 달리 대하도록 돕는다. 이 해석을 위해서 클라이언트에 대해서 사회복지사는 충분하고 정확한 이해가 필요하다.

(5) 자원의 제공자

기관에 고용된 사회복지사는 두 가지 책임 즉, 클라이언트를 위해 이들 서비스를 적절히 그리고 기술적으로 활용하는 것과 이들 자원의 끊임없는 개선을 위해 책임을 공유하는 것이다. 이러한 자원제공자로서의 책임완수를 위해 사회복지사는 가끔 기관 서비스를 확장하려는 노력을 시도한다.

(6) 자원의 탐지자 및 창출자

사회복지사는 클라이언트의 문제들을 해결하기 위해서는 그가 속해 있는 환경의 자원을 발견하여 도움을 주어야 한다. 이를 위해 사회복지사는 자원을 탐지해야 한다. 혹 자원 결핍으로 클라이언트의 욕구를 해결하지 못했을 경우나 조직화된 자원이 쉽지 않을 때 사회복지사는 자원을 도출하거나 창출해 내야 한다.

제 13 장 종결 및 평가단계

1. 종결단계

1) 종결단계의 과업

종결단계는 사회복지사의 개입활동을 계획에 따라 마무리하는 것이다. 종결작업은 클라이언트의 사회적 기능을 강화하는 동시에 사회복지사와 클라이언트가 개입의 전 과정을 통해 같이 발전시켜 온 성과를 이해시키는 과정이기도 하다. 어떤 관계든 관계의 종결은 강렬한 반응을 동반하게 되는데 이러한 감정들은 성장의 수단으로 쓰이기도 하고 거부되거나 억압되어 차후의 사회적 기능을 방해할 수도 있다. 따라서 사회복지사는 개입을 성공적으로 마무리하려면 클라이언트가 긍정적인 성과를 얻게 한 다음, 돕는 관계가 원활하고 만족스럽게 끝나도록 해야 하는데 여기에는 상당한 기술과 신중한 계획이 필요하다.

종결단계에서의 목표는 클라이언트가 당면하고 있는 문제를 스스로 해결할 뿐만 아니라 앞으로 부딪힐 문제들을 극복하고 해결해 나갈 수 있도록 클라이언트를 강화하는 데 있으며, 클라이언트의 목표가 성공적으로 달성되었을 때는 사회복지사나 클라이언트가 모두 긍지와 만족감을 느끼고 종결을 준비하게 된다. 그러나 클라이언트가 과도하게 사회복지사에게 의존하게 되었을 경우 종결에 따르는 만족도는 낮아지게 된다.

따라서 사회복지사가 성공적으로 종결하기 위해서는 Hepworth와 Larsen(1986)은 다음과 같은 과업이 필요하다고 정리하였다.[1]

(1) 적절한 종결 시기 결정하기

적절한 종결 시기를 결정하기 위해서 개입목표의 달성 정도, 서비스 시간 내 제공 완료 여부, 클라이언트의 문제 상황의 해결 정도, 사회복지사와 기관의 투자 노력, 더 이상의 만남이 큰 도움이 되지 않을 것에 대해 합의, 클라이언트의 의존성, 클라이언트에 대한 새로운 서비스의 적합성 여부(의뢰) 등을 고려해야 할 것이다.

(2) 정서적 반응 다루기

사회복지사는 클라이언트의 정서적 반응을 잘 다루어야 한다. 특히, 목적이 달성되지 않은 경우, 클라이언트는 사회복지사에 대한 실망, 분노 및 버림받았다는 느낌 등이 들지 않도록 그의 감정을 수용하면서 부정적 감정을 표현할 수 있게 해주어야 한다. 그리고 사회복지사가 이직 등으로 인해 클라이언트를 떠나가게 될 경우, 클라이언트의 정서적 반응을 잘 다루어야 할 것이다. 즉, 사회복지사는 클라이언트의 부정적·긍정적인 모든 감정표현을 허용하고 다른 사회복지사에게 의뢰하는 것을 수용하도록 도와주어야 한다.

(3) 서비스에 대한 평가

목표성취의 정도에 대하여 서비스 평가를 제공하는 것으로, 사회복지개입의 결과나 과정을 조사기법을 활용하여 사정해야 할 것이다. 그리고 사회복지실천에서 개입활동이 효율적이고 효과적으로 결과에 작용하였는지를 평가한다.

(4) 목표 유지와 강화

성취된 목표를 유지·강화하고 계속하여 성장하도록 계획을 세우는 것이다. 클라이언트에게 문제해결의 기본원칙을 파악하도록 원조한다. 또한 표적문제에 대해 문제해결의 원칙이 어떻게 적용되었는지 검토하고 일반화 방법 등에 대해 예측하고 연습을 한다. 그리고 사후관리(follow-up)로써, 종결 후 1~6개월 정도의 일정 기간이 지나서 클라이언트가 잘 적응하고 있는지, 변화의 유지 정도가 어느 정도인지를 확인하는 것이다.

(5) 의뢰

사례가 종결되었지만, 클라이언트에게 새로운 서비스가 더 필요하거나 해결되지 않은 문제가 있는 경우 의뢰한다. 클라이언트는 의뢰를 '거부'로 받아들여 필요한 도움을 더 받지 않으려고 할 수 있다. 때문에 의뢰과정은 더욱 더 신중히 다루어져야 한다.

2) 종결의 유형

종결의 유형은 시간제한에 의한 계획된 종결, 시간제한이 없는 종결, 일정기간만 제공되는 계획된 종결, 목표달성에 의한 종결, 개입중단으로 인한 종결 등이 있는데, 그 내용을 살펴보면 다음과 같다.[2]

(1) 시간제한에 의한 계획된 종결

시간 제한적 방식에 의한 계획된 종결은 초기부터 사회복지사와 클라이언트가 개입의 시간을 미리 제한하고 시작하는 것이다. 시간제한은 미리 정해지기 때문에 종결과정에서 강력한 영향을 미친다. 사회복지사가 개입을 결정할 때 시간제한을 염두에 두고 계획을 세우게 되며, 이를 개입 초부터 클라이언트에게 통보한다. 시간제한은 실천현장의 현실적 조건 때문에 사회복지사와 클라이언트 양쪽이 더 열심히 개입에 임하게 되는 결과를 가져오기도 한다. 시간제한이 없는 서비스가 제공될 수 있다는 생각은 클라이언트의 의존심을 조장할 수 있다. 원조 관계에 의존하고 싶어 하는 증상 때문에 독립적으로 생활에 대처할 수 없게 되거나 개입현장 외부에서 잘 기능하지 못하는 것은 바람직하지 못하기 때문에 제한된 시간 내에 종결한다.

(2) 시간제한이 없는 종결

시간제한이 없는 방식에 의한 계획적 종결에서는 언제 종결할 것인지를 결정하는 것이 중요하다. 일반적으로 사회복지사와의 만남을 통해 클라이언트가 얻는 것이 줄어들 때, 즉 세션으로부터 얻는 이득이 점차 줄어들어 중요성이 없어질 때가 종결할 때라고 한다. 클라이언트가 일이 꽤 오랫동안 잘 되어 가고 있으며, 중단하는 것에 대해 생각해 왔다고 말한다면 사회복지사는 클라이언트가 가까운 장래에 종결할 준비가 되어있다는 사실을 인정하고 이를 반영할 수 있다.

사회복지사는 클라이언트에게 충분한 진전이 있다고 판단되면 클라이언트에게 종결에 대하여 언급하도록 한다. 이에 대한 클라이언트의 동의가 있으면 클라이언트와 함께 종결에 대한 계획을 세우도록 한다. 클라이언트가 뚜렷한 진전에 대한 증거를 보고할 때도 목표와 관련하여 클라이언트의 현재 가능성을 검토할 것을 제안하도록 한다. 이때 클라이언트가 목표 달성에 대한 만족감을 표현하면 사회복지사는 종결계획을 함께 논의한다.

(3) 일정기간만 제공되는 계획된 종결

시간적 제약으로 일정 기간만 제공되는 계획된 종결에는 학기 중에만 서비스를 제공하는 학교 프로그램, 입원 기간에만 제공되는 병원서비스, 실습기간에만 사례를 다루는 실습생의 경우가 포함된다. 이러한 종결은 미리 알려진 것이므로 클라이언트로서는 갑작스럽게 종결을 맞는 것보다 충격이 적고 그에 대해 대비를 할 수 있어 종결에 따른 감정을 해소할 충분한 시간을 갖게 된다. 종결일을 미리 아는 것은 이별에 대한 감정을 해결할 수 있는 충분한 시간을 줄 수 있지만, 기관기능에 관련된 시간 제약으로 결정되는 종결은 클라이언트의 문제가 정해진 시기에 해결되지 않을 수도 있다. 학기나 훈련 기간이 끝나서 종결해야 하는 또 다른 어려움은 그와 같은 종결이 사회복지사가 의도적으로 부과하는 시간제한만큼 긍정적 성과기대를 주지 못할 수도 있다는 것이다.

(4) 목표달성에 의한 종결

개입의 목표가 정해진 기간 내에 달성되었기 때문에 종결하는 경우로 가장 이상적인 종결 유형이라고 할 수 있다. 개입과정이 순조롭고 클라이언트가 과업수행을 잘 해내어 의도된 목표대로 효과를 달성하여 종결하는 것이 가장 바람직하다. 목적 달성으로 인해 종결할 때에도 정서적 반응을 다루는 것은 여전히 중요하다. 개입 기간이 길면 길수록 두 사람 사이에서 일어나는 인간관계의 정서적 반응이 친밀하고 밀접하므로 더욱 주의해야 한다.

일부 클라이언트는 종결이 가까워져 온다고 예고한 시점부터 새로운 문제를 제기하거나 문제가 재발하였다고 보고할 수가 있는데, 이는 종결에 대한 두려움과 저항 때문에 관계를 연장하고자 하는 소망의 표현으로 볼 수 있다 종결한 이후라 하더라도 만일 클라이언트에게 어려움이 새롭게 발생한다면 언제든지 다시 사회복지사를 찾아올 수 있다는 것을 알려주는 것도 종결에 도움을 준다.

(5) 개입중단으로 인한 종결

개입의 목적을 달성하지 못한 상태에서 종결하는 것을 말하는데, 클라이언트가 일방적으로 종결을 선언하고 다시는 오지 않는 경우와 클라이언트에게 더 이상의 개입이 아무런 변화를 가져오지 못하리라 판단하는 사회복지사가 일방적으로 종결할 수가 있다. 클라이언트가 종결을 선언하는 경우는 약속된 면접에 나타나지 않거나 피상적인 종결이유를 제시하거나 문제를 논의하기를 거절하거나, 다시는 오지 않겠다고 선언하는 것이다. 이런 종결은 종종 저항감의 표현일 수가 있으므로 저항감의 해소가 종결 전에 필요하다. 클라이언트가 저항감을 느끼는 이유는 자기 문제를 제삼자에게 논의하고 원조를 청한다는 사실에 대한 굴욕감일 수도 있고 사회복지사의 어떤 면에 기분이 상했을 수도 있고 사회복지사의 원조능력을 의심하거나 자기문제에 대한 절망감 때문일 수도 있다.

사회복지사는 가능하면 종결 이전에 이러한 문제들에 접근해서 관심을 표명하고 정리를 해주어야 한다. 사회복지사 편에도 중단의 이유가 있을 수 있다. 직업 자체를 그만둔다거나, 다른 곳으로 이동하게 되었거나 하는 경우와 개입과정에서 클라이언트의 비협조와 동기의 부족 등으로 개입이 아무런 도움이 되지 못한다고 생각될 때 사회복지사에 의한 종결이 결정된다.

사회복지사가 떠나므로 인해 개입이 중단될 때 클라이언트는 버림받은 감정, 배신감, 거부당한 느낌 등으로 자존심에 상처를 입을 수 있으므로 각별한 주의가 필요하다. 사회복지사는 가능한 이런 부정적 감정들을 표현할 기회를 주고 극복할 수 있도록 도와준 후 다른 사회복지사에게 의뢰하는 것에 대해 준비를 시켜야 한다. 사회복지사에 의한 종결의 다른 이유로 사회복지사가 자신의 개입이 효과가 없으리라 판단하는 때도 있는데, 이는 클라이언트가 비협조적이고 냉소적이며 변화에 대한 동기나 기대가 전혀 없어 개입 노력이 무의미하다고 생각될 때이다. 클라이언트가 사회복지사에게 신체적 위해나 위협을 가할 때, 클라이언트가 공식적으로 사회복지사에 대한 불만을 제기했을 때, 클라이언트가 뚜렷한 이유 없이 서비스 이용료의 납부 의무를 위반했을 때도 중단될 수 있다.

3) 종결에 따른 반응

종결에 따른 반응에는 긍정적 종결반응, 부정적 종결반응, 사회복지사가 떠날 때의 정서적 반응다루기, 실패로 인한 종결 등이 있는데, 그 내용을 살펴보면 다음과 같다.[3]

(1) 긍정적 종결반응

대부분 클라이언트는 종결단계에서 긍정적 정서를 경험하게 된다. 성취된 이득의 혜택은 대개 '돕는 관계의 상실'이 주는 충격보다 훨씬 크다. 또한 클라이언트는 종종 주인의식이 증가하였음을 느낀다고 말하며, 사회복지사와 클라이언트 모두 성취의 즐거움을 경험할 가능성도 있다.

(2) 부정적 종결반응

클라이언트는 사회복지사에게 집착, 과거 문제재발, 새로운 문제호소 등이 일어날 수 있다. 클라이언트와 사회복지사는 종결과정 동안 흔히 상실감을 경험한다. 사회복지사에게 지나치게 의존적이었던 클라이언트는 사회복지사와의 이별이 상실감으로 다가올 수가 있다. 사회복지사가 장기간 클라이언트의 삶에 중요한 역할을 해왔기 때문에 어떤 클라이언트는 종결에 대해 매우 꺼릴 수 있다.

(3) 사회복지사가 떠날 때의 정서적 반응

사회복지사가 기관을 떠나면서 종결한다면 클라이언트는 종종 슬픔을 경험하기 전에 다른 반응을 표현한다. 종결이 계획된 것이 아니고 별다른 예고 없이 진행될 때의 반응은 때때로 다른 갑작스러운 위기에서 발생하는 반응과 유사하다. 또한 사회복지사가 떠날 때 클라이언트가 흔히 경험하는 상처, 분노, 거절의 감정이 나타나는 것에 대한 이해를 구하는 감정이입적 의사소통이 필요하다.

(4) 실패로 인한 종결

사회복지사와 클라이언트가 협조적인 관계로 원조 과정에 참여하려 노력했지만, 개입의 결과가 기대했던 만큼 나오지 않거나 실패할 수도 있다. 이런 경우 바람직한 성과를 성취하지 못한 요인과 추가 도움을 구하는 것에 대한 클라이언트의 감정을 다루어야 한다.

4) 변화된 결과의 강화 및 유지

클라이언트의 변화된 결과를 강화하고 유지하는 것은 종결에서 다루어야 할 중요한 사항이다. 사회복지사는 변화된 문제나 행동 등의 중요성을 클라이언트에게 인식시킴으로써 새로운 기술을 계속 사용하도록 하며, 환경적 자원의 제공으로 이득을 지속시키는 데 도움이 되는 지역사회자원을 제공한다. 또한 환경적 자원의 제공으로 이득을 지속시키는 데 도움이 되는 지역사회자원을 제공하며 사후서비스로 개입의 효과와 지속적 원조를 위한 계획에 대한 중요한 정보를 제공한다. 그리고 클라이언트의 스트레스와 부정적 상황을 예측하고 그가 속한 환경의 자원체계들을 잘 활용하여 적절하게 대처하도록 함으로써 클라이언트의 변화된 결과를 강화하고 유지하도록 도움을 주어야 할 것이다.

5) 사후관리

사후관리는 클라이언트와 사회복지사의 공식적 관계가 종료된 후 1개월에서 6개월이 지났을 때 클라이언트가 잘 적응하고 있는지를 점검하는 과정이다. 클라이언트가 종결 시와 같은 수준에서 잘 기능하고 있는지를 알아보기 위함이고 클라이언트가 어려움을 겪고 있다면 필요한 도움을 제공하기 위해서 실시된다. 사후관리는 종결 시 클라이언트와 함께 계획할 수도 있다. 또는 개입의 전 과정을 계획하는 단계에서 사후관리가 포함되도록 고려할 수도 있는데, 처음 개입계획단계에서부터 포함되도록 하는 것이 바람직하다.

사후관리를 시행할 때, 사회복지사는 클라이언트에게 사후관리의 목적이 클라이언트 변화의 진전상황을 점검하는 것임을 확인시켜 줌으로써 클라이언트에게 긍정적 기대감을 심어 주는 것이 좋다. 계획된 사후관리는 클라이언트에게 사회복지사의 지속적 관심을 받고 있다는 지지감을 부여함으로써 종결 시의 개입효과를 지속해서 유지하는 데 도움을 주게 된다.

2. 평가단계

1) 사회복지실천평가

사회복지실천평가에서는 평가의 개념, 사회복지실천평가의 중요성 등으로 나누어 보면 다음과 같다.[4]

(1) 평가의 개념

평가란 개입의 효과성과 효율성을 측정하는 것이다. 효과성은 목표달성 여부를 말하고, 효율성은 투입된 비용(시간, 노력, 금전적 비용)과 산출된 성과간의 비율을 말하는 것이다. 평가란 무엇이 클라이언트에게 도움이 되었고, 어떤 것들이 달리 진행되었어야 했는지를 말해 준다.

사회복지실천에서 '평가'는 기관의 계획이나 정책 혹은 프로그램에 전반적으로 적용될 수 있다. 평가의 개념을 크게 세 가지로 나누어 정의를 내릴 수 있다.

첫째. 광의적 차원으로, 사회복지실천평가란 사회복지실천 활동이 얼마나 효과적이었는지, 효율적이었는지를 판단한다.

둘째, 협의적 차원으로, 사회복지실천평가란 사회복지사의 개입노력을 사정하는 것을 말하며, 개인이나 가족, 집단, 지역사회 대상으로 실시한 개입이 변화를 일으켰는지, 어느 정도의 변화가 생겼는지를 사정하는 것이다.

셋째, 프로그램 평가로써, 이것은 실천적 조사연구의 한 유형으로써 사회복지서비스가 필요한지, 서비스가 계획한 대로 수행되었는지, 서비스가 목적한 바대로 클라이언트의 욕구나 문제에 효과적이었는지를 평가하는 것이다.

(2) 사회복지실천평가의 중요성

사회복지실천평가를 통해 사회복지사와 클라이언트는 의도한 바대로 서비스 계획을 이행했는가의 여부와 목적들이 성취되었는가를 결정짓고 이를 토대로 문제나 목표, 서비스 계획 등이 수정될 수 있으며 같은 서비스 계획을 다른 방식으로 수행할 수도 있다. 또한 사회복지실천에 있어서 평가는 사회복지실천의 과학성과 전문성을 강화해 주고 클라이언트에 대한 책임성을 높여 준다는 면에서 매우 중요한 의미를 지니고 있다. 가령 사회복지실천의 결과를 놓고 볼 때 그것이 바람직한 것으로 판명되었다면 그 과정에서 사용된 방법과 투입된 에너지의 양을 계속적으로 사용하고 발전시켜 나가게 될 것이며, 이와 반대의 경우에는 그러한 방법과 에너지의 투입을 중지하거나 변경시키지 않으면 안 되는 것이다. 이러한 노력은 곧 클라이언트에 대한 사회복지사의 책임성을 보다 확대하는 결과를 가져오게 된다.

평가가 사회복지실천에서 얼마나 중요한지 다음과 같은 이유 때문이다.

첫째, 사회복지실천의 효과성[3] 측정으로써, 평가의 일차적 목적은 목표를 달성했는지 측정하는 것이다. 그리고 원래 계획했던 대로 서비스를 제공해서 결과에 도달했는지 즉, 목표의 달성여부를 사회복지실천이 얼마나 효과적이었지 측정한다.

3) 효과성: 개입목표의 달성 여부와 관련이 있음

둘째, 사회복지실천의 효율성[4] 측정으로써, 이것은 동일한 비용으로 높은 효과를 내었을 때 효율성이 증가하기 때문에 평가과정을 통해 실천의 효율성을 측정할 수 있다.

셋째, 자원 사용에 대한 책임성 입증으로써, 이것은 재정적인 지원이나 지역사회의 승인이 필요할 때에 이에 대한 근거를 제시하는 계획안이 된다.

넷째, 클라이언트에 대한 책임성 이행으로써, 사례의 진행 정도에 대해 사회복지사 자신뿐만 아니라 지역사회와 클라이언트에게 알려줄 책임을 이행 할 수 있다.

다섯째, 실천과정에 대한 점검으로써, 클라이언트는 어떻게 반응하고 있는지, 계획했던 변화가 일어나고 있는지 등 변화과정에 대해 점검을 할 수 있다.

여섯째, 사회복지사가 실천 내용에 대해 점검하고 평가함으로써, 반성할 기회를 갖고 새로운 활동에 반영한다. 이를 통해 특정 문제나 클라이언트에게 효과가 있는 개입방법을 적용하게 되어 효과적인 개입을 가능하게 하며 사회복지사의 능력을 향상할 수 있다.

2) 평가유형

평가유형은 평가의 내용에 따라 평가차원에 따른 분류와 평가목적에 따른 분류로 구분할 수 있으며 자세한 내용은 다음과 같다.[5]

(1) 평가차원에 따른 분류

① 성과평가(결과평가)

성과(outcome, 결과)에 대한 평가(evaluation)는 목표에 비추어 성취된 결과를 평가하는 것이다. 측정도구가 없다면 클라이언트의 관점과 생각을 사회복지사의 생각과 비교하기 위해 상담이나 질문지를 사용할 수 있다. 전체 과정을 평가하기 위해 각 과정에서 달성한 목표를 클라이언트의 관점에서 도출해야 한다.

4) 효율성: 목표달성에 투여한 자원에 따라 성과를 비교함

② 과정평가

과정평가(process evaluation)는 사회복지실천과정을 분석하기 위한 것으로 성과평가에서 빠지기 쉬운 프로그램의 준비, 진행, 종결과정에서 환경적인 요인과의 관련성을 프로그램의 과정에 따라 분석하는 기법이다. 과정평가의 핵심은 긍정적인 변화를 유발할 수 있는 일반적인 요소를 잘 알아 실천에 통합하고 치료적 효과를 향상시키는 것이다. 평가 내용에는 사회복지사가 목표달성을 위해 사용한 방법이나 기법에 대해 피드백하는 것도 포함한다.

③ 사회복지사평가

사회복지사의 행동이나 태도 등이 개입에 어떠한 영향을 주었는지 파악하기 위해 클라이언트로부터 피드백을 받는 것이다. 클라이언트의 긍정적 피드백은 사회복지사가 자기 강점을 더 잘 알게 하고 그것을 미래에 자주 활용하게 한다. 부정적인 피드백은 때로 고통스럽지만 사회복지사의 주의산만, 반 치료적 행위나 태도, 매너리즘을 알려준다는 점에서 역시 매우 도움이 된다.

(2) 평가목적에 따른 분류

① 형성평가

형성평가(formative evaluation)는 개입과정에 대한 평가이다. 사회복지실천과정에 초점을 두고, 주기적으로 진전상황을 평가한다. 활동의 진행 과정에서 그것을 부분적으로 수정·개선·보완하는 데 필요한 정보를 얻기 위하여 실시하는 평가활동인데, 이는 사회복지실천에서 원조 과정 동안 실시되는 사정과 관련된다. 사회복지사가 과정을 검토하도록 하고 필요한 경우에 개입계획을 수정할 수 있도록 한다. 이러한 의미에서 형성평가는 실천과정의 점검이라고 할 수 있다.

② 총괄평가

총괄평가(summative evaluation)는 활동이 종결되었을 때, 그 활동의 결과로서 산출된 성과와 효율성에 대하여 종합적인 가치판단을 하는 행위이다. 사회복지실천에서 개입

(프로그램)이 종결되었을 때 그것의 효과성, 즉 목적달성 여부와 관련하여 그 요인을 분석하는 것을 말한다. 이러한 면에서 형성평가와 대조된다. 개입이 목표로 하는 바를 얼마나 잘 성취했는지를 평가하는 것으로 개입방법의 성과나 효과, 즉 효율성과 효과성을 평가한다. 총괄평가의 단계 및 고려해야 할 요소들은 기관의 사명, 프로그램의 목적 및 목표, 프로그램 목표달성 여부 결정방법, 평가자료 활용방법 등이다.

③ 통합평가

형성평가와 총괄평가를 통합한 평가이다. 단일사례연구를 통합평가로 보기도 하고 과정평가나 총괄평가의 변형으로 보기도 한다.

3. 평가설계

1) 사회복지실천에 적용되는 평가방법

사회복지실천에 적용되는 평가설계 방법에는 단일사례(연구) 설계, 목표달성척도, 과제성취척도 등이 있는데, 그 주된 내용은 다음과 같다.[6]

(1) 단일사례(연구) 설계

단일사례(연구) 설계(single subject design)는 흔히 단일사례(혹은 클라이언트)에 적용되었기 때문에 붙여진 명칭이다. 사회복지실천의 효과성을 평가하기 위해 가장 많이 사용되는 설계 방법으로 클라이언트에 관한 즉각적인 연구가 필요할 때나 통제집단을 구하기 어려운 경우 사용될 수 있는 가장 효과적인 방법이다. 클라이언트의 문제에 대해 실제로 변화가 일어났는지 아닌지에 관계없이 사회복지실천가와 클라이언트가 문제를 점검하여 피드백을 주고받을 수 있고 개입과 관찰된 변화 사이의 관계를 점검하는 데 특별히 개입된 기술이나 서비스 프로그램의 단독효과 시험이 가능한 것이 장점이다.

단일사례 설계의 특징을 보면 사례가 하나이며, 어떤 표적행동에 대한 개입의 효과를 관찰하여 분석하는 것이다. 또한 시계열적으로 반복적인 관찰을 하며 개입 전과 개입 후의 상태를 비교할 수 있다. 그리고 개입 도중 자료를 검토할 수 있어 개입방법을 수정하여 효과적인 개입을 할 수 있고, 즉각적인 환류, 통제집단이 없음, 개입 전후 비교, 개입의 지속 또는 사후계획 등을 세울 수 있다. 여기에서 사례는 개인, 가족, 집단이 될 수 있다. 그리고 단일사례 설계 수행과정은 문제의 확인 및 규정, 변수의 선정, 측정대상 선정, 개입목표의 설정, 조사 설계, 조사 실시, 개입평가(자료분석) 등으로 진행한다.

① 단일사례 설계의 기본개념

가. 기초선

단일사례 설계는 우선 측정할 수 있는 목적을 설정하고 개입 이전의 행동빈도를 보여주는 기초선(baseline)을 설정한다. 단일사례 설계에서 변화의 정도를 측정하기 위해 개입 시점에서 설정하는 기준선으로 개입하기 이전 단계이며 A로 표시한다. 대개 며칠 또는 몇 주간의 표적행동의 빈도, 강도, 지속시간을 관찰함으로써 설정된다, 또한 개입 전에 관찰이 허용되지 않으면 이전의 행동 패턴에 초점을 둔 클라이언트, 또는 클라이언트의 가족, 클라이언트와 관련된 친구 및 직장동료 등의 정보를 통해 기초선을 설정할 수 있다.

나. A와 B

A는 보통 설정된 기초선을 의미하며, 개입 전 국면이라고도 한다.

B는 개입단계를 의미하며 복수의 개입유형이 사용되면 C, D 등으로 표기한다. 특히, 사회복지실천에서는 기초선을 측정할 수 없는 상황도 많으며 이 경우 개입기간의 행동기록만 이용 가능한데 이를 B설계라고 한다.

② 단일사례 설계의 유형

가. AB 설계(기본단일 설계: 기초선→개입단계)

AB 설계를 기본단일 설계라고도 하며 AB 설계는 기초선(A) 설정 후 개입(B)이 뒤따르는 것을 말한다. 장점으로는 여러 유형의 문제와 장소에서 적용 가능하며 단점으로는 다른 변수의 영향을 통제할 수 없으므로 개입의 효과 파악이 곤란하며 표적행동의 변화에 미치는 효과의 신뢰도는 낮다.

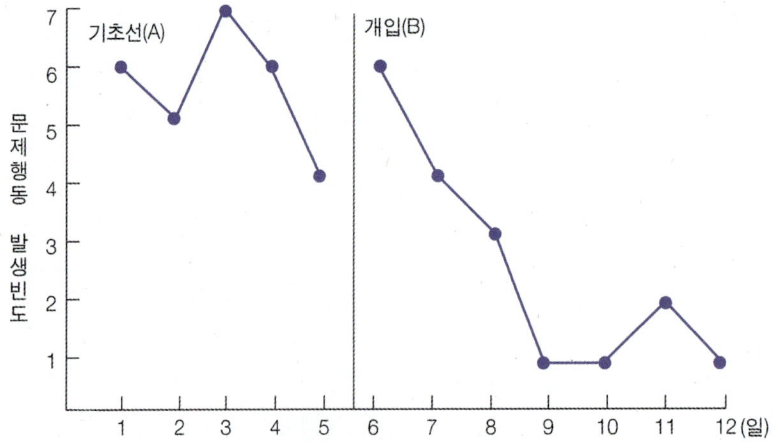

그림 13-1 단일사례 설계(AB 설계)

나. ABA 설계(기초선→개입단계→제2기초선)

AB 설계에 개입을 중단하는 제3의 국면 A를 추가, 변화의 개입효과성을 확인할 수 있게 만든 설계이다. ABA 설계는 기초선(A) → 개입(B) → 기초선(A)의 형태로, 개입 이후에 기초선 관찰이 다시 이루어진다. 두 번째 기초선 기간은 처음 기초선과 같은 상태로 돌아간다는 의미에서 반전 기간 또는 제2기초선이라고 한다.

장점은 변화의 개입효과성에 대한 파악이 가능하다. 단점은 변화가 일어난 클라이언트에게 개입을 중단함으로써 그를 다시 문제 상황에 빠뜨릴 수 있다는 점에서 비윤리적이며 개입을 철수해도 개입효과가 지속될 수 있다. 그리고 조사기간이 길어진다.

다. ABAB 설계(기초선 → 개입단계 → 제2기초선 → 개입국면)

ABA 설계에 다시 개입을 재개하는 B국면을 추가한 설계이다. 즉, ABAB 설계는 외생변수를 좀 더 효과적으로 통제하기 위해 제2기초선(A)과 제2개입단계(B)를 추가하는 것이다. 다시 말하면 기초선(A) → 1차 개입(B) → 반전, 철회(A) → 2차 개입(B)의 형태이다. 두 번째(A)에서는 개입을 철회한다.

장점은 개입의 효과에 대한 인과관계의 파악 및 특정한 문제를 가진 클라이언트에 대한 특정 개입효과를 알 수 있으므로 해당 분야의 이론축적이 쉬우며 클라이언트와 사회복지실천가의 관계가 지속되고 있는 상황에서 두 번째 기초선이 설정되고 개입이 이루어지므로 지속적인 관찰이 가능하다. 단점은 ABA 설계보다 시간이 오래 걸리기 때문에 2번에 걸친 기초선, 개입기간을 모두 일정하게 유지하기가 어렵고 개입 지속효과로 인해 개입의 효과가 무의미하게 될 경우가 발생할 수 있다([그림 13-2] 단일사례설계(ABAB 설계) 참조).

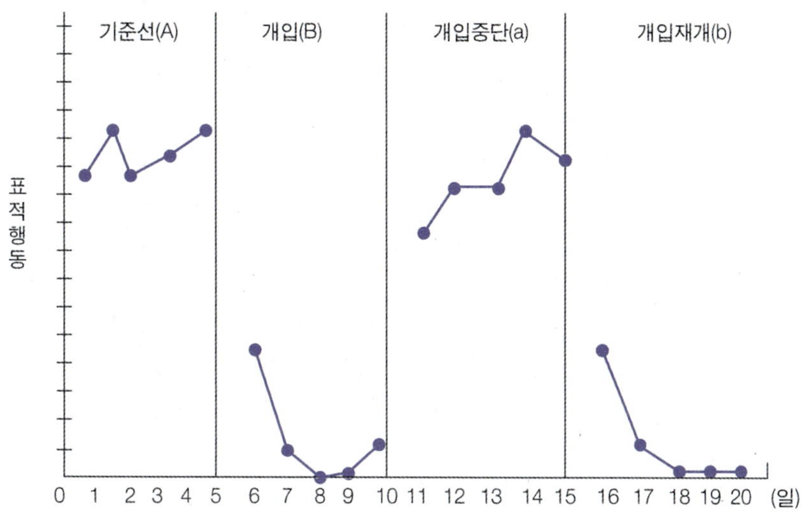

그림 13-2 단일사례 설계(ABAB 설계)

라. BAB 설계(개입단계 → 기초선 단계 → 개입단계)

기초선 측정 없이 바로 개입할 때 사용하는 설계이다. 클라이언트가 위기에 처해 있거나 기초선을 측정할 수 없는 상황에서 바로 개입하는 설계이다.

장점은 클라이언트 상황이 어느 정도 안정되면 개입을 중지하고 기초선 단계 자료를 수집한다. 단점은 개입이 이루어지기 전에 기초선을 측정하지 못했기 때문에 개입의 효과성을 알기 어렵고 개입 이후에 기초선을 측정하더라도 이미 개입이 이루어졌기 때문에, 기초선에는 개입의 효과가 어느 정도 반영되어 있다.

마. 다중요소 설계(기초선 단계 → 서로 다른 개입방법 사용)

다중요소 설계에는 ABCD, ABA, ABACA 설계 등이 있다. 하나의 기초선 자료에 대해 여러 개의 각기 다른 개입방법을 연속적으로 도입해보는 것이다. A는 기초선이고 B, C, D는 각기 다른 개입방법이다.

바. 복수기초선 설계

복수기초선(multiple baseline) 설계는 둘 이상의 기초선을 사용하는 것을 말한다. 개입을 중단하는 대신에 동시에 개입을 시작하므로 윤리적, 실천적 문제를 피할 수 있다. 그리고 개입의 인과적 결론을 더욱 확실히 하기 위해 개발된 것이다. 즉, 여러 문제, 여러 상황, 여러 사람에게 적용하여 같은 효과를 얻음으로써 개입의 인과적 효과와 확신을 높이려는 것이다.

- **문제 간 복수기초선 설계**

하나의 특수한 개입방법이 같은 상황에 있는 같은 대상자의 다른 문제해결에 효과가 있는지를 평가하기 위한 설계방식이다. 단 문제는 상호 독립적이어야 한다.

- **상황 간 복수기초선 설계**

하나의 특수한 개입방법이 같은 대상자의 같은 문제를 두 가지 이상의 다른 상황에서 치료하는 데 효과가 있는지를 평가하는 설계이다.

- **대상자 간 복수기초선 설계**

같은 상황에서 같은 문제를 가진 여러 사람에게 특정 개입방법을 실시해 그 개입방법이 효과가 있나 보기 위해 사용하는 설계이다.

사. 철회 설계

ABA 설계, ABABA 설계 등이 철회 설계(withdrawn Scaling)에 속한다. 기초선(A) 측정 후 일정 기간 개입(B)을 하고, 일정 기간 개입을 중단(A)하는 것을 말한다. 개입한 상태와 하지 않은 상태를 두 번 관찰할 수 있어서 AB 설계에 비해 개입에 대한 확신을 얻을 수 있다. 또한 타당도를 저해하는 역사, 성숙, 통계적 회귀 등 요인들을 통제하는 데 유용하지만 의도적으로 개입을 철회(중단)하는 것은 윤리적으로 문제가 있다. 개입의 변화가 미치는 영향을 분석하기 위해 여러 설계를 사용한 것이다. 그리고 클라이언트에게 도움이 되지 않는 개입을 수정하거나 실제로 표적문제에 변화를 가져오는지 설명하고자 할 때 유용하다. 단점은 이월효과, 순서효과, 우연한 사건과 관련된 제한점이 있다.

2) 목표달성척도

목표달성척도(Goal Attainment Scaling)는 사회복지사와 클라이언트가 함께 설정하였던 '개별화된 목표'의 달성 정도를 평가하기 위한 것이다. 즉, 개입의 목표가 특정 클라이언트에게만 해당하는 고유한 것이라 할지라도 개입을 평가할 수 있게 하는 차이다. 이 평가방법은 정신건강, 약물남용 프로그램, 보호관찰 등 많은 실천 현장에서 사용됐다. 목표달성척도는 계약 및 목표설정 단계에서부터 적용되기 시작한다. 이 척도는 클라이언트의 기능수행영역을 세분화하여 개입 후에 각 영역의 기능이 어느 정도 향상되었는가를 평가한다. 예를 들면 각 척도는 대인관계, 직무수행, 양육 행동 등 클라이언트의 주요한 기능수행 영역에 관한 것으로 개입에 의해 영향을 받을 것으로 예상할 수 있다. 목표달성의 결과에 대해 주로 5점 척도를 사용하여 ① 가장 바람직하지 않은 결과 ② 기대한 성공수준보다 낮음 ③ 기대한 성공 수준 ④ 기대한 성공수준 보다 높음 ⑤ 가장 바람직한 결과로 나누어 평가한다.

3) 과제성취척도

과제성취척도(Task Achievement Scaling)는 과제가 성취된 정도를 평가하는 방법이다. 장점은 사회복지사와 클라이언트가 합의한 과제를 완수하는 정도를 평가하거나 사회복지사와 클라이언트가 1~2회 정도 만나게 되는 단기 서비스개입에서 유용하게 사용될 수 있다. 단점은 중재자나 옹호자, 조정자 역할과 같은 추상적 활동은 단일사례 설계나 과업성취척도를 사용하여 측정하기가 매우 힘들다.

과제성취척도는 일반적으로 각 면접 세션의 진전을 평가하기 위해 사용되는데, 각 과제의 진척을 평가하기 위해 4점 척도를 사용하여 ① 완전성취 ② 상당히 성취되었으나 아직 행동이 필요하다 ③ 부분적으로 성취되었으나 할 일이 남아 있다 ④ 아직 성취되지 않았다로 나누어 평가한다.

미주

제1장 사회복지실천의 개념 및 정의

1 Minahan, 1981; 이영실 외, 2014; 최해경, 2017; 길귀숙, 2018; 문현주·김기영 외 4명, 2019; 박지영, 2020; 이경준 외. 2020.

2 Hepworth, Rooney, Rooney, Strom-Gottfried, & Larsen, 2009; 이영실 외, 2014; 권향임·김상아 외 1명, 2018; 박귀영, 2020.

3 Reamer, 1993; 김경호, 2010; 방미진·황영희, 2011; 이영실 외 2014; 강선경·최원석, 2012; 박보식, 2013; 윤선오, 2016; 주경필, 2016; 김학년, 2019; 이원숙 외, 2020.

4 Reamer, 1993; 김경호. 2010; 최세영·김준환 외 2명, 2017; 김보기, 2019; 김현호, 2020.

5 이영실 외, 2014; 최세영·김준환 외 2명, 2017; 조미숙, 2018; 도광조, 2018; 이광재, 2019; 김난실, 2020.

6 이영실 외, 2014; 전제일·이준상 외 2명, 2016; 김성철, 2017; 고명수·박연희 외 2명, 2019; 김현호, 2020.

7 이영실 외, 2014; 성정현 외 3명, 2016; 최은희, 2017; 이경준, 2018; 강성자, 2019; 이원숙 외, 2020.

8 성정현 외 3명, 2016; 김효선. 2018; 양옥경·김정진. 2018; 조학래, 2019; 김혜영, 2020.

9 Hartfort, 1971; Holland, 1995; Fagon, 2000; 이영실 외, 2014; 사회복지교육연구센터, 2020.

제2장 사회복지실천의 가치 및 윤리

1 Compton & Galaway, 1989; 윤선오, 2016; 박희숙, 2018; 강성자, 2019; 생각의마을, 2019; 이경준 외. 2020.

2 Johnson, 1995; 이영실 외, 2014; 김성철, 2017; 최옥채, 2017; 이경준, 2018; 김학년, 2019; 이원숙 외, 2020.

3 Congress, 1999; 서혜석·김덕진 외 1명, 2017; 최은희, 2017; 이경준, 2018; 고명수·박연희 외 2명, 2019; 사회복지교육연구센터, 2020.

4 Johnson, 1995; Congress, 1999; Friedlander, 1980; 이영실 외, 2014; 김효선. 2018; 양옥경·김정진. 2018; 김학년, 2019; 김혜영, 2020.

5 Reamer, 1999; 이영실 외, 2014; 곽미정·전미숙 외 3명, 2016; 김철진, 2016; 조학래, 2019; 강성자, 2019; 박희숙, 2018; 이경준 외. 2020.

6 Lowenberg & Dolgoff, 1966; 최해경, 2017; 이경준 외. 2020; 이영실 외, 2020.

7 NASW, 1996; 이영실 외, 2014; 김성철, 2017; 길귀숙, 2018; 문현주·김기영 외 4명, 2019; 박지영, 2020.

8 권향임·김상아 외 1명, 2018; 김보기, 2019; 김난실, 2020; 이영실 외, 2020.

9 Reamer, 1994; 이영실 외, 2014; 최세영·김준환 외 2명, 2017; 이경준, 2018; 강성자, 2019; 박귀영, 2020.

10 이영실 외, 2014; 김철진, 2016; 최해경, 2017; 조미숙, 2018; 김현호, 2020; 고명수·박연희 외 2명, 2019; 이원숙 외, 2020;

11 이영실 외, 2014; 도광조, 2018; 문현주·김기영 외 4명, 2019; 박지영, 2020.

12 Reamet, 1989; Lowenberg & Dolgoff, 1996; 이영실 외, 2014; 김철진, 2016; 김성철, 2017; 이광재, 2019; 박귀영, 2020.

제3장 사회복지실천 현장의 이해

1 Compton & Galaway, 1989; 이영실 외, 2014; 이경준, 2018; 이원숙 외, 2020; 박희숙, 2018; 박지영, 2020.

2 신종우·류기덕 외, 2010; 이영실 외, 2014; 최옥채, 2017; 이경준, 2018; 강성자, 2019; 김학년, 2019; 이원숙 외, 2020.

3 이영실 외, 2014; 최은희, 2017; 조미숙, 2018; 강성자, 2019; 김현호, 2020.

4 이영실 외, 2014; 최세영·김준환 외 2명, 2017; 김보기, 2019; 생각의마을, 2019; 박지영, 2020.

5 이영실 외, 2014; 김성철, 2017; 김보기, 2019; 김난실, 2020; 이경준 외. 2020.

6 Hepworth & Larsen, 1997; 이영실 외, 2014; 양옥경·김정진. 2018; 김혜영, 2020.

제4장 사회복지실천의 관점: 통합적 관점

1 Skidmore 등, 2000; 권향임·김상아 외 1명, 2018; 강성자, 2019; 김학년, 2019; 박귀영, 2020.

2 이영실 외, 2011, 2014; 양정남 외, 2012; 김성철, 2017; 조미숙, 2018; 강성자, 2019; 김현호, 2020.

3 Laszlo, 1972; Pincus & Minahan, 1973; Norlim & Chess, 1977; 이영실 외, 2014; 조미숙, 2018; 김보기, 2019; 김난실, 2020.

4 Pincus & Minahan, 1973; 이영실 외, 2011, 2014;고명수·박연희 외 2명, 2019; 이광재, 2019; 사회복지교육연구센터, 2020.

5 Laszlo, 1972; Pincus & Minahan, 1973; Norlim & Chess, 1977; 이영실 외, 2014; 문현주·김기영 외 4명, 2019; 박지영, 2020.

6 Laszlo, 1972; Pincus & Minahan, 1973; Norlim & Chess, 1977; 이영실 외, 2014; 양옥경·김정진. 2018; 김혜영, 2020.

7 Compton & Galaway, 1986; 이영실 외, 2014; 조미숙, 2018; 도광조, 2018; 이광재, 2019; 김난실, 2020.

8 Pincus & Minahan, 1973; 이영실 외, 2014; 서혜석·김덕진 외 1명, 2017; 사회복지교육연구센터, 2020.

9 Goldstein, 1973; 이영실 외, 2014; 조미숙, 2018; 도광조, 2018; 이광재, 2019; 김난실, 2020.

10 Compton & Galaway, 1986; 이영실 외, 2014; 김성철, 2017; 최옥채, 2017; 김학년, 2019; 사회복지교육연구센터, 2020.

11 Laszlo, 1972; Norlim & Chess, 1977; 이영실 외, 2014; 김효선. 2018; 양옥경·김정진. 2018; 조학래, 2019; 김혜영, 2020.

12 Goldstein, 1973; 이영실 외, 2014; 최옥채, 2017; 최은희, 2017; 김학년, 2019; 김난실, 2020.

제5장 사례관리

1 McMahon, 1990; Belsher, 1993; 이영실 외, 2014; 최옥채, 2017; 김학년, 2019; 최은희, 2017; 이원숙 외, 2020.

2 Steinberg & Carter, 1983; McMahon, 1990; 고명수·박연희 외 2명, 2019; 김현호, 2020.

3 Baker, 2003; Woodside & Mcclam, 2006; 이영실 외, 2014; 이영실 외, 2014; 조미숙, 2018; 도광조, 2018; 이광재, 2019; 김난실, 2020.

4 Weil & Karls, 1985; Quinn, 1993; Rose & Moore, 1995; 이영실 외, 2014; 이경준, 2018; 강성자, 2019; 이원숙 외, 2020.

5 Rubin, 1987; Kirst-Ashman & Hull, Jr, 1995; 이영실 외,2014; 이경준, 2018; 강성자, 2019; 이원숙 외, 2020.

6 Steinberg & Carter, 1983; Rubin, 1987; 이영실 외, 2014; 양옥경·김정진. 2018; 조학래, 2019; 김현호, 2020.

7 Rose & Moore, 1995; Woodside & Mcclam, 2006; 이영실 외, 2014; 성정현 외 3명, 2016; 김효선. 2018; 김난실, 2020.

제6장 체계수준별 사회복지실천

1 Pavlino & McCrady, 1978; 이영실 외, 2014; 김철진, 2016; 이광재, 2019; 박귀영, 2020. .

2 Pavlino and McCrady, 1978; Shazer, 1985; Berge, 1994; 이영실 외, 2014.

3 Pavlino & McCrady, 1978; 이영실 외, 2014; 도광조, 2018; 문현주·김기영 외 4명, 2019; 박지영, 2020.

4 Satir, 1967, 1975; Minuchin, 1974; Bowen, 1975; Bosch, 1977; Madanes & Haley, 1977; Satir & Baldwin, 1983; 이영실 외, 2014; 박지영, 2020.

5 Shazer, 1985; Rivas, 1995; 이영실 외, 2014; 서혜석·김덕진 외 1명, 2017; 사회복지교육연구센터, 2020.

6 Pavlino & McCrady, 1978; 이영실 외, 2014; 최옥채, 2017; 최은희, 2017; 김성철, 2017; 김학년, 2019; 이원숙 외, 2020.

7 Pavlino & McCrady, 1978; Rivas, 1995; 이영실 외, 2014; 조미숙, 2018; 도광조, 2018; 이광재, 2019; 김난실, 2020.

8 Shazer, 1985; Berge, 1994; 이영실 외, 2014; 고명수·박연희 외 2명, 2019; 김현호, 2020.

9 Rivas, 1995, 이영실 외, 2014; 이경준, 2018; 강성자, 2019; 이원숙 외, 2020.

제7장 관계형성의 이해

1 Compton & Galaway, 1994; 김철진, 2016; 이광재, 2019; 김난실, 2020; 이영실 외, 2020.

2 엄미선·김선아, 2008; 서대석, 2009; 이영실 외, 2014; 도광조, 2018; 문현주·김기영 외 4명, 2019; 박지영, 2020.

3 양옥경 외, 2005; 이영실 외, 2014; 최세영·김준환 외 2명, 2017; 박귀영, 2020.

4 이영실 외, 2011, 2014; 조미숙, 2018; 도광조, 2018; 이광재, 2019; 김난실, 2020.

5 박귀영 외, 2010; 이영실 외, 2014; 서혜석·김덕진 외 1명, 2017; 길귀숙, 2018; 문현주·김기영 외 4명, 2019; 박지영, 2020.

6 김혜영·김성경 외, 2010; 이영실 외, 2014; 조미숙, 2018; 김현호, 2020; 고명수·박연희 외 2명, 2019; 김현호, 2020.

제8장 면접의 방법과 기술

1 이문국 외 역, 1999; 이상균 외 역, 2000; 이영실 외, 2014; 최옥채, 2017; 조미숙, 2018; 도광조, 2018; 이광재, 2019; 김난실, 2020.

2 이영실 외, 2014; 도광조, 2018; 고명수·박연희 외 2명, 2019; 이광재, 2019; 김현호, 2020; 박지영, 2020.

3 최은희, 2017; 권향임·김상아 외 1명, 2018; 김보기, 2019; 김난실, 2020; 이영실 외, 2020.

4 이영실 외, 2014; 서혜석·김덕진 외 1명, 2017; 조미숙, 2018; 도광조, 2018; 이광재, 2019; 김난실, 2020.

5 Kadushin, 1972; 이영주 외, 교육과학사, 2010; 이영실 외, 2014; 도광조, 2018; 이원숙 외, 2020.

6 Donner & Sesions, 1995; 이영실 외, 2014; 조미숙, 2018; 문현주·김기영 외 4명, 2019; 박지영, 2020.

7 Kadushin, 1972; Johnson, 1989; 이영실 외, 2014; 고명수·박연희 외 2명, 2019; 이광재, 2019; 김난실,

2020;

8 Johoson, 1989, 2001; 이영실 외, 2014; 조미숙, 2018; 이광재, 2019; 김난실, 2020.

9 Kagle, 1991; 이영실 외, 2014; 도광조, 2018; 문현주·김기영 외 4명, 2019; 박지영, 2020.

10 Johnson, 1995; Kagle, 1991; Wilson, 1980; 이영실 외, 2014; 문현주·김기영 외 4명, 2019; 박지영, 2020.

11 이영실 외, 2014; 도광조, 2018; 이경준, 2018; 강성자, 2019; 박지영, 2020; 이원숙 외, 2020.

제9장 접수 및 자료수집단계

1 김혜영 외, 2011; 남연희 외, 2012; 김혜란 외, 2013; 이영실 외, 2014; 최옥채, 2017; 김학년, 2019; 사회복지교육연구센터, 2020.

2 Kirst-Ashman & Hull, 1993; Shebib, 2003; 김혜란 외, 2013; 이영실 외, 2014; 김성철, 2017; 최은희, 2017; 서혜석·김덕진 외 1명, 2017; 박지영, 2020.

3 Kirst-Ashman & Hull, 1993; Shebib, 2003; 이영실 외, 2014; 고명수·박연희 외 2명, 2019; 김현호, 2020.

4 Hepworth & Larsen 1990; Fox, 1993; Kirst-Ashman & Hull, 1993; Zastro, 1995; 이영실 외, 2014; 도광조, 2018; 문현주·김기영 외 4명, 2019; 박지영, 2020.

제10장 사정단계

1 Hepworth & Larsen, 1990; Cower, 1992; Zastrow, 1995; Saleeby, 1999; Kirst-Ashman and Hull, Jr., 1999; Hepworth & Larsen, 2006; 김혜영 외, 2011; 남연희·박영구·도기봉, 2011; 이영실 외, 2014; 김난실, 2020.

2 Fox, 1993; Zastro, 1995; Hepworth et al., 2006; Hepworth & Larsen, 2006; Johnson & Yanca, 2007; Kirst-Ashman & Hull, 2008; 박귀영 외, 2010; 박차상 외, 2012; 김용환 외, 2013; 이영실 외, 2014; 박지영, 2020.

3 Johnson, 1989; Cower, 1992; Zastrow, 1995; Saleeby, 1999; Hepworth & Larsen, 2006; 이영실 외, 2014; 사회복지교육연구센터, 2020.

4 Hepworth & Larsen, 2006; Johnson & Yanca, 2007; Kirst-Ashman & Hull, 2008; 이영실 외, 2014; 김학년, 2019; 이원숙 외, 2020.

5 Brown & Levit, 1974; Johnson, 1989; 이영실 외, 2014; 고명수·박연희 외 2명, 2019; 김현호, 2020.

6 Jonson, 1979; Hepworth & Larsen, 1995; Tracy & Whittaker, 1990; 이영실 외, 2014; 문현주·김기영 외 4명, 2019; 김난실, 2020.

7 Brown & Levit, 1974; Johnson, 1989; Kaplan & Girard, 1994; 이영실 외, 2014; 김학년, 2019; 박지영, 2020.

8 Jonson, 1979; Hepworth & Larsen, 1995; 김혜란 외, 2013; 이영실 외, 2014; 조미숙, 2018; 김현호, 2020.

9 Brown & Levit, 1974; Hepworth & Larsen, 1995; 이영실 외, 2014; 고명수·박연희 외 2명, 2019; 사회복지교육연구센터, 2020.

제11장 계획단계

1 Jonson, 1989; Tracy & Whittaker, 1990; Zastrow, 1995; Sheafor & Horejsi, 2008; Hepworth 등, 2010; 이영실 외, 2014; 김난실, 2020.

2 Hepworth & Larsen, 1990; Hepworth et al., 2006; Sheafor & Horejsi, 2008; 박귀영 외, 2010; 오정옥·김현호 외, 2010; 김혜영 외, 2011; 이영실 외, 2014; 박지영, 2020.

3 Sheafor & Horejsi, 2008; Johnson & Yanca, 2010; Hepworth 등, 2010; 김용환 외, 2013; 이영실 외, 2014; 김난실, 2020.

4 Johnson, 1996; Sheafor and Horejsi, 2008; Hepworth 등, 2010; Johnson & Yanca, 2010; 이영실 외, 2014; 사회복지교육연구센터, 2020.

5 Sheafor & Horejsi, 2008; Kirst-Ashman & Hull, 2009; Johnson & Yanca, 2010; 엄명용 외, 2000; 이영실 외, 2014; 김현호, 2020.

6 Jonson, 1989; Hepworth & larsen, 1995; Corcoran & Vandiver, 1996; Hepworth 등, 2006, 2010; 이영실 외, 2014; 김현호, 2020.

7 이영실 외, 2014; 서혜석·김덕진 외 1명, 2017; 조미숙, 2018; 도광조, 2018; 이광재, 2019; 김난실, 2020.

제12장 개입단계

1 Hamilton, 1951; Jonson, 1989; Zastrow, 1995); 권오균 외, 2011; 이영실 외, 2014; 고명수·박연희 외 2명, 2019; 김현호, 2020.

2 Johnson, 1982; 노혁, 2013; 이영실 외, 2014; 조미숙, 2018; 도광조, 2018; 이광재, 2019; 김난실, 2020.

3 이영실 외, 2014; 서혜석·김덕진 외 1명, 2017; 최옥채, 2017; 김학년, 2019; 사회복지교육연구센터, 2020.

4 Johnson & Matless, 1975; Corey, 1991; Lantz, 1996; Sheafor & Horejsi, 2006; 김경호, 2010; 이영실 외, 2014; 이경준, 2018; 강성자, 2019; 이원숙 외, 2020.

5 Kempler, 1973; Minuchin, 1974; Johnson & Matless, 1975; Dell, 1975; Haley, 1976; Sheafor & Horejsi,

2006; 유영주 외, 2012; 김혜란 외, 2013; 박보식, 2013; 최혜지 외, 2013; 이영실 외, 2014; 김난실, 2020.

6 Johnson & Matless, 1975; Dell, 1975; Sheafor & Horejsi, 2006; 천덕희·강희숙 외, 2010; 이영실 외, 2014; 이원숙 외, 2020.

7 McCormick, 1970; Grinnel & Kyte, 1974; Johnson, 1998; 이영실 외, 2014; 조미숙, 2018; 김현호, 2020.

8 McCormick, 1970; Grinnel & Kyte, 1974; Johnson, 1998; Johnson & Yunca, 2001; 이영실 외, 2014; 고명수·박연희 외 2명, 2019; 김현호, 2020.

9 Johnson, 1998; Johnson & Yunca, 2001; 이영실 외, 2014; 김효선. 2018; 양옥경·김정진. 2018; 조학래, 2019; 김혜영, 2020.

제13장 종결 및 평가단계

1 Hepworth & Larsen, 1986; Sheafor, Horejsi & Horejsi, 1991; 최혜지 외, 2013; 이영실 외, 2014; 도광조, 2018; 문현주·김기영 외 4명, 2019; 박지영, 2020.

2 최옥채, 2010; 홍기순·최금해 외, 2010; 남연희·박영국·도기봉, 2011; 이영실 외, 2014; 김난실, 2020; 박귀영, 2020.

3 Wells, 1981; Gambrill, 1983; Shulman, 1984; Johnson & Yanca, 2007; 이영실 외, 2014;

4 김경호, 2010; 권향임·김상아 외 1명, 2018; 김보기, 2019; 김난실, 2020; 이영실 외, 2020.

5 Hepworth & Larsen, 1993; Hepworth 등, 2006; 이영실 외, 2014; 조학래, 2019; 김현호, 2020.

6 Hepoworth & Larsen, 1986; Sheafor & Horejsi, 2006; 이영실 외, 2014; 서혜석·김덕진 외 1명, 2017; 조학래, 2019; 김혜영, 2020.

참고문헌

강선경 외. 2010. 사회복지실천론. 동문사.

강성자. 2019. 사회복지실천론. 한국사회복지연구소.

곽미정·전미숙 외 3명. 2016. 사회복지실천론. 창지사.

고명수·박연희 외 2명. 2019. 사회복지실천론. 정민사.

교육부은하원격평생교육원. 2019. 사회복지사 1급 사회복지실천론 종합평가문제집(2020년 대비). 은하출판사.

권향임·김상아 외 1명. 2018. 사회복지실천론. 창지사.

길귀숙. 2018. 사회복지실천론. 양서원.

김경호. 2010. 사회복지실천론. 양서원.

김광희. 2010. 지역사회복지론. 공동체.

김난실. 2020. 사회복지실천론. 인문과교양.

김만두 외 역. 1999. National Association of Social Worker(1995), Encyclopedia of Social Worker. 사회복지대백과사전. 나눔의집.

김범수. 2010. 지역사회복지론. 학현사.

김보기. 2019. 사회복지실천론. 수양재.

김성철. 2017. 사회복지실천론. 21세기사.

김용환·김승돈 외. 2013. 사회복지실천론. 동문사.

김재열·이상호 외 3명. 2010. 사회복지실천론. 신정.

김철진. 2016. 사회복지실천론. 형지사.

김학년. 2019. 사회복지실천론. 인제대학교출판부.

김한덕. 2019. 스마트 사회복지실천론 (2020년 사회복지사 1급 대비 수험서). 에듀파인더.

김현호. 2020. 사회복지실천론. 양성원.

김효선. 2018. 사회복지실천론. 공동체.

김혜란·공계순 외. 2013. 사회복지실천론. 나남출판.

김혜영. 2020. 사회복지실천론. 공동체.

김혜영·김성경 외. 2010. 사회복지실천론. 공동체.

남연희·박영국 외. 2012. 사회복지실천론. 공동체.

노혁. 2013. 사회복지실천론. 학지사.

도광조. 2018. 사회복지실천론. 양서원.

문현주·김기영 외 4명. 2019. 사회복지실천론. 창지사.
박귀영. 2020. 사회복지실천론. 양성원.
박보식. 2013. 사회복지실천론. 공동체.
박차상·김창곤 외. 2012. 사회복지실천론. 창지사.
박지영. 2020. 함께하는 사회복지실천론. 학지사.
박희숙. 2018. 사회복지실천론. 공동체.
방미진·황영희. 2011. 사회복지실천론. 나눔의집.
사회복지교육연구센터. 2020. [2021년 19회 대비] 사회복지사1급 기본이론서 사회복지실천론(19회 대비). 나눔의집.
생각의마을. 2017. 사회복지실천론(현장감이 묻어나는, 2018,사회복지사 1급 수험서, 2교시). 공동체.
생각의마을. 2019. 사회복지실천론. 공동체.
서미경·김영란·박미은 역. 2000. Frank M. Loewenberg·Ralph Dolgoff 저. 사회복지실천윤리. 양서원.
서혜석·김덕진 외 1명. 2017. 사회복지실천론. 정민사.
성정현 외 3명. 2016. 사회복지실천론. 신정
신종우·류기덕 외. 2010. 사회복지실천론. 양서원.
심영진·김윤재 외. 2010. 지역사회복지론. 동문사.
양성관·주익수 외. 2010. 지역사회복지론. 학현사.
양옥경·김정진. 2018. 사회복지실천론. 나남.
양정남·최선령. 2012. 사회복지실천론. 양서원.
양정빈. 2020. 새롭게 배우는 사회복지실천론. 학지사.
오정옥·김현호 외. 2010. 사회복지실천론. 창지사.
윤선오. 2016. 사회복지실천론. 양성원.
이광재. 2019. 사회복지실천론. 정민사.
이경준 외. 2020. 사회복지실천론(제3판). 동문사.
이원숙 외. 2020. 사회복지실천론. 학지사.
이영실 외. 2010. 가족복지론. 양서원.
이영실 외. 2010. 가족치료. 양서원.
이영실 외. 2014. 사회복지실천론. 양서원.
이영실·오동록 외 5인. 2020. 사회복지실천기술론. 창지사.
이영주 외. 2010. 사회복지실천론. 교육과학사.
이재선·김미림 외 2명. 2016. 사회복지실천론. 양서원.

이준우. 2011. 전문 사회복지 실천론. 인간과복지.
이효선·정푸름. 2012. 사회복지실천론. 정민사.
임은희. 2010. 사회복지실천론. 학지사.
장수미 외 역. 2006. Louise C. Johnson, Stephen J. Yanca 저. 하나의학사.
전제일·이준상 외 2명. 2016. 사회복지실천론. 공동체.
조미숙. 2018. 사회복지실천론. 동문사.
조학래. 2019. 사회복지실천론. 신정
주경필. 2016. 사회복지실천론. 한국방송통신대학교출판문화원.
지은구·조성숙. 2010. 사회복지실천론. 학지사.
천덕희·강희숙 외. 2010. 사회복지실천론. 양서원.
최덕경·이혜자·이무영·정혜선·박경애·김민경. 2012. 사회복지실천론. 공동체.
최세영·김준환 외 2명. 2017. 사회복지실천론. 어가.
최옥채. 2017. 사회복지실천론. 양서원.
최은희. 2017. 사회복지실천론. 양성원.
최해경. 2017. 사회복지실천론. 학지사.
최혜지·김경미 외. 2013. 사회복지실천론. 학지사.
학술편찬국. 2010. 사회복지실천론(사회복지사 1급 국가시험, 2011 대비). 일각.
홍기순·최금해 외. 2010. 사회복지실천론. 파란마음.

Barker, Robert L. 1995. *The Social Work Dictionary*. Washington: NASW Press.
Bartlett, H. M. 1970. The Common Base of Social Work Practice. Washingnon, D.
Bowen, M. 1978. *Family Therapy in Clinical Practice.* New York: Jason Aronson.
Bradshaw, J. 1977. "The Concept of Social Needs", Gilbert, N & Specht, H. eds., Planning for Social Welfare, N.J.; Prentice-Hall.
Brager, George, Specht, Harry. 1973. *Community Organizing*. New York: Columbia University Press.
Bronfenbrenner, U. 1979. The Ecology of Human Development: Experiments by Nature and Design. Harvard Uni. Press.
Brown, J. A. 1992. *Handbook of Social Work Practice*. Springfield Ill.: Charles C. Thomas.
Choi, Okchai. 1988. "Ernst Friendrich Schumacher and Community Work", unprinted material at the University of Queensland in Australia.
Compton, B. R, and B. Galaway. 1984. *Socail Work Practice*(3rd ed). Homewood, IL: The

Dorsey.

Compton, B. R, Galaway, Burt. 1989. *Social Work Processes*. Belmont: Wadsworth Publishing Company.

Compton, B. R, Galaway, B., & Cournoyer, B. R. 2005. *Social Work Processes*(7th eds.) Brooks/Cole, Thomson Learning, Inc.

Cormier, W., & Cormier, L. 1991. *Interviewing Strategies for Helpers*(3rd ed). Monterey. Calif: Book.

Cox, Fred M., Erlich, John L., Rothman, Jack, Tropman, John E.(Ed.). 1984. *Tactics and Techniques of Community Practice*. Itasca: F. E. Publishers, Inc.

Dolgoff, R., Feildstein, D., & Skolnik, L. 1997. *Understand social welfare*. New York: Longman.

Donner & Sesions, 1995. *Garrett's Interviewing*. Milwaukee: Families International, Inc.

Dorwin Cartwright and Alvin Zander. 1968. *Group Dynamics: Research and Theory*. Haper & Row, New York.

Douglas, Tom. 1979. *Group Processes in Social Work*. Brisbane: John Wiley & Sons.

Ellis, A. 1962. *Reason and emotion in psychotherapy*. New York: Stuart.

Ellis, A. 1982. *Rational-Emotive Theory and Cognitive Behavior Therapy.* N.Y.: Springer.

Fellin, Phillip. 1987. *The Community and the Social Worker*. Itasca: F. E. Peacock Publishers, Inc.

Flexner, A. 1915. *'Is Social Work a Profession?'* In Proceedings of the National Conference of Charities and Correction, 42nd Annual Meeting, Baltimore.

Flood, Marie, Lawrence, Annee. 1987. *The Community Action Book*. Sydney: NCOSS.

Friedlander, W. & Apte, R. 1980. *Introduction to Social Welfare*. N.J.: Prentice-Hall.

Garrett, A. 1972. *Interviewing: Its Principles and Methods*. New York: Family Service Association of America.

George, Rickey L., Dustin, Dick. 1988. *Group Counseling*. New Jersey: Prentice-Hall.

Gervin, Charles D. 1981. *Contemporary Group Work*. New Jersey: Prentice-Hall, Inc.

Gilbert Neil & Harry Specht. 1974. *Dimensions of Social Welfare Policy.* Englewood Cliffs, N.J.: Prentice-Hall.

Goldenberg, I., and Goldenber, H. 1991. *Family therapy: An Overview*. 3rd., California: Books/Cole pub. co.

Green, Roberta R., Ephross, Paul H. 1991. *Human Behavior Theory and Social Work*

Practice. New York: Aldine De Gruyter.

Harrison, Paul. 1977. The Legacy of E. F. Schumacher, in Human Begavior, November.

Hartfort, Margaret E. 1971. Groups in Social Work. New York: Columbia University Press.

Henderson, Paul, Thomas, David N. 1987. *Skills in Neighbourhood Work*. London: Allen & Unwin.

Hepworth, D. H., & Larsen J. A. 1997. *Direct Social Work Practice; Theory and Skills*. Beltmont. CA: Wadsworth Publishing Company.

Hepworth, D. H., Rooney, R. H., Rooney, G. D., Strom-Gottfried, K. S., & Larsen J. A. 2009. *Direct Social Work Practice: Theory and Skills*(8th eds.). Thomson Brooks/Cole.

Hinshelwood, R. D., Manning Nick(Ed.). 1979. *Therapeutic Communities*. London: Routledge & Kegan Paul.

Holland, T. P. 1995. "Organizations: Context for services delivery." in Encyclopedia of Social Work. NASW Press.

Hudson, Helen(trans.). 1983. *Face to Face in the Counselling Interview*. London: The Macmillan Press Ltd.

Johnson, I. C., & Yanca, S. J. 2007. *Social Work Practice: A Generalist Approach*(9th eds). Pearson Education, Inc.

Johnson, L. C. 1989. *Social Work Practice*(3th ed.). Massachusetts: Allyn and Bacon.

Kadushin, A. 1990. *The Social Work Interview*(3rd ed). New York: Columbia University Press.

Kelly, Anthony, Sewell, Sandra. 1988. *With Head, Heart and Hand: Dimensions of Community Building*. Brisbane: Boolarong Publications.

Kirst-Ashman K. K. & Hull, G, H. Jr. 1999. *Understanding Generalist Practice*. Chicago: Nelson-Hall.

Kirst-Ashman, K. K, & Hull, G. H. Jr. 2009. *Understanding Generalist Practice*(5th eds.). Brooks /Cole, Cengage Learning.

Levy, C. 1976. 'The Value Base of Social Work'. *Journal of Education for Social Work*.

Levy-Strauss, C. 1969. *The Elementary Structures of Kinship.* Boston : Beacon Press.

Liberman, R. P. 1972. 'Behavioral approaches to family and couple therapy'. In C. J. Sager & H. S. Kaplan(Eds.), *Progress in group and family therapy*. New York: Brunner/Mazel.

Louise C. Johnson. 1995. *Social work practice: a generalist approach* (5th ed.). Allyn and Bacon.

Lowenberg, F. & Dologoff, R. 1992. *Ethical Decisions for Social Work Practice*(5th ed.). Itasca, IL: F. E Peocock.

Lowy, L. 1979. *Social Work with the Aging*. N.Y.: Harper & Row.

Mattaini, M. A, & Lowery, C. T. 2007. *Foundations of Social Work Practice*(4th eds.). Washington, D.C: NASW Press.

Meyer, C. H.(Ed). 1983. *Clinical social work in the ecosystems perspective*. New York: Columbia university Press.

Minkler, Meredith(ed.). *Community Organizing and Community Building for Health*. London: Rutgers University Press.

Minuchin, S. 1974. *Families and family therapy.* Cambridge: Havard Univ. Press.

Morales, Armando T., Sheafor, Bradford W. 2001. *Social Work: A Profession of Many Faces*. London: Allyn and Bacon.

Murdock, G. P. 1949. *Social structure.* New York: Macmillan.

NASW. 1973. *Standard for social service manpower*. Washington D.C: The Association.

NASW. 1982. *Standards for the clasification of social workers code of ethics*. Washington. D.C: The Association.

NASW. 1995. *Encyclopedia of Social Work*. Washington, D.C: NASW Press.

Netting, F. Ellen et al., 1993. *Social Work Macro Practice*. New York: Longman.

Nichols. M. P. & Schwartz, R. C. 1991. *Family therapy: Concepts and methods*. Boston: Allyn and Bacon.

Perlman, H. H. 1986. The problem-solving model. In F. Turner(Ed.), *Social work treatment: Interlocking theoretical approach (3rd ed.)*. New York: The Free Press.

Pincus, A. & A. Minahan., 1974. *Social work practice: Model and method*. Itasca, IL: Peacock Publishers.

Preston-shoot, Michael. 1990. *Effective Group Work*. London: Macmillan Education Ltd.

Reamer, F. G. 1989. *Socialwork values & ethics*. Columbia university press.

Richmond, M. E. 1922. *What is Social Casework?* New York: Russell sage Foundation.

Roberts, Robert, Nee, Robert. 1970. *Theories of Social Casework*. Chicago: The University of Chicago Press.

Roberts-DeGennaro, Maria. 1993. Generalist Model of Case Management Practice, *Journal of Case Management*, Vol.2. No.3.

Robinson, John P., Shaver, Phillip R. 1973. *Measures of Social Psychological Attitudes*.

Michigan: Institut for Social Research.

Romanyshyn J. M. 1971. *Social Welfare*. New York: Random House.

Rose, Stephen, Moore, Vernon. 1995. *Case Management, Encyclopedia of Social Work*. Washington: NASW Press.

Rubin, H. J. & Rubin, I. S. 2001. *Community Organization and Development.* Boston : Allyn & Bacon.

Satir, V. 1972. *Conjoint Family Therapy: A Guide to theory and technique.* Palo Alto, California : Science and Behavior Books, Inc.

Satir, V., 1983. *Conjoint Family Therapy: A Guide to theory and technique*. Palo Alto, California: Science and Behavior Books, Inc.

Shazer, S. 1988. *Clues: Investigating Solutions in Brief Therapy*. New York: Norton.

Sheafor, B., & Horejsi, C. R. 2008. *Technique and Guidelines for Social Work Practice* (8th eds.). Pearsom Education, Inc.

Shulman, I. *The Skills of Helping Individuals, Families, Groups, and Communities* (5th ed). Thomson Brooks/Cole.

Sills, David L.(Ed.). 1972. *International Encyclopedia of the Social Sciences*. New York: The Macmillan Company & The Free Press.

Skidmore, Rex A. et al. 1991. *Introduction to Social Work*. New Jersey: Prentice-Hall.

Tolson, Eleanor Reardon et al. 1994. *Generalist Practice: A Task Centered Approach*. New York: Columbia University Press.

Toseland R. W. & Rivas, R. F.1995. *An Introduction to group work practice* (2nd ed.). Boston. M.A: Allyn and Bacon.

Wilson, Suanna J. 1980. *Recording-Guidelines for Social Workers*. New York: The free Press.

Woodroofe, Kathleen. 1974. *From Charity to Social Work*. London: Routledge & Kegan Paul.

Woods. M. E. & Hollis, F. 1990. *Casework: A psychosocial therapy*. New York: McGraw-Hill.

York, Reginald O. 1988. *Human Service Planning: Concepts, tools, and methods*. Chapel Hill: The University of North Carolina Press.

Zastrow, C. 2006. *The Practice of Social Work: A comprehensive worktext*(8th ed). Belmont. C. A: Wadsworth Publishing Company.

Zastrow, Charles. 1995. *The Practice of Social work*. California: Brooks/Cole Publishing Company.

찾아보기

[인명]

[내용]

저자 약력

이 영 실 (대표저자)

(현) 성결대학교 사회복지학과 명예교수
한국기독교사회복지실천학회 이사 등 다수

[주요경력]

- 성결대학교 사회복지학부 교수
- 성결대학교 사회복지대학원장
- 성결대학교 (인준)정신건강연구소장
- 성결대학교 (인준) 복지발전연구소장
- 안양시수리장애인종합복지관장
- 안양시비산사회종합복지관장
- 미국 California Bethany Bible College and Theological Seminary 객원교수
- 미국 USC School of Social Work 객원교수
- 한국정신보건사회사업학회 대외협력위원장, 이사
- 연세대학교 의과대학(세브란스병원) 정신보건사회복지사
- 노동두신경정신과 정신보건사회복지사 외 다수

오 동 록

(현) 서울한영대학교 산학협력단장, 재활복지학과 교수
사회적협동조합 한국복지연대 이사장 등 다수

[주요경력]

- 한국장애인재활협회 RI Korea 직업분과위원
- 장애인평생교육학회 이사
- 직업재활학회 이사
- 한국장애인재활상담사협회 이사

김 병

(현) 진주보건대학교 사회복지과 교수

[주요경력]

- 진주시사회복지사협회 부회장
- 진주시사회복지협의회 이사

임 승 희

(현) 신한대학교 사회복지학과 교수

[주요경력]

- 한국사회복지상담학회 부회장
- 한국교류분석상담학회 교류분석전문상담사
- 신내종합사회복지관 운영위원
- 동두천시노인복지관 운영위원

김 한 태

(현) 고구려대학교 사회복지상담과 겸임교수

[주요경력]

- 산업복지연구소 마중물 소장
- 사단법인 지역행정복지연대 대표이사
- 요라함요양보사교육원 원장
- 별과 태양의 집 노인시설장
- 남부대학교 사회복지학과 겸임교수

조 명 희

(현) 성결다문화복지센터 대표
한국열린사이버대학교 특임교수
하늘터복지센터 대표

[주요경력]

- 성결대학교 사회복지학부 시간강사
- 성결대학교 (인준)정신건강연구소 수석 연구원

고 은 주

(현) 고은재가장기요양기관장
한국기독교사회복지실천학회 이사 등 다수
고은복지센터장
노인복지시설장

[주요경력]

- 성결대학교 사회복지학부 객원교수
- 성결대학교 (인준)정신건강연구소 수석 연구원

이 찬 영

(현)성결대학교 사회복지학과 객원교수
안양시사회복지사협회 고문 등 다수
중원대학교 사회복지학과 시간강사

[주요경력]

- 의왕시노인복지관(현 사랑채노인복지관) 근무
- 필그림복지재단 상담실장
- 안양시성결재가노인지원서비스센터 사무국장
- 안양시장기요양기관연합회 사무국장
- 안양시사회복지사협회 사무국장
- 좋은이웃재가장기요양센터 센터장
- 한국통합사례관리학회 심사위원
- 나사렛대학, 대림대학 시간강사

▌사회복지실천론 ▌

1판 1쇄 인쇄 2021년 2월 15일
1판 1쇄 발행 2021년 2월 20일

저　　자 | 이영실 · 오동록 · 김　병 · 임승희
김한태 · 조명희 · 고은주 · 이찬영
발 행 인 | 박철용
발 행 처 | 양서원
주　　소 | 경기도 파주시 직지길 522 파주출판도시
전　　화 | 031-955-8000(代)
팩　　스 | 031-955-8005
홈페이지 | www.yswpub.co.kr
이 메 일 | yswgroup@naver.com
출판등록 | 1987년 11월 24일 제 406-2003-037 호

ISBN 978-89-994-1110-6

정가 19,000원